21世纪普通高等教育规划教材

实用商务统计方法

徐百友 主编　孟淑亚 张新婷 副主编

化学工业出版社
·北京·

本书在保证统计学基本理论够用的基础上，避免了同概率论与数理统计部分中知识点的大量重复，并适当降低了理论难度和计算强度，着重强调统计方法的应用，以及运用 Excel 统计工具解决统计方面实际问题的应用。本书章节内容主次分明、方法介绍循序渐进、案例讲解由浅入深，便于学生了解基本概念、掌握基本方法，并熟练运用 Excel 解决实际问题。

本教材可以作为独立学院经济管理类相关专业学生的教材，也可作为普通高等学校具有数理统计基础的本科生和广大初学者的参考书。

图书在版编目（CIP）数据

实用商务统计方法/徐百友主编．—北京：化学工业出版社，2011.8（2020.8 重印）
21 世纪普通高等教育规划教材
ISBN 978-7-122-12003-8

Ⅰ．实… Ⅱ．徐… Ⅲ．商业统计-统计方法-高等学校-教材　Ⅳ．F712.3

中国版本图书馆 CIP 数据核字（2011）第 152553 号

责任编辑：袁俊红　唐旭华　　　　　　　　装帧设计：张　辉
责任校对：徐贞珍

出版发行：化学工业出版社（北京市东城区青年湖南街 13 号　邮政编码 100011）
印　　装：北京七彩京通数码快印有限公司
787mm×1092mm　1/16　印张 13　字数 318 千字　2020 年 8 月北京第 1 版第 4 次印刷

购书咨询：010-64518888　　　　　　　　　售后服务：010-64518899
网　　址：http://www.cip.com.cn
凡购买本书，如有缺损质量问题，本社销售中心负责调换。

定　　价：38.00 元　　　　　　　　　　　　　　　　　版权所有　违者必究

前 言

统计学是一门实用性很强的学科，在商务范畴内的应用日渐广泛，商务统计学课程已经成为许多高校经管专业的必修课。目前市场上经济商务类统计学教材版本众多，但大多注重统计基本理论的介绍，理论性较强，且不少内容同概率论与数理统计部分的知识点交叉、重复。本书在保证统计学基本理论够用的基础上，避免了知识点的大量重复，并适当降低了理论难度和计算强度，着重强调了统计方法的应用，以及运用Excel统计工具解决统计方面实际问题的应用。

本书是针对独立学院经济管理类相关专业，以48~56的教学学时为基点编写的，其特点是以问题驱动，知识讲述之前先提出问题，针对问题逐步展开统计方法的介绍；书中实际案例通俗易懂，方法讲解尽量细致，典型案例贯穿整个章节，便于学生了解基本概念、掌握基本方法，并实现熟练运用Excel解决实际问题的目的。同时，根据实际需求，章节内容主次分明、方法介绍循序渐进、案例讲解由浅入深。

本书的另一个特点是对思考与练习题的创新，在部分习题中，部分原始数据采用了可变形式，避免了学生互相抄袭的可能性。

本书由徐百友主编，孟淑亚、张新婷担任副主编。其中第1~4章由张新婷老师编写，第5、9~10章由孟淑亚老师编写，第6~8章徐百友老师编写，全书由徐百友老师进行统稿。此外，参加编写工作的还有张瑞芳、刘元、张甲田。

本教材可以作为独立学院经济管理类相关专业学生的教材，也可作为其他普通高等学校具有数理统计基础的本科生和广大初学者自学的参考书。

我们希望奉献给读者一本满意的教材，但由于时间紧迫和水平有限，难免有疏漏和不妥之处，敬请专家和读者批评指正。

编者
2011年6月

目　录

第1章　绪论 1
  1.1　统计与统计学 3
    1.1.1　统计的产生与发展 3
    1.1.2　统计的含义 5
    1.1.3　统计数据及其规律性 6
  1.2　统计学的研究对象和方法 7
    1.2.1　统计学的研究对象 7
    1.2.2　统计学的研究方法 8
  1.3　统计学的分科及与其他学科的关系 8
    1.3.1　统计学的分科 8
    1.3.2　统计学与其他学科的关系 10
  1.4　统计学中的基本概念 11
    1.4.1　统计总体和总体单位 11
    1.4.2　标志与变量 11
    1.4.3　统计指标 13
  本章小结 14
  思考与练习 14

第2章　统计数据的收集 17
  2.1　统计数据收集概述 18
    2.1.1　统计数据收集的意义 18
    2.1.2　统计数据的计量尺度 18
    2.1.3　统计数据资料的来源 20
    2.1.4　统计数据资料的质量 21
  2.2　统计调查的组织形式及数据的收集方法 22
    2.2.1　统计调查的组织形式 22
    2.2.2　统计数据资料的收集方法 25
  2.3　统计调查方案的设计 27
  2.4　调查报告的撰写 30
    2.4.1　撰写调查报告的重要性 30
    2.4.2　撰写调查报告的基本要求 31
    2.4.3　调查报告的格式 31
  本章小结 32

思考与练习 ·· 32

第3章　统计数据的整理 ·· 34
3.1　统计整理的意义与步骤 ·· 36
　　3.1.1　统计整理的意义 ·· 36
　　3.1.2　统计整理的步骤 ·· 36
3.2　统计分组 ·· 37
　　3.2.1　统计分组的概念 ·· 37
　　3.2.2　分组标志的选择 ·· 38
　　3.2.3　统计分组的方法 ·· 39
3.3　分配数列 ·· 40
　　3.3.1　分配数列的概念 ·· 40
　　3.3.2　分配数列的编制 ·· 40
　　3.3.3　累计次数分布 ·· 43
　　3.3.4　次数分布的主要类型 ·· 44
3.4　统计表和统计图 ·· 45
　　3.4.1　统计表 ·· 45
　　3.4.2　统计图 ·· 47
本章小结 ·· 53
思考与练习 ·· 53

第4章　数据分布特征的测度 ·· 57
4.1　集中趋势的测度 ·· 58
　　4.1.1　众数 ·· 59
　　4.1.2　中位数 ·· 60
　　4.1.3　算术平均数（均值） ·· 62
　　4.1.4　调和平均数 ·· 66
　　4.1.5　几何平均数 ·· 67
　　4.1.6　众数、中位数和算术平均数的比较 ·· 68
4.2　离散程度的测度 ·· 69
　　4.2.1　极差 ·· 69
　　4.2.2　平均差 ·· 69
　　4.2.3　方差和标准差 ·· 70
　　4.2.4　离散系数（标准差系数） ·· 73
4.3　偏态与峰度的测度 ·· 74
　　4.3.1　偏态及其测度 ·· 74
　　4.3.2　峰度及其测度 ·· 75
本章小结 ·· 76
思考与练习 ·· 77

第5章 随机变量及其分布 ... 80
5.1 随机变量及其概率分布 ... 81
5.1.1 随机变量 ... 81
5.1.2 随机变量的概率分布 ... 81
5.1.3 随机变量的期望值和方差 ... 83
5.2 常见的离散型分布 ... 84
5.2.1 两点分布 ... 84
5.2.2 二项分布 ... 85
5.2.3 超几何分布 ... 86
5.2.4 泊松分布 ... 87
5.3 常见的连续型分布 ... 88
5.3.1 均匀分布 ... 88
5.3.2 正态分布 ... 90
5.3.3 X^2 分布 ... 94
5.3.4 t 分布 ... 94
5.3.5 F 分布 ... 95
5.4 大数定律和中心极限定理 ... 96
5.4.1 大数定律 ... 96
5.4.2 中心极限定理 ... 96
5.5 Excel 应用 ... 96
5.5.1 Excel 的统计函数 ... 96
5.5.2 二项分布概率的计算和图示 ... 97
5.5.3 二项分布概率密度曲线的制作 ... 98
5.5.4 正态分布概率的计算和图示 ... 99
本章小结 ... 101
思考与练习 ... 101

第6章 参数估计与假设检验 ... 103
6.1 参数估计的概念 ... 103
6.1.1 点估计 ... 104
6.1.2 区间估计 ... 107
6.1.3 两正态总体均值之差的区间的估计 ... 110
6.2 假设检验 ... 111
6.2.1 假设检验的原理简介 ... 111
6.2.2 总体均值的检验 ... 112
6.2.3 总体成数的检验 ... 114
本章小结 ... 115
思考与练习 ... 115

第7章 方差分析 ... 119

7.1 方差分析的概念 ·· 120
7.2 单因素方差分析 ·· 120
　7.2.1 单因素方差分析的表格计算 ··· 120
　7.2.2 单因素方差分析的用 Excel 计算 ·· 122
　7.2.3 均值之间的多重比较 ·· 123
7.3 双因素方差分析 ·· 124
　7.3.1 无交互作用的双因素方差分析 ·· 124
　7.3.2 无交互作用的双因素方差分析的 Excel 计算 ································· 124
　7.3.3 有交互作用的双因素方差分析 ·· 126
　7.3.4 有交互作用的双因素方差分析的 Excel 计算 ································· 126
本章小结 ··· 127
思考与练习 ··· 128

第 8 章　相关与回归分析 ··· 130
8.1 相关关系的概念和分类 ·· 131
　8.1.1 相关关系的概念 ·· 131
　8.1.2 相关关系的分类 ·· 131
　8.1.3 散点图与回归直线 ··· 131
8.2 一元线性回归方程 ·· 134
　8.2.1 一元回归方程的计算 ·· 134
　8.2.2 用 Excel 计算一元回归方程 ··· 136
8.3 多元线性回归方程 ·· 138
本章小结 ··· 142
思考与练习 ··· 142

第 9 章　时间序列分析 ··· 144
9.1 时间序列的概念和种类 ·· 146
　9.1.1 时间序列的概念 ·· 146
　9.1.2 时间序列的种类 ·· 146
　9.1.3 时间序列的编制原则 ·· 147
9.2 时间序列的水平指标 ·· 148
　9.2.1 发展水平 ··· 148
　9.2.2 平均发展水平 ·· 149
　9.2.3 增长量和平均增长量 ·· 152
9.3 时间序列的速度指标 ·· 153
　9.3.1 发展速度和增长速度 ·· 153
　9.3.2 平均发展速度和平均增长速度 ·· 154
9.4 时间序列的变动分析 ·· 156
　9.4.1 时间序列的影响因素构成分析 ·· 156
　9.4.2 长期趋势的测定方法 ·· 157

  9.4.3 季节变动分析 ··· 162
 本章小结 ··· 165
 思考与练习 ·· 165

第 10 章 统计指数 ·· 169
 10.1 统计指数的概念、作用 ·· 170
  10.1.1 统计指数的概念 ··· 170
  10.1.2 统计指数的作用 ··· 171
  10.1.3 统计指数的种类 ··· 171
 10.2 综合指数 ·· 172
  10.2.1 综合指数的概念 ··· 172
  10.2.2 综合指数的编制方法和原则 ··· 172
  10.2.3 综合指数的编制 ··· 175
 10.3 平均数指数 ·· 176
  10.3.1 加权算术平均数指数 ·· 177
  10.3.2 加权调和平均数指数 ·· 178
 10.4 指数体系和因素分析 ··· 179
  10.4.1 指数体系的概念 ··· 180
  10.4.2 指数体系的因素分析 ·· 180
 10.5 常见的经济指数 ··· 182
  10.5.1 股票价格指数 ·· 182
  10.5.2 居民消费价格指数 ·· 183
 本章小结 ··· 186
 思考与练习 ·· 186

附录 ··· 190
 附录 1 标准正态分布函数数值表 ·· 190
 附录 2 χ^2 分布表 ··· 191
 附录 3 t 分布表 ··· 193
 附录 4 F 分布表 ·· 194

参考文献 ··· 199

第1章 绪　　论

[教学目标]

- 了解统计学的产生与发展过程、统计数据的规律与统计方法、统计学与其他学科的关系及统计学的分科。
- 理解统计与统计学的含义、统计数据与统计学的关系。
- 理解并掌握统计学中的几个基本概念。

[案例导读]

无论你是否已经学过概率论与数理统计的知识，无论你现在是学习还是已经工作，相信今后一定会用到统计知识，如读懂国家相关统计机构定期公布的国内生产总值（GDP）、总人口数及人均生产总值等重要指标。

你有兴趣就仔细阅读本书，了解统计的基本知识和方法，相信会有所收获。

2010 年第六次全国人口普查主要数据公报（第 1 号）

根据《全国人口普查条例》和《国务院关于开展第六次全国人口普查的通知》，我国以 2010 年 11 月 1 日零时为标准时点进行了第六次全国人口普查。在国务院和地方各级人民政府的统一领导下，在全体普查对象的支持配合下，通过广大普查工作人员的艰苦努力，目前已圆满完成人口普查任务。现将快速汇总的主要数据公布如下。

一、总人口

全国总人口为 1370536875 人。其中：普查登记的大陆 31 个省、自治区、直辖市和现役军人的人口共 1339724852 人。香港特别行政区人口为 7097600 人。澳门特别行政区人口为 552300 人。台湾地区人口为 23162123 人。

二、人口增长

大陆 31 个省、自治区、直辖市和现役军人的人口，同第五次全国人口普查 2000 年 11 月 1 日零时的 1265825048 人相比，十年共增加 73899804 人，增长 5.84%，年平均增长率为 0.57%。

三、家庭户人口

大陆 31 个省、自治区、直辖市共有家庭户 401517330 户，家庭户人口为 1244608395 人，平均每个家庭户的人口为 3.10 人，比 2000 年第五次全国人口普查的 3.44 人减少 0.34 人。

四、性别构成

大陆 31 个省、自治区、直辖市和现役军人的人口中，男性人口为 686852572 人，占 51.27%；女性人口为 652872280 人，占 48.73%。总人口性别比（以女性为 100，男性对女性的比例）由 2000 年第五次全国人口普查的 106.74 下降为 105.20。

五、年龄构成

大陆31个省、自治区、直辖市和现役军人的人口中，0～14岁人口为222459737人，占16.60%；15～59岁人口为939616410人，占70.14%；60岁及以上人口为177648705人，占13.26%，其中65岁及以上人口为118831709人，占8.87%。同2000年第五次全国人口普查相比，0～14岁人口的比重下降6.29个百分点，15～59岁人口的比重上升3.36个百分点，60岁及以上人口的比重上升2.93个百分点，65岁及以上人口的比重上升1.91个百分点。

六、民族构成

大陆31个省、自治区、直辖市和现役军人的人口中，汉族人口为1225932641人，占91.51%；各少数民族人口为113792211人，占8.49%。同2000年第五次全国人口普查相比，汉族人口增加66537177人，增长5.74%；各少数民族人口增加7362627人，增长6.92%。

七、各种受教育程度人口

大陆31个省、自治区、直辖市和现役军人的人口中，具有大学（指大专以上）文化程度的人口为119636790人；具有高中（含中专）文化程度的人口为187985979人；具有初中文化程度的人口为519656445人；具有小学文化程度的人口为358764003人（以上各种受教育程度的人包括各类学校的毕业生、肄业生和在校生）。

同2000年第五次全国人口普查相比，每10万人中具有大学文化程度的由3611人上升为8930人；具有高中文化程度的由11146人上升为14032人；具有初中文化程度的由33961人上升为38788人；具有小学文化程度的由35701人下降为26779人。

大陆31个省、自治区、直辖市和现役军人的人口中，文盲人口（15岁及以上不识字的人）为54656573人，同2000年第五次全国人口普查相比，文盲人口减少30413094人，文盲率由6.72%下降为4.08%，下降2.64个百分点。

八、城乡人口

大陆31个省、自治区、直辖市和现役军人的人口中，居住在城镇的人口为665575306人，占49.68%；居住在乡村的人口为674149546人，占50.32%。同2000年第五次全国人口普查相比，城镇人口增加207137093人，乡村人口减少133237289人，城镇人口比重上升13.46个百分点。

九、人口的流动

大陆31个省、自治区、直辖市的人口中，居住地与户口登记地所在的乡镇街道不一致且离开户口登记地半年以上的人口为261386075人，其中市辖区内人户分离的人口为39959423人，不包括市辖区内人户分离的人口为221426652人。同2000年第五次全国人口普查相比，居住地与户口登记地所在的乡镇街道不一致且离开户口登记地半年以上的人口增加116995327人，增长81.03%。

十、登记误差

普查登记结束后，全国统一随机抽取402个普查小区进行了事后质量抽样调查。抽查结果显示，人口漏登率为0.12%。

注释略。

资料来源：中华人民共和国国家统计局网站。

以上是我国2010年第六次全国人口普查的主要数据公报,其中人口总量的数据、人口增长率的数据,表明中国人口总量的增长速度放缓,人口过快增长的势头继续得到了有效地控制。那么这些资料是如何通过统计活动取得的?统计活动在我们的社会经济中究竟有何重要意义?如何有效地发挥统计活动的作用?统计活动中采取哪些研究方法?这些就是本章要解决的问题。

统计与人们的社会经济生活密切相关,各行各业的运行和发展都离不开统计。统计是我们了解和认识客观世界的途径和工具,如果没有统计活动,我们就无法知晓这个世界。本章主要介绍统计的含义、统计的产生和发展统计的研究对象、统计研究的基本方法和统计学中的几个基本概念等内容,重点介绍统计学中的几个基本概念。

1.1 统计与统计学

1.1.1 统计的产生与发展

统计是随着人类社会政治经济的发展和治理国家的需要而产生和发展的,其产生和发展包括两个不同层次的内容:一是统计作为一种社会实践活动的产生和发展;二是统计作为一门科学的产生和发展。

1.1.1.1 统计实践活动的产生和发展

统计作为一种社会实践活动起源很早,至今已有四五千年的历史了。统计实践活动萌芽于原始社会,统计活动属于社会统计范畴。在原始社会,氏族、部落的成员在一起打猎、捕鱼,为了分配食物,需要计算人数和食物量,就有了简单的数字概念和计数活动。即从结绳计事开始,就有了对自然社会现象简单的计量活动,有了统计的萌芽。同时,逐渐产生了原始的绘画、雕塑艺术和刻画符号,发展成为简单的文字,出现了书契记数,结绳记事是我国原始社会时期的一种计量方法,可以说它是原始社会生产力发展到一定阶段,由于社会生活的实际需要而产生的。古埃及在建造金字塔时,为了征集所需财物和征用劳力而对全国人口、劳力、财力进行了调查与统计;我国在4000多年前的夏朝,为了治国治水的需要,而对国情进行了初步统计,包括统计全国的人口及土地的数量等。

到了奴隶社会,统治阶级为了对内统治与对外战争的需要,需要进行征兵与课税,这就要求对全国人口、土地和财产等进行统计调查。公元前两千多年前的夏禹时代中国就有了人口、土地等方面的数字记载;商代已产生了政府统计的萌芽,在殷墟书契中有商代的若干统计资料,说明当时在军事、祭祀、田猎等方面,已较广泛地进行了统计工作。在欧洲,古希腊和古罗马的奴隶制国家,也有了人口、财产、世袭领地的统计。但奴隶社会时期,因社会生产力水平低下,统计实践尚处于初级阶段。

封建社会时期,封建君主和政治家意识到统计对于治理国家的重要作用。秦汉时期,已有地方田亩和户口记录;唐末则有计口授田、田亩鱼鳞册等土地调查和计算;到了明清,已建立了经常的人口登记和保甲制度等。但由于社会生产力发展仍然很缓慢,所以统计实践仅限于简单的调查登记和汇总计数工作。

17世纪下半叶,西方国家进行工业革命,进入资本主义社会以后,生产日益高度社会化。资产阶级及其国家由于追求利润、争夺市场和对外扩张的需要,除了原有的对人口、土地和财产等的统计外,统计活动逐渐扩展到工业、商业、贸易、银行、保险、交通、邮电、海关等各个方面，内容和方法更加复杂，形成了资产阶级各个专业的社会经济统计。

到了社会主义社会，统计不仅在实践上而且在理论上都得到了大力发展，其应用的领域已扩展到了无所不包的地步。其内容包括经济的、社会的和科学技术的各个方面，而且从国内到国外，范围遍布各个领域。

1.1.1.2 统计学的产生与发展

统计实践的发展，必然导致统计科学的产生。17世纪以后，随着统计实践的发展，客观上要求总结丰富的实践经验，使之上升为理论，并进一步指导实践，这时统计学应运而生，至今已有300多年的历史。由于历史条件、研究领域的不同，统计学产生了不同的学派，主要有以下几个学派。

(1) 政治算术学派　这一学派产生于17世纪中叶的英国。政治算术学派用计量方法（大量观察法、分类法和对比法）综合研究社会经济问题，具有开创性的意义。主要创始人威廉·配第（W. Petty，1623—1687），于1676年发表了《政治算术》一书，在书中利用数字、重量、尺度等各国的实际统计数据资料，对英国、法国、荷兰三国的经济实力从数量上进行了系统的分析，将系统的数量对比和分析的方法运用在社会科学规律的宏观分析和说明中，这也是现代统计学广为采用的方法。同时，他还提出了用图表形式概括数字资料的理论和方法。这些方法为统计学的产生奠定了良好的基础。虽然威廉·配第并没有使用"统计学"这一名词，但他首创的社会宏观数量对比分析方法，揭示了统计学所要研究的内容。所以马克思认为他是"政治经济学之父，在某种程度上也可以说是统计学之父"。但遗憾的是，该学派的学者都没有使用"统计学"这个名称，存在名不副实的缺陷，也称为"有实无名"学派。

(2) 国势学派　这一学派产生于17世纪中叶的德国，又称记述学派，以文字记述国家显著事项。主要创始人为德国赫姆斯特大学教授赫尔曼·康令（H. Corning，1601—1681）和哥丁根大学教授哥特费里德·阿亨瓦尔（G. Achenwall，1719—1772）。康令以叙述国家显著事项和国家政策关系为内容，在大学开设了"国势学"课程，很受当时学者的欢迎。阿亨瓦尔在其代表作《近代欧洲各国国势学概论》中，对各国的事项进行比较和叙述，有文字叙述，无数字内容，无现代统计学数量分析的结论和方法，但有社会宏观定性分析的特点。虽然它以统计学命名，但它偏重事物性质的解释，缺乏数量分析的方法与结论，因此人们又将其称为"有名无实"的统计学派。

(3) 数理统计学派　该学派产生于19世纪中叶，它是在概率论已有相当发展的基础上，把概率论引进统计学而形成的。创始人是比利时数学家、统计学家阿道夫·凯特勒（A. Quetelet，1796—1874），代表作有《论人类》、《概率论书简》和《社会物理学》等。在他的著作中，第一次把概率论和数理统计的方法应用于社会经济统计，通过对社会现象的有关数据进行分析和计算，论证了社会现象的发展具有内在的规律性，从而使统计学发生了质的飞跃而进入了一个新的发展阶段，为近代统计学的发展奠定了基础。到19世纪末，建成了古典统计学（主要是描述统计学）的基本框架。

到20世纪初，大工业的发展对产品质量检验提出了新的要求，即只抽取少量产品作为样本对全部产品的质量好坏做出推断。1907年，英国的戈赛特（W. S. Gosset）提出了小样本统计量，这样就可以从大量产品中只抽取较小的样本完成对全部产品质量的检验和推断，这样统计学就进入了现代统计学（主要是推断统计学）的新阶段。推断统计学的理论再经过不断的充实和完善后，到 20 世纪中叶现代统计学的基本框架就建成了。现代统计学是两个学科分支（描述统计学和推断统计学）不断地发展和完善的结果，在这个过程中两个分支不是相互孤立的，是相互融合、相互补充的。

进入 20 世纪 80 年代后，随着中国社会主义市场经济体制的初步建立和逐步完善，在经济管理的各个领域，强调社会经济现象本质规律的揭示，不断拓展其研究领域；在方法上，既采用传统统计描述方法，又采用现代统计推断方法，加上电子计算机的应用，我国的统计学正在成为一门既符合世界统计科学发展的总趋势，又服务于具有中国特色的社会主义建设事业的现代统计学。

1.1.2 统计的含义

在日常生活中，我们会经常接触到和统计相关的问题，统计已广泛渗入政治、经济、军事、文化、教育等社会的各个领域，可以说统计无处不在，无时不在。"统计"一词具有多种含义，在不同的场合，可以有不同的理解，如下面关于统计的例子。

【例 1.1】 对下面的 3 句话，试分析其中"统计"一词的含义。

① 工商 1 班的班长需要统计一下本班本学期订购教材的数量。

② 据统计，2011 年 12 月份，居民消费价格总水平（CPI）同比（比去年 12 月）上涨 4.9%。

③ 你今天上午上什么课？我上的是统计。

上面每句话里都出现了"统计"一词，而"统计"一词的意思却完全不同，其中第①句里的"统计"一词是统计工作的意思，第②句里的"统计"一词是统计资料的意思，而第③句里的"统计"一词是统计科学的意思。

因此，在日常的使用过程中，"统计"一词有三种含义，即统计工作、统计资料和统计学。

(1) 统计工作（即统计实践） 它是根据统计研究的目的和要求，对客观存在的有关社会、政治、经济、科技、文化、国防、人口及自然现象的数据资料进行收集、整理和分析的活动过程。例如，对各行业每年新增产值进行的统计；对全国人口总量及人口构成进行的统计；对人均收入和人均消费支出进行的统计等。其过程都包括统计调查、统计整理与统计分析三个阶段。

(2) 统计资料（即统计信息） 是指通过统计工作取得的、用来反映所研究的客观事物数量特征的各项数字资料及有关其他实际资料的总称，是统计工作的成果，它既包括在统计过程中观察、调查和记录的原始资料，也包括经过整理、加工后获得的系统资料，如各种统计报表等。

(3) 统计学（即统计理论） 统计学是关于认识社会现象总体、数量特征及其规律的方法论科学，是研究如何收集、整理统计资料，并分析研究客观事物在一定条件下的数量特征及其规律性的方法和技术（科学）。其目的是通过研究客观事物数量方面的规律性，以达到对客观事物的科学认识。

统计工作、统计资料、统计学三者之间存在着密切的关系。首先，统计工作是统计的基础，没有统计工作就不会有统计资料，没有丰富的统计实践经验就不会产生统计科学。统计工作与统计资料是统计活动过程与活动成果的关系，统计工作的直接目的是为了获取统计资料，而统计资料的获得又必须依靠统计工作来实施和完成。其次，统计工作与统计学是统计实践与统计理论的关系，一方面，统计学来源于统计工作，是统计工作的理论概括和实践经验的总结；另一方面，统计学又反过来指导统计工作。最后，统计学和统计资料是统计分析和目的的关系。统计数据资料如果不用统计方法去分析和展示，就是一堆杂乱的数字，无法说明任何现象的本质和规律。统计数据不是指单个的数字，而是指大量数据构成的群体。因此，统计的本质是通过获取准确、及时的统计数据，为认识、研究、决策、预测等工作的开展奠定基础。

> **想一想**
> 下列句子中"统计"一词的含义是什么？
> ① 小王是学统计的。
> ② 他已经干了十几年统计了。
> ③ 据统计，今年一季度某种商品物价出现大幅增长。
> ④ 请统计一下今天出席会议的人数。

1.1.3 统计数据及其规律性

1.1.3.1 对统计数据的理解

众所周知，我们生活里时时刻刻且到处都渗透着统计数据，可以说，统计数据是我们日常工作与生活中不可缺少的组成部分。例如，企业管理者要统计职工完成的工作量、企业生产销售情况和利润额等数据；学生考试后非常关心自己的考试成绩和名次；人们可以通过报刊和电视等获得国内生产总值、物价指数和经济增长率等数据等。这些都是统计数据，都是通过统计方法获得的数据，是用以认识客观事物规律性的依据。因此，缺少了统计数据，即使很科学的统计方法或很高明的统计学家也难有所作为。离开了统计数据，统计方法乃至统计学就失去了其存在的意义。另外，统计数据不是指个别的单个数字，而是指同类的较多数据构成的数据集合。因为单个数字如果不和其他数据进行比较分析，是不能说明事物的具体情况的。例如，统计得知某个学生在某门课程的考试中得了 75 分，如果仅凭这一个数字，一方面我们很难对这个学生的知识和能力水平做出判断和评价。因为这个 75 分可能是班上的最高分，可能是中等水平的分数，也可能是较低的分数。在不知道其他学生的考分或这次考试的平均分数的情况下，我们很难评价该学生的成绩。另一方面我们单凭这一成绩也很难知道该学生所在班级的考试成绩的分布情况。所以，在进行统计分析时我们需要收集的数据是数据集合而非单个的统计数据，通过对多个统计数据进行加工整理，从而发现数据中存在的内在联系及数量规律，达到认识客观事物的目的。

1.1.3.2 统计数据的规律

统计学提供了探索数据内在规律的一套方法。那么，什么是统计数据的内在数量规律性？为什么统计方法能通过对数据的分析找出其内在的数量规律性？我们通过下面的几个例子来说明。

就单独的一个家庭来观察，每个家庭的新生婴儿的性别可能是男性，也可能是女性。如果不对生育人口进行任何限制，有的家庭的几个孩子可能都是男孩，而有的家庭的几个孩子可能都是女孩。从表面上看，新生婴儿的性别比例似乎没有什么规律可循。但如果对大量的家庭新生婴儿进行观察，就会发现新生婴儿中男孩略多于女孩，大致为每出生 100 个女孩，相应地就有 107 个男孩出生。这个性别比例 107∶100 就是新生婴儿性别比的数量规律。古今中外这一比例都大致相同，这是由人类自然发展的内在规律所决定的。人类社会要发展，就要保持男女人数上的大致相同。尽管从新生婴儿来看，男性略多于女性，似乎并不平衡，但由于男性婴儿的死亡率高于女性婴儿，到了中年时，男女人数就大体相同了。进入中老年后,男性的死亡率仍然高于女性,导致男性的平均预期寿命比女性短,老年男性反而少于老年女性。生育人口在性别上保持大体平衡,保证了人类社会的进化和发展。对人口性别比例的研究是统计学的起源之一,也是统计方法探索的数量规律性之一。

我们都知道投掷硬币和掷骰子的游戏,随机地投掷一次硬币或骰子,出现正面、反面或某个点数是不确定的,完全是偶然的。但当我们进行多次重复投掷,就会发现投掷一枚均匀硬币出现正面和反面的次数大体相同,即比值接近于 1/2。投掷的次数越多,就越接近于 1/2 这一稳定的数值。同样,在掷骰子时,出现 1 点至 6 点的比例也逐渐接近于 1/6。这里的 1/2 和 1/6 就是掷硬币和掷骰子出现某一特定结果的概率,也就是投掷硬币或骰子时所呈现的数量规律性。

上述例子说明,通过多次观察或试验得到大量的统计数据,利用统计方法是可以探索出其内在的数量规律性的。因为客观事物本身是必然性与偶然性的对立统一,必然性反映了事物的本质性,偶然性反映了事物表现形式上的差异性。如果客观事物只有必然性一个方面的特征,它的表现形式就会比较简单,我们就可以很容易地把握它的规律性。正是由于偶然性的存在,才使事物的表现形式与必然的规律性之间产生偏移,从而形成了表面形式上的千差万别,使得必然性的数理规律性被掩盖在表面的差异之中了,统计数据作为客观事物的一种数量表现,是事物必然性与偶然性共同作用的结果。偶然性使得对同一事物的多次观察得到的统计数据有差异,而必然性则隐含在统计数据本身中,这正是我们要利用统计方法去寻找的。在上面的几个例子中,尽管每个新生婴儿的性别、每次投掷硬币或骰子的结果都是不同的、有差异的,但它们本身都存在着必然的数量规律,通过统计方法可以尽可能去掉数据所呈现的偶然性,找出统计数据中隐含的内在规律性。

1.2 统计学的研究对象和方法

1.2.1 统计学的研究对象

统计学的研究对象是指统计研究所要认识的客体。只有明确了研究对象,才可以依据它的性质特点找出相应的研究方法,从而达到认识客体规律性的目的。

社会经济统计学的研究对象是社会经济现象总体的数量方面及其规律性。即以统计资料为依据,具体说明社会经济现象总体的数量特征、数量关系及数量界限。

社会经济现象通常包括自然现象以外的社会政治、经济、文化、人民生活等领域的各种现象。通过对基本的社会经济现象的数量方面的认识,进而达到对整个社会的基本认识。在现代社会经济建设的进程中,如果不能准确、及时、全面、系统、有效地掌握社会经济现象的数量特征和数量变化,便不能有效地进行调节和控制,也就不能进行正确的计划与决策,更谈不上加强经济管理和进行经济分析研究。所以说经济越发展,统计也就越重要。

研究社会经济现象的数量方面,具体而言就是用科学的方法去收集、整理、分析国民经济和社会发展的实际数据,并通过统计所特有的统计指标和统计体系,表明所研究对象的规模、水平、速度、比例和效益等,借以具体反映一定时间、地点、条件下社会经济发展的规律性。研究社会经济现象数量方面,用各项统计数据来说明社会经济发展情况,发扬成绩,揭露矛盾,不仅具体生动,而且雄辩有力。

1.2.2 统计学的研究方法

统计学的研究方法是指贯穿于整个统计工作全过程的各种专门方法，是对统计工作各阶段所用方法与技术理论的概括与总结。下面简单的介绍统计学中最常见、最基本的研究方法。

(1) 大量观察法　大量观察法是指对被研究事物足够多的单位进行观察、分析，以反映总体特征的一种统计方法。该方法的应用是由研究对象在诸多因素的作用下形成的大量性和复杂性决定的。各单位的特征和数量在表现上有很大的差异，因此，在这种情况下，就不能仅靠抽取个别或少数单位进行观察，必须观察全部或足够多数的调查单位，才能从中认识客观现象的规律性。比如，早在300多年前，人口学家就从统计资料中发现男女婴儿出生的比例为107∶100，很显然，这就是通过大量观察法，从偶然事件中发现出的必然规律。

(2) 统计分组法　统计分组法指根据事物内在的规律、性质和统计研究任务的要求，从而将总体各单位按照某种标志划分为不同类型或组的一种研究方法。这种方法是研究总体内部差异的重要方法。通过分组可以研究总体中不同类型的性质以及它们的分布情况，比如，将企业按经济类型的不同，分为国有企业、集体企业、合资企业、外资企业、民营企业等，借以研究它们在总体中的特点和效益；通过分组可以研究总体中的构成和比例关系，如将企业按行业性质不同分组可以研究生产力的布局和产业结构比例问题；通过分组还可以研究总体中现象之间的依存关系，如企业按收入的大小分组可以研究经营规模与营业费的关系等。分组法在统计研究中得到日益广泛的应用。

(3) 综合指标法　综合指标法是指应用各种统计综合指标来反映和研究社会经济现象总体的一般数量特征和数量关系的研究方法，它是统计分析的基本方法之一。目前，在统计分析中，广泛应用总量指标分析法、相对指标分析法、平均指标分析法、离散指标分析法、时间序列分析法、指数分析法、相关分析法等，这些分析方法可以综合地反映社会经济现象的规模、水平、比例关系、发展速度等，使我们对所观察的事物有一个更为深入的认识。

(4) 统计模型法　统计模型法是根据一定的经济理论和假定条件，用数学方程去模拟现实经济现象相互联系的一种研究方法。利用这种方法可以对社会经济现象和过程中存在的数量关系进行比较完整的和近似的描述，进而简化了客观存在的各种复杂的关系，便于利用模型对社会现象的变化进行数量上的评价和预测。

(5) 归纳推断法　归纳推断法是在统计研究的过程中，由观察总体各单位的特征得出关于总体的某种信息，这种从个别到一般，从事实到概括的推理方法，逻辑上称为归纳法，它是统计研究中常用的方法。通常我们所观察的只是总体的部分或者有限的总体单位，而实际上我们需要判断的总体范围却是大量的，甚至是无限的。这种根据样本数据来判断总体数量特征的归纳推理方法称为统计归纳推断法，从某种意义上说，统计所观察的资料都是一种样本资料，因而，归纳推断法被广泛地应用于统计研究的许多领域，可以说它是现代统计学的基本方法。

1.3　统计学的分科及与其他学科的关系

1.3.1　统计学的分科

经过长期的发展，统计学的理论和实践知识已十分丰富，研究与应用的领域也非常广泛,形成了不同的分支学科。根据统计分析方法的不同,统计学可分为描述统计和推断统计;根据统计方法研究和应用的不同,统计学可分为理论统计和应用统计。

1.3.1.1 描述统计和推断统计

(1) 描述统计(descriptive statistics) 是研究如何取得反映客观现象的数据,并通过图形、表格和概括性的数字对所收集的数据进行加工处理和显示,进而通过综合、概括与分析得出反映客观现象的规律性数量特征,如图 1-1 所示。内容主要包括数据的收集方法、数据的加工处理方法、数据的显示方法、数据分布特征的概括与分析方法等,为进一步的统计推断提供根据。

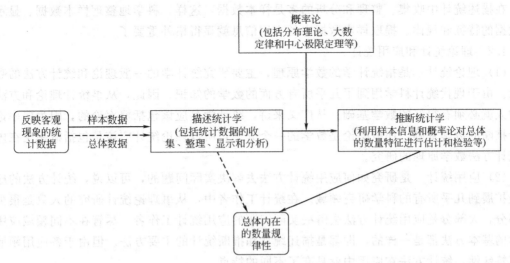

图 1-1 统计学探索客观现象数量规律性的过程

(2) 推断统计(inferential statistics) 是研究如何根据样本数据去推断总体数量特征的方法,它是在对样本数据进行描述的基础上,对统计总体的未知数量特征作出以概率形式表述的推断。例如,根据样本人群收入的统计结果,统计人员就可以对全国所有人口的平均收入情况作出估计,用以了解全国人口的收入水平状况。这就是利用样本信息和概率论原理进行统计推断的过程。

统计学分为描述统计和推断统计,一方面反映了统计发展的前后两个阶段,另一方面也反映了统计方法研究和探索客观事物内在数量规律性的先后两个过程。图 1-1 即为统计学探索客观现象数量规律性的过程的框图。

由图 1-1 可以得知,统计研究过程的起点是数据,终点是探索到客观事物总体内在的数量规律性。要达到统计研究的目的,如果收集到的是总体数据(如普查),则经过描述统计之后就可以达到探索内在数量规律性的目的了;但如果所获得的数据只是研究总体的一部分数据,要探索到总体的数量规律性,就必须应用概率论的理论,并根据样本整理出信息,对总体做出科学的推断。显然,描述统计是整个统计学的基础和统计研究工作的第一步,它包括对客观现象的度量,调查方案的设计,科学、及时、快速、经济地收集与整理数据,用图表显示数据,分析和提取数据中的有用信息以最终推断总体;推断统计是现代统计学的核心和统计研究工作的关键环节,因为统计最终能否科学准确地探索到总体内在数量规律性与选用何种统计量、选用什么推断方法、如何进行推断有着直接的联系。但如果没有描述统计收集可靠的数据并提供有效的样本信息,即使很高明的统计学家和很科学的推断方法也难于得出准确的结论。因而，推断统计对描述统计又有很强的依赖性。

应该认识到，尽管描述统计可以在获得总体数据时直接探索出总体数量规律性，但这种情况在实际工作中很少见到。例如社会经济现象的总体虽然多数是有限的，但要考虑获得数据以及推断总体的时效性、经济性和准确性，抽样调查往往比普查更有效，因而应用也就更普遍。例如，全国的人口数量和变化，需要很长的时间才能收集、整理出所要的数据，不是每年都能做的，因而我国确定每10年进行一次人口普查和经济普查，其他各年均以抽样调查数据进行推断。此外，大量的管理和研究工作不可能组织普查，例如，城市居民家庭每月的收入支出调查等都只能通过抽样调查方法，然后对总体数量规律性进行科学的推断。因而，在描述统计中收集、整理和分析的多是样本数据，这样，科学地整理样本数据、显示样本数据的特征和规律、提取样本数据中的有用信息就显得格外重要了。

1.3.1.2 理论统计和应用统计

（1）理论统计　是指统计学的数学原理，主要研究统计学的一般理论和统计方法的数学理论。由于现代统计科学用到了几乎所有方面的数学的知识，因此，从事统计理论和方法研究的人就必须有很好的数学基础。从广义来讲，统计学是应该包括概率论的，因为概率论是统计推断的数学基础，而概率论是数学的一个分支，所以理论统计应该是包括概率论在内的对统计方法数学原理的研究。

（2）应用统计　是研究如何应用统计方法去解决实际问题的，可以说，统计方法的应用已经扩展到几乎所有的科学研究领域。在统计工作者中，从事理论统计研究的人只是很少的一部分，大部分是应用统计方法去解决实际问题的应用统计工作者。尽管在不同领域应用统计学的基本方法都是一样的，即都是描述统计和推断统计的主要方法。但由于各应用领域都有其特殊性，统计方法在应用中就具有了不同的特点。

因此，作为一名优秀的应用统计工作者，不但要能熟练地掌握和应用各种统计方法，而且必须具备所研究和应用领域的专业知识。即要求统计应用人才是复合型人才，要同时拥有统计方法和专业理论知识两项才能。

1.3.2 统计学与其他学科的关系

1.3.2.1 统计学与数学的关系

统计学与数学有密切的关系，但又有很大的区别。统计学与数学的联系主要是数学为统计理论和统计方法的发展提供了一种研究和探索客观规律的数量方法，同时，统计方法与数学方法一样，并不能独立地直接研究和探索客观现象的规律，而是给各学科提供了一种研究和探索各学科规律的数量方法。统计学与数学又有着本质的区别。首先，统计学与数学的研究对象不同。数学研究的是抽象的数量规律，是没有量纲或单位的抽象的数，而统计学则是研究具体的、实际现象的数量规律，是有具体实物或计量单位的数据。其次，统计学与数学研究中所使用的逻辑方法不同。数学研究所使用的是纯粹的演绎，而统计学则是演绎与归纳相结合，占主导地位的是归纳。数学家可以坐在屋里，凭借聪明的大脑从假设命题出发推导出结果，而统计学家则需要深入实际搜集数据，并与具体的实际问题相结合，经过科学的归纳才能得出有益的结论。

1.3.2.2 统计学与其他学科的关系

统计学是一门应用性很强的学科。由于几乎所有的学科都要研究和分析数据，因而统计学与这些学科领域都有着或多或少的联系。这种联系表现为，统计方法可以帮助其他学科探索学科内在的数量规律性，而对这种数量规律性的解释并进而研究各学科内在的规律，只能由各学科的研究来完成。比如，大量观察法已经发现了新生婴儿的男女性别比是107∶100，但为什么会是这样的比例？形成这一比例的原因应由人类遗传学或医学来研究和解释，而非统计方法所能解决的。

由此可以看出，统计方法仅仅是一种有用的定量分析的工具，它不是万能的，并不能解决现实中各学科领域的所有问题。但是在解决各学科的具体问题时，只要能正确地使用统计工具和统计方法，在用统计方法进行定量分析的基础上，应用各学科的专业知识对统计分析的结果作出合理的解释和分析，就能得出令人满意的结论。尽管统计学不能解决各学科的所有问题，但统计方法在各学科的研究中仍发挥越来越重要的作用。

1.4 统计学中的基本概念

1.4.1 统计总体和总体单位

统计总体简称为总体，是指统计调查研究对象的全体，是客观存在的、具有某种共同性质的许多个别事物所构成的整体。构成总体的每一个个体则称为总体单位，也称为个体。

例如，我们要研究全国高校毕业生的就业情况，"全国高校毕业生"就是统计总体。其中每一个高校的毕业生就是总体单位，都是客观存在的，而且他们具有共同的性质，即都是高等院校的毕业生，都是将要走向社会的大学毕业生。有了这个总体，就可研究全国高校毕业生就业的各种数量特征，如高校毕业生的总人数、不同教育程度的毕业生人数、已就业的毕业生人数、就业人数占总毕业生人数的比例、不同地区毕业生就业比例的差异等。

统计总体具有如下三个方面的特征。

(1) 大量性　大量性是指总体是由大量的总体单位构成的，即构成总体的总体单位必须有足够多的数量。因为总体只有在总体单位足够多的情况下，通过对大量数据的研究，才能发现其数量规律性，否则，无法通过少量的总体单位的相应数据探索出反映客观现象的数量规律性。

(2) 同质性　同质性是指构成总体的各个个体必须至少在某一方面具有共性，即确定总体范围的标准。如前例中的总体单位，即每一个高校的毕业生，他们的共同性质就是每一个人都是高等院校毕业的将要走向社会的大学毕业生。

(3) 差异性　差异性是指构成统计总体的总体单位除了至少在某一方面具有同质性外，在其他方面则有质的差别和量的差别。这种差异性才是统计学研究的基础，因为统计研究的正是有差异性的数据，是通过对这些数据的数量特征进行分析进而达到认识事物的目的的。

总体和总体单位的划分不是固定不变的，会随着研究目的和任务的不同而改变。例如，一个工厂，一所大学，在我们研究这个工厂和这个学校内部的问题时，就是统计研究中的总体。但当我们研究的内容涉及包括这个工厂和这个学校在内的更多的工厂和学校时，它们就变成了总体单位。

1.4.2 标志与变量

1.4.2.1 标志、标志值及其分类

(1) 标志　是说明总体单位某方面属性或特征的名称。一般来说，每个总体单位都具有

多种属性或特征。例如，当研究某企业职工的情况时，该企业每个职工为总体单位，具有性别、年龄、工龄、工资、文化程度、工作岗位等多个属性特征，这些属性或特征都是标志。

（2）标志值　是某一个标志在各个总体单位上的具体表现。根据标志的性质不同，可以分为品质标志值和数量标志值。品质标志值只能用文字或符号来描述和表示。例如，"男"和"女"是职工的性别的标志值；"优质品"、"合格品"和"不合格品"是产品的质量等级的标志值。数量标志值是用数字表示的。例如，"17岁"、"18岁"和"19岁"是学生年龄的标志值；"800人"、"1000人"和"12000人"是企业职工人数的标志值。

标志是统计调查中所要登记的项目，而标志值就是统计调查所要收集的结果，它是统计认识社会经济现象的起点。

（3）标志的分类

① 标志按其表现形式的不同，可分为品质标志和数量标志两种。

a. 品质标志是表明总体单位质方面特征的名称。例如，职工的性别、文化程度、工作岗位等标志，工业企业的所有制类型、产品的质量等级等都是品质标志。品质标志通常只能用文字和符号等表示。

b. 数量标志是表明总体单位量方面特征的名称。例如，职工的年龄、工龄、工资等标志，学生的年龄、身高、体重、某门学科的成绩，工业企业的职工人数、工资总额、固定资产净值、产品产量、产值、成本、利润等都是数量标志。数量标志只能用数字表示。

② 标志按其标志值的异同，可以分为不变标志和可变标志。

a. 不变标志是指在总体中所有总体单位标志值均相同的标志，是构成总体的必要条件和确定总体范围的标准，即总体的同质性。不变标志是形成总体的前提，没有不变标志就无法确定总体的界限。例如，研究某企业职工情况时，该企业职工的"所属企业"标志，是一个不变标志，因为该企业所有职工的所属企业都相同。

b. 可变标志是指在总体中各总体单位的标志值不同的标志，是统计研究的基础，即总体的差异性。例如，研究某企业职工的情况时，该企业职工的性别、年龄、工龄、工资、文化程度、工作岗位等标志都是不同的，存在着差别，这些标志都是可变标志。只有研究这种差异的规律性后，才能真正了解该企业职工的真实情况。

1.4.2.2　变量、变量值及其分类

（1）变量的概念　在数量标志中，不变的数量标志称为常量或参数，可变的数量标志称为变量。如：职工人数、资金总额、产值、利润总额等都是变量。又如，研究某市各企业的情况时，职工人数就是一个变量。其中职工人数既是一个数量标志，又是一个可变标志，因此职工人数是一个变量。

（2）变量值　变量的具体数值叫做变量值。例如：研究某班学生的统计学成绩时，某位学生成绩的分值是84分，则84分即为学生成绩这个变量的变量值。

（3）变量的种类　根据变量值连续与否可以把变量分成连续变量和离散变量。

① 连续变量即在一定区间范围内变量值可取无限多个数值，变量值可作无限分割的变量。如人的身高、体重、工厂的产值、利润等变量，其变量值在两个整数之间，可以无限分割而不能一一列举，所以这些变量称为连续变量。

② 离散变量，也叫间断变量，指变量值只能以整数出现，变量值的个数是有限的，可以按整数一一列举的变量。例如：一个地区的人口数、工厂数、学校数等变量，因其变量值只能用整数表示，所以这些变量称为离散变量。

想一想

(1) 三个学生的学习成绩不同，这三个成绩分数是三个变量，请问此说法是否正确？

(2) 下列各项中，属于连续变量的有（　　）。

    A. 总人口数　　　　B. 学生的体重　　　　C. 财政税费

    D. 汽车产量　　　　E. 设备台数　　　　　F. 商品销售额

    G. 全国有线电视用户户数

1.4.3 统计指标

1.4.3.1 统计指标的概念

统计指标简称指标，是指反映现象总体数量特征的基本概念和具体数值，是对在现实生活中大量存在的、反复出现的具体社会经济现象的某些共同点加以概括所形成的基本概念。统计指标由指标名称和指标数值两个要素构成。例如，据统计，我国2009年的国内生产总值为340506.9亿元，这里的"国内生产总值"为指标名称，"340506.9亿元"为指标数值。

1.4.3.2 统计指标的特点

(1) **数量性**　统计指标用来反映现象总体数量特征的，是用数据来表示总体某方面的数值大小的，因此，统计指标最终一定是用数值来表示的。正是统计指标的数量属性使得统计研究可以使用大量的数学方法和计算技术。统计指标在总体某一数量上的具体体现，称为指标值。例如，2008年末我国总人口数为132802万人，其中的132802万人为指标值。

(2) **综合性**　统计指标是关于总体某方面数量特征的描述，是对总体单位各方面标志值进行综合处理的结果。统计指标和标志不同，统计指标说明的是总体的数量特征，而标志是说明总体单位的个体属性，一般不具有综合的特征。例如，某人的收入、某人的消费，不是统计指标，而某个区域或群体的总收入、总消费、平均收入、平均消费等才是统计指标。但由于总体和总体单位具有相对性，因此，在不同的研究任务和研究目的下，统计指标和标志也具有相对性。例如，要研究某地区所有工业企业的情况，该地区各个工业企业个体的产值是标志，但若要研究其中某工业企业的状况，则该企业的产值就变成了统计指标。同时，我们也应看到，统计指标的数值一般是通过对标志值进行计算而得到的。

(3) **具体性**　统计指标一般是指所研究现象在具体的时间、地点、条件下的某方面数量特征的概念或数值，包含着非常具体的内容。例如，2010年全国第六次人口普查结果显示，全国总人口为1370536875人，表示以2010年11月1日零时为标准时点，调查的具有中华人民共和国国籍的人口总数是1370536875人。

1.4.3.3 统计指标的分类

(1) **按总体现象的内容划分**　统计指标按总体现象的内容（数量特点）不同分为数量指标和质量指标。

① 数量指标是用来说明总体现象的规模的大小，绝对水平的高低，数量的多少的指标，反映现象的绝对水平。其指标通常表现为绝对数，如人口数量、机器台数、企业个数、工业总产值、粮食产量、企业实现利润总额等。

② 质量指标是用来反映总体现象之间相对水平高低或工作质量好坏的指标，反映现象的相对水平和平均水平。如学生某门课程的平均成绩、企业的平均工资、企业工人的劳动生产率、商品的价格等。

(2) **按数值的形式不同划分**　统计指标按数值的形式不同分为绝对数（总量）指标、相对数指标和平均数指标。

① 总量指标是反映现象总体规模或水平的统计指标，它表明现象总体发展的总成果，其数值表现为绝对数。如总人口、国内生产总值等都是总量指标。总量指标也是数量指标。

② 相对指标是两个有联系的总量指标或平均指标相对比的结果，表明社会现象之间的数量对比关系，其数值表现为相对数。如产品合格率、人口增长率、成本降低率等都是相对指标。

③ 平均指标是按某个数量标志说明总体单位某个数量标志的一般水平的统计指标，其数值表现为平均数。例如农作物的平均产量、职工的平均工资、学生的平均成绩等都是平均指标。

想一想

（1）某高职院校在校生共 8000 人。若要研究该校在校生规模是否适度，那么"在校生 8000 人"是指标？是变量？是标志？还是标志值？

（2）我国 2007 年国民生产总值、某同学该学期平均成绩、某地区出生人口总数、某职工全年工作总额四项中，哪些属于统计指标？

本章小结

统计一词有三层含义：统计工作、统计资料及统计学。统计工作是统计资料形成的基础，统计工作和统计资料是过程和成果的关系；统计学与统计工作是理论和实践的关系，统计工作是统计学的实践基础，统计学是系统化、条理化的统计实践经验，反过来指导统计实践工作。

统计学作为一门方法论科学，它的研究对象是客观现象的数量方面；统计的研究方法包括：大量观察法、统计分组法、综合分析法及统计推断法。

统计总体是由客观存在的、具有某种共同性质的许多个别事物构成的整体。统计总体具有三个方面的特征：大量性、同质性、变异性。

总体单位是构成总体的个别事物或者基本单位，也称个体。总体和总体单位具有相对性。

标志是说明总体单位某方面属性或特征的名称。标志有数量标志和品质标志之分。

标志值是总体单位在某一标志上的具体表现或取值。

变量是可变的数量标志。变量可分为离散变量和连续变量。

统计指标是反映总体现象数量特征的概念和具体数量。指标由指标名称和指标数值两个基本要素构成。根据统计指标说明总体现象的内容不同，可将指标分为数量指标和质量指标；从统计指标的作用和表现形式来看，可分为总量指标，相对指标和平均指标。

指标与标志既有区别又有联系。指标由各标志值汇总而来，二者随统计研究目的的变化而变化。但指标是反映总体特征的，而标志是反映总体单位特征的；指标均可量化，标志中品质标志无法量化。

思考与练习

一、思考题

1. 怎样理解统计的不同含义？它们之间构成了哪些关系？

2. 统计学的研究对象是什么？有人认为统计学的研究对象是统计工作，而统计工作的研究对象是客观现象的数量方面，你的看法如何？

3. 统计认识事物有哪些基本方法？如何理解？

4. 品质标志和数量标志有何区别？

5. 如何认识总体与个体的关系？

6. 统计指标与标志有何区别与联系？

二、单项选择题

1. 构成总体的每一个个体称为（　　）。
　　A. 调查单位　　　　B. 总体单位　　　　C. 调查对象　　　　D. 填报单位

2. 若要了解某市工业生产设备情况，则总体单位是该市的（　　）。
　　A. 每一个工业企业　　　　　　　　B. 每一台设备
　　C. 每一台生产设备　　　　　　　　D. 每一台工业生产设备

3. 对某企业全部职工（100个）的工资状况进行调查，则总体单位是（　　）。
　　A. 每个企业　　　　　　　　　　　B. 每个职工
　　C. 每个企业的工资总额　　　　　　D. 每个职工的工资水平

4. 以产品的等级来衡量某种产品质量的好坏，则该产品的等级是（　　）。
　　A. 数量标志　　　B. 品质标志　　　C. 数量标志值　　　D. 质量标志

5. 在全国人口普查中（　　）。
　　A. 男性是品质标志　　　　　　　　B. 人的年龄是变量
　　C. 人口的平均寿命是数量标志　　　D. 全国的人口是统计指标值

6. 下列指标中，属于质量指标的是（　　）。
　　A. 总产值　　　B. 合格率　　　C. 总成本　　　D. 人口数

7. 就一次统计活动来讲，一个完整的过程包括的阶段有（　　）。
　　A. 统计调查、统计分析、统计决策　　　B. 统计调查、统计整理、统计预测
　　C. 统计设计、统计审核、统计分析　　　D. 统计调查、统计整理、统计分析

8. 变量是指（　　）。
　　A. 标志值　　　B. 品质标志　　　C. 标志和指标　　　D. 可变的数量标志

9. 下列属于数量标志的是（　　）。
　　A. 职工的工龄　　　B. 职工的性别　　　C. 职工的政治面貌　　　D. 职工的籍贯

10. 一个统计总体（　　）。
　　A. 只能有一个标志　　　　　　　　B. 只能有一个指标
　　C. 可以有多个标志　　　　　　　　D. 可以有多个指标

11. 某工人月工资为500元，则500元是（　　）。
　　A. 品质标志　　　B. 质量指标　　　C. 数量标志　　　D. 标志值

12. 要了解某地区工业企业职工情况，下面（　　）是统计指标。
　　A. 该地区每名职工的工资额　　　　B. 该地区职工的文化程度
　　C. 该地区职工的工资总额　　　　　D. 该地区职工从事的工种

13. 某机床厂要统计该企业的自动化机床的产量和产值，则有（　　）。
　　A. 二者均为离散变量　　　　　　　B. 二者均为连续变量
　　C. 前者为连续变量，后者为离散变量　D. 前者为离散变量，后者为连续变量

14. 某学院2008级全部大学生的平均年龄19岁，这是（　　）。
　　A. 数量标志　　　B. 数量指标　　　C. 品质标志　　　D. 质量指标

三、判断题

1. 在全国工业普查中，全国工业企业数是统计总体，每个工业企业是总体单位。（　　）

2. 某班同学某一学期统计学平均成绩属于统计指标。（　　）
3. 在工业总产值这个总体下，单位总产值就是总体单位。（　　）
4. 在全部固定资产这一总体下，每个固定资产的价值就是总体单位。（　　）
5. 办公室有5位职员，年龄分别是24岁、29岁、28岁、35岁、44岁，这些年龄是5个数量标志或5个变量。（　　）
6. 数量指标可以用数值表示，质量指标不能用数值表示。（　　）
7. 女性是品质标志。（　　）

四、指出下列的统计指标哪些是数量指标，哪些是质量指标？
1. 轿车生产总量；2. 旅游收入；3. 经济发展速度；4. 人口出生率；5. 安置再就业人数；6. 城镇居民人均可支配收入；7. 恩格尔系数。

第 2 章 统计数据的收集

[教学目标]

- 了解统计数据的计量尺度；了解数据不同来源和各种收集方法的特点和适用条件；了解对统计数据的质量要求。
- 掌握调查方案的设计；掌握调查报告的撰写。
- 理解并掌握不同调查方式的特点及应用条件；理解并掌握数据不同调查方式的误差。

[案例导读]

社会上有一种传闻："现在大学生毕业后找不到工作，找到工作的，工资还不如农民工。"这传闻是否准确？

如果让你去调查核实此事，你从什么地方入手？是询问身边的同学、朋友、亲友？还是做大面积的调查？需要调查哪些内容？调查的对象如何确定？

你可以粗略地列出一个简单的调查提纲，然后再仔细阅读下面麦可思研究院的调查报告，比较麦可思研究院的调查与你的想法是否一致。

2009 届大学毕业生就业率、薪资的调查

由麦可思研究院（MyCOS Institute）撰写的《2010 年中国大学生就业报告》指出，2009 届大学毕业生半年后的就业率约为 86.6%，比 2008 届（85.6%）高 1 个百分点，但仍比 2007 届（87.5%）低 0.9 个百分点。其中，"211" 院校毕业生半年后的非失业率约为 91.2%，非 "211" 本科院校毕业生半年后就业率约为 87.4%，高职高专院校约为 85.2%；分别较 2008 届高了 1.1 个、0.1 个、1.7 个百分点，但与 2007 届同类毕业生相比，"211" 院校与非 "211" 本科院校仍分别低出 2.3 个、3 个百分点，仅高职高专 "一枝独秀"，比 2007 届同类毕业生半年后就业率高出 1.1 个百分点。

值得注意的是，2009 届 "211" 院校毕业生较上届非失业率的增长，来源于读研而非就业。而高职高专毕业半年后的就业率连续四年与非 "211" 本科差距缩小，百分点差距从 2006 届到 2009 届分别为 7.2、6.3、3.8 和 2.2，在同样的经济形势下高职就业率提高较快。全国示范性高职院校 2009 届毕业生的就业率（88.1%）已经不低于非 "211" 本科院校（87.4%）。

2009 届本科毕业生半年后就业率最高的专业大类是工学（90.2%），最低的是法学（82.3%）；高职高专就业率最高的是资源开发与测绘大类（89.5%），最低的是法律大类（73.2%）。从 2007 至 2009 届三届的半年后就业率来看，三年就业率平均下降最快的本科专业大类是历史学，高职高专专业大类是水利大类。

毕业半年后失业人数最多的 10 个本科专业失业人数为 10.38 万人，占了本科失业总人数的 33.3%，其中有 8 个专业是 2007 届至 2009 届连续三届失业人数最多的专业：法学、计算机科学与技术、英语、国际经济与贸易、工商管理、汉语言文学、电子信息工程、会计学。毕业

半年后失业人数最多的10个高职高专专业失业人数为12.50万人，占了高职高专失业总人数的30.2%。其中有7个专业是2007届至2009届连续三届失业人数最多的专业：计算机应用技术、机电一体化技术、电子商务、会计电算化、物流管理、计算机网络技术、商务英语。

从薪资来看，2009届"211"院校、非"211"本科院校、高职高专院校毕业生半年后月薪分别为2756元、2241元、1890元，较2008届分别上升8%、10%、15%，均有明显的增长；其中高职高专院校毕业生的月薪增长最多、幅度最大。而与2007届"211"院校（2949元）、非"211"本科院校（2282元）毕业生半年后月薪相比，2009届仍然较低，仅高职高专明显高于2007届（1735元）。

麦可思对大学生（包括本科院校、高职高专院校的2009届毕业生）就业能力调查的开展是在毕业半年后，这是由于此时毕业生的就业状况趋于稳定，工作了几个月也能够评估自己的工作能力。麦可思就业率的计算方法为已就业人数除以需就业的总毕业生数，其中已就业人群包括受雇全职工作、自主创业、有半职工作三类，其分子分母按照劳动经济学定义，剔除了国内读研、国外读研（留学）、专升本以及参军等人群。但此种计算方法会使得读研的毕业生越多，就业率就越低，对"211"院校不科学；因此，麦可思采用"非失业率"来评估"211"院校的毕业生状况，以全体大学毕业生为计算基数，把就业和正在国内外读研的人群都算为非失业。

上文是对2009届大学毕业生就业率、薪资调查的结果，从中可以了解到大学生就业率和薪酬的现状及各个专业的就业情况，引导大学生及时调整自己，帮助他们树立正确的就业观。那么，如何取得这些调查资料？采用什么样的调查方式和方法？调查的工作怎么安排？通过本章的学习就能掌握这些问题的答案。

2.1 统计数据收集概述

2.1.1 统计数据收集的意义

统计数据的收集是统计工作的第一个环节，是指按照预定的统计任务，运用科学的统计方法，有计划、有组织地针对客观实际收集数据资料的过程，是统计工作的首要环节。通过收集取得的原始资料，是反映客观现象规律性的最真实的资料，是对现象总体认识的依据，也是进行统计整理和分析的基础。

统计数据的收集在统计工作中具有重要意义，它是认识事物的起点，对统计资料的整理、计算汇总与分析研究都必须在统计调查收集的资料的基础上进行，所以统计数据的收集是决定整个统计工作质量的基本环节。

统计数据收集的主要任务是：按照所确定的指标体系，通过具体的数据收集方法，取得反映社会经济现象总体全部或部分单位以数字资料为主体的信息。这些信息是总体各单位有关标志的标志值，是尚待整理、缺乏系统化的原始资料，或是已经过初步整理，还需进一步系统化的次级资料。

2.1.2 统计数据的计量尺度

2.1.2.1 数据的计量尺度

统计数据是对客观现象某方面的表现进行计量的结果，因此，在收集数据之前我们总是要先对现象进行计量或测度,那么,在计量和测度时,所选用的标准是什么?数据的精确度怎么样呢?这就涉及计量尺度的问题。对于不同的事物,能够计量或测度的精确程度是不同的,对有些事物的计量只能按其属性进行分类,比如对人口按性别、民族、文化程度等进行的分类统计,对产品按型号及质量等级等进行的分类统计等;对另一些事物则可以用比较精确的数字进行计量,比如人口的年龄、物体的长度、产品的重量和价值等。显然,从计量的精确程度来看,采用数字计量比分类计量要精确一些。根据计量学的一般分类方法,按照对事物计量的精确程度,可将计量尺度由低级到高级、由粗略到精确分为四个层次,即定类尺度、定序尺度、定距尺度和定比尺度。采用不同计量尺度得到的数据类型也不同,而不同类型的统计数据又适用于不同的统计分析方法。

(1) 定类尺度(nominal scale) 定类尺度也称类别尺度或列名尺度,是一种最粗略、计量层次最低的计量尺度。这种计量尺度的特征是采用文字或符号对事物进行简单的分类或分组。例如,人口按照性别分为男、女两类;企业按照经济性质分为国有、集体、私营、合资、独资企业等。这些分类就是将所观察的总体单位区分为不同的类型,只是测度了事物之间的类别差异,对各类之间的优劣或顺序都没有反映。因此,使用该尺度对事物所作的分类,各类别之间是平等的并列关系,无法区分优劣或大小,各类别之间的顺序不是一成不变的。虽然定类尺度计量的结果只是表现为某种类别,但为了便于统计处理,特别是为了便于计算机识别,可以对这些类别做量化处理,比如用 1 表示男性人口,0 表示女性人口等。这些数字只是表示出不同的类别,并不能区分大小或进行任何数学运算。对定类尺度的计量结果,通常是通过计算出每一类别中总体单位出现的频数或频率来进行分析。

(2) 定序尺度(ordinal scale) 定序尺度又称顺序尺度,比定类尺度的精确性要高一些,除了表明客观事物分属不同的类别外,各类之间还可以进行比较,有一定的优劣排序。例如,运动员的比赛名次可以分为冠军、亚军和季军,产品的质量等级可以分为优质品、合格品和次品,考试成绩可以分为优、良、中、及格和不及格等。显然,优质产品比合格品的质量高,而合格品的质量又高于次品的质量等。与定类尺度相比,定序尺度之间是可以进行比较并进行排序的,但各类别之间的差异还不能进行精确地计量,同时也不能进行加、减、乘、除等数学运算。

(3) 定距尺度(interval scale) 定距尺度也称间隔尺度,是一种可以对数据进行精确计量的尺度,它不仅可以比较事物各类别的优劣并进行排序,而且可以计算不同类别间的差异大小,即计算数量的间隔、差值。例如,时间的数据表示,同一天的上午 8 时到 12 时和下午 2 时到 6 时的时间间隔是相等的,都是 4 小时。温度也是一样,5℃ 与 15℃ 之间和 15℃ 与 25℃ 之间的温度差都是 10℃。由于定距尺度的计量结果表现为数值,并可以计算差值,因此它不仅具有定类尺度和定序尺度的特性,其结果还可以进行加、减运算。

(4) 定比尺度(ratio scale) 定比尺度也称为比率尺度,也是一种可以对数据进行精确计量的尺度,它与定距尺度的不同在于它不仅可以计算不同类别间的差异大小,即计算数量的间隔、差值,还可以计算不同类别数据的比值。两者的差别主要表现在对数值"0"的不同理解上。在定距尺度中,"0"表示某一个数值,不表示"没有"或"无"。例如,一个地区的温度为 0℃,表示在海平面上水结冰的温度,并非没有温度或温度不存在。因此,温度为定距尺度,0℃ 是一个有意义的数值。而定比尺度中的数值"0"往往表示绝对的"零点",表示"没有"或"无"、"不存在"等,如长度、浓度、重量、产量、产值、利润等中的"0",表示该事物不存在或没有。因此,在实践中,大多数情况下使用的都是定比尺度。由于定比尺度不仅具有定距尺度的特性，而且其数值还可以计算比值，所以，定比尺度的数值可以进行加、减、乘、除四种运算。

上述四种计量尺度对事物的测量层次是由低级到高级、由粗略到精确逐步递进的。高层次的计量尺度具有低层次计量尺度的全部特性，但不能反过来。显然，可以很容易地将高层次计量尺度的测量结果转化为低层次计量尺度的测量结果，比如将考试成绩的百分制计分转化为五等级分制。表 2-1 给出了上述四种计量尺度的测量层次和数学特性。

表 2-1　四种计量尺度的比较

数学特性 \ 计量尺度	定类尺度	定序尺度	定距尺度	定比尺度
分类（=，≠）	√	√	√	√
排序（<，>）		√	√	√
间距（+，−）			√	√
比值（×，÷）				√

在统计分析中，一般要求测量的层次越高越好，因为高层次的计量尺度包含更多的数学特性，可以运用的统计分析方法就越多，分析时也就越方便，因此应尽可能使用高层次的计量尺度。

2.1.2.2　数据的类型和分析方法

统计数据是采用某种计量尺度对事物进行计量的结果，采用不同的计量尺度会得到不同类型的统计数据。从上述四种计量尺度计量的结果来看，可以将统计数据分为以下四种类型。

（1）定类数据　表现为类别，但不区分顺序，是由定类尺度计量形成的。

（2）定序数据　表现为类别，但有顺序，是由定序尺度计量形成的。

（3）定距数据　表现为数值，可进行加、减运算，是由定距尺度计量形成的。

（4）定比数据　表现为数值，可进行加、减、乘、除运算，是由定比尺度计量形成的。

前两类数据说明的是事物的属性、类别、品质等特征，不能用数值表示，其结果均表现为类别，也称为定性数据或品质数据（qualitative data）；后两类数据说明的是现象的数量特征，能够用数值来表现，因此也称为定量数据或数量数据（quantitative data）。由于定距尺度和定比尺度属于同一测度层次，所以可以把后两种数据看作是同一类数据，统称为定量数据或数值型数据。

区分测量的层次和数据的类型是十分重要的，因为对不同类型的数据将采用不同的统计方法来处理和分析。需要特别说明的是，适用于低层次测量数据的统计方法，也适用于较高层次的测量数据，因为后者具有前者的数据特性。而适用于高层次测量数据的统计方法，则不能用于较低层次的测量数据，因为低层次数据不具有高层次测量数据的数学特性。理解这一点，对于选择统计分析方法是十分有用的。

2.1.3　统计数据资料的来源

统计是通过对现象的数据进行收集、整理和分析，进而达到从数量上认识事物特征和规律的目的的，因此，统计研究离不开数据。数据收集是数据整理、分析的前提，如何取得客观准确的统计数据是统计研究的重要内容之一。

对于统计数据的来源，一般有两个途径：一是直接来源，主要包括专门组织的调查、观察和科学试验，称之为直接数据或第一手资料；二是间接来源，主要是通过对已有的数据进行加工、整理后获得的统计数据，称之为间接数据或第二手资料。

2.1.3.1 直接来源

统计数据的直接来源主要有调查和实验两个渠道。调查是取得社会经济统计数据的主要手段,包括统计部门进行的统计调查、其他部门或机构为特定目的而进行的专门调查等。实验是取得自然科学数据的主要手段。

统计调查是取得社会经济数据的主要来源,也是获得直接统计数据的重要手段。统计调查是根据统计研究的目的和要求,运用科学的调查方法,有计划、有组织地向调查单位收集统计数据资料的过程。统计调查是整个统计研究工作的基础,统计数据的整理和分析都是在统计调查的基础上进行的。

2.1.3.2 间接来源

如果调查者不是直接进行调查或实验得到第一手资料,而是通过其他渠道使用他人的调查成果,称为统计数据资料的间接来源,所收集的数据资料称为第二手资料。这些第二手资料在多数情况下是见诸各种媒体的有关数据资料。这些媒体包括各种报纸杂志、图书文献、广播电视等,如国家统计局出版的《中国统计年鉴》、《中国人口统计年鉴》,各地区出版的地方统计年鉴等。另外,互联网的高速发展,也为人们收集资料提供了便利条件,人们可以利用互联网方便快捷地收集到所需的各种公开数据资料。此外,还可以通过其他一些渠道获取尚未公开的第二手数据资料。

2.1.4 统计数据资料的质量

2.1.4.1 统计数据的误差

收集统计数据是统计研究的第一步,如何保证统计数据的质量是数据收集阶段应重点解决的问题,因为统计数据质量的好坏直接影响到统计分析结论的客观性与真实性。为确保统计数据的质量,在数据的收集、整理和分析等阶段都应尽可能减少误差。统计数据的误差通常是指统计数据(调查所得的结果)与客观现实(客观真实数值)之间的差距,根据误差产生的原因可分为如下两类。

(1) 登记性误差 是调查过程中由于调查者或被调查者的人为因素所造成的误差。是任何一种调查方式中都可能出现的误差。调查者造成的登记性误差主要有调查方案中有关的规定或解释不明确导致的填报错误、抄录错误、汇总错误等;被调查者造成的登记性误差主要有因人为因素干扰形成的有意虚报或瞒报调查数据等。从理论上讲,登记性误差是可以消除的。

(2) 代表性误差 是指在抽样调查中,用样本数据(指标)推断总体数据(指标)时,由于没有遵循随机原则而抽取样本、样本容量不足或样本结构与总体结构不一致而导致样本不能完全代表总体而产生的误差。这类误差是抽样调查独有的误差。根据产生原因的不同,代表性误差可分为如下两种。

① 系统误差,是指由于非随机因素引起的样本代表性不足而产生的误差,可以避免。

② 随机误差,也称偶然性误差,是指遵循随机抽样原则抽样,由于随机因素(偶然性因素)引起的代表性误差。不可以避免,但事先可以进行控制和计算。抽样估计中的误差即是指此种误差。

2.1.4.2 统计数据的质量要求

统计数据作为统计数据分析的基础,其质量直接影响数据分析的结果。统计工作对统计数据一般有以下的要求。

(1) 精度 即最低的抽样误差或随机误差。

(2) 准确性 即最小的非抽样误差或偏差。

(3) 关联性　即满足用户决策、管理和研究的需要。
(4) 及时性　即在最短的时间里取得并公布数据。
(5) 一致性　即保持时间序列的可比性。
(6) 最低成本　即在满足以上标准前提下，以最经济的方式取得数据。

想一想
(1) 简述统计调查误差产生的原因和种类。
(2) 通过人为努力哪些误差可以消除？哪些误差不能消除？
(3) 统计调查资料的准确性是统计工作的生命线，这句话应如何理解？

2.2　统计调查的组织形式及数据的收集方法

2.2.1　统计调查的组织形式

在进行科学研究和管理决策时，若没有现成的数据可以利用，就需要专门组织调查或进行科学实验，以获取直接来源的数据。主要的统计调查组织方式包括：普查、抽样调查、统计报表、重点调查、典型调查等。

2.2.1.1　普查

普查是指为搜集某种社会现象在某地某时的情况而专门组织的一次性全面调查。如全国人口普查、全国经济普查、全国工业普查、全国农业普查等。世界各国一般都定期进行各种普查，以便掌握有关国情、国力的基本统计数据。普查是适合于特定目的、特定对象的一种调查方式，主要用于搜集处于某一时点状态上的社会经济现象总量，但也不排除调查一些时期现象，目的是掌握特定社会经济现象的基本全貌，为国家制定有关政策或措施提供依据。作为一种特殊的数据搜集方式，普查有以下几个特点。

(1) 普查是全面调查　属于普查总体的所有总体单位都是调查单位，只有这样才能获得全面、详尽、系统的统计资料。

(2) 普查是一次性的或周期性调查　由于普查涉及面广、调查单位多，需要耗费大量的人力、物力和财力，时间周期也较长，因此不宜经常进行。所以一般是一次性的或需要隔较长的时间进行一次，大多数是每隔10年进行一次。例如，我国的人口普查在每逢年份的末尾数字为"0"的年份进行；第三产业普查在每逢年份的末尾数字为"3"的年份进行；工业普查在每逢年份的末尾数字为"5"的年份进行；农业普查在每逢年份的末尾数字为"7"的年份进行；基本单位普查在每逢年份的末尾数字为"1"和"6"的年份进行；经济普查在每逢年份的末尾数字为"3"和"8"的年份进行等。

(3) 普查一般规定有标准的调查时间　以避免调查数据的重复与遗漏，确保调查数据的准确性。如我国第六次人口普查的标准时间是2010年11月1日0时。农业普查的标准时间定为普查年份的1月1日0时。标准时间一般定为调查对象比较集中、相对变动较小的时间。

(4) 普查的数据一般规范化程度、精确性较高　普查比其他调查更能掌握全面系统的国情、国力方面的基本统计资料，特别是可以了解和掌握国家的人力资源、财力资源和物资资源的状况，为国家从实际出发制定政策和长远规划提供可靠的依据。

(5) 普查的使用范围比较窄　适用于基本及特定现象的调查。只有对那些国民经济发展中的重大问题，或某些专项问题，才进行普查。

> **想一想**
> 普查为什么要规定标准的调查时间？举例说明。

2.2.1.2　抽样调查

抽样调查是按随机原则从总体中抽取部分单位进行调查，并借以推断和认识总体的一种统计方法。主要是通过推断总体的数量特征来认识总体。它是专门组织的非全面调查，是实际中应用最广泛的一种调查方式和方法。抽样调查具有以下几个特点。

(1) 抽样调查是非全面调查。抽样调查是按随机原则从总体中抽取一部分单位进行观察，用这部分单位指标数值来推算总体指标数值的一种调查方式。

(2) 抽样调查可以根据样本的调查结果来推断总体的数量特征。抽样调查虽然是非全面调查，但目的却是要认识总体的数量特征。它依据概率论的原理，通过一系列科学的工作步骤，可以充分地利用样本的信息有效地推断总体的数量特征，从而达到对总体认识的目的。

(3) 抽样调查正成为我国统计调查中的主要方法。

(4) 抽样调查兼具经济性、时效性强、准确性高、适应面广等特点。

① 经济性，这是抽样调查的最显著优点。由于抽样的样本单位通常是总体单位的很小一部分，调查的工作量小，因而可以节省大量的人力、物力、财力和时间。对于总体单位很多或无限总体来说，抽样调查更具优越性。

② 时效性强。由于工作量小，调查所用时间及数据处理时间等都可以大大缩短，因而在短时间内可获取所需的信息，提高数据的时效性。

③ 准确性高。由于抽样调查的调查单位较少，调查的各环节工作可以做得更细致，因此登记性误差发生的可能性较小。而且由于是按随机原则取样，排除了主观因素的影响，样本具有较高的代表性，因此可以获得比较准确的调查数据。

④ 适应面广。抽样调查组织形式灵活，随时随地都可以进行，既适用于专题研究，又适用于经常性的调查项目；既适用于不便或没有必要进行全面调查的现象，也适用于无法进行全面调查的现象。抽样调查在社会经济生活中有十分广泛的应用，对于需要了解总体情况但在实际上不可能或时间、人力、物力上不允许进行较全面调查的情况下，都可采取抽样调查方法。例如，我国进行的大中城市物价调查、1%人口抽样调查，以及产品质量检验、医药的临床试验等。

另外，有一些统计调查只能采用抽样调查的方式来进行资料的收集。例如对于数量为无限的总体，进行调查时，由于无法穷尽所有的总体单位，只能采用抽样的方式进行。实践中，对连续生产某种产品的企业，要想调查该种产品的质量情况时，采用抽样调查方式既经济又可行。再如，有些调查会破坏调查对象，全部破坏调查对象既不经济也不可行，因此也只能进行抽样调查。如调查某企业生产的灯管的寿命，由于该调查具有破坏性，必须采用抽样调查。

> **想一想**
> (1) 既然抽样调查的优点很多，在实践中能否在任何情况下都采用抽样调查？
> (2) 哪些调查必须采用抽样调查的组织方式？试举例说明。

2.2.1.3 统计报表

统计报表是按照国家有关法规的规定，自上而下地统一布置、自下而上地逐级提供基本统计数据的一种调查方式。统计报表要以一定的原始数据为基础，按照统一的表式、统一的指标项目、统一的报送时间和程序进行填报。通过统计报表，国家可以定期地取得全社会国民经济和社会发展的基本资料，掌握国民经济运行和社会发展的基本情况，各报送单位、部门也可以通过它的运行及发展状况，从而进行有效的管理。统计报表的类型多样，其分类方法主要有如下几种。

（1）按调查范围不同　可分为全面报表和非全面报表，全面的统计报表要求调查对象中的每一个单位都要填报；而非全面报表只要求调查对象中的一部分单位填报。目前的大多数报表都是全面报表。

（2）按报送范围不同　可分为国家的、部门的、地方的统计报表。国家的统计报表是根据国家统计调查项目和统计调查计划制定的，包括由国家统计局单独拟订的和国家统计局与国务院有关部门共同拟订的统计调查项目。部门统计报表是根据有关部门统计调查项目和统计调查计划制定的，用来收集各主管部门所需的专业统计资料，在各主管部门系统内施行。地方统计报表则是根据有关的地方统计调查项目和统计调查计划制定的，用来满足地方人民政府需要的地方性统计调查。统计报表必须经过法定审批程序，凡依照国家法律规定审批和制发的统计报表，有关地区、部门和单位必须切实执行。

（3）按报送时间长短不同　可分为日报、月报、季报、年报等。

（4）按填报单位的不同　可分为基层报表和综合报表。由基层单位填报的统计报表是基层报表，填报的单位称为基层填报单位。由主管部门或统计部门根据基层报表逐级汇总填报的统计报表是综合报表，填报的单位称为综合填报单位。

在我国大多数统计报表都要求统计范围内的所有单位填报，属于全面调查，因此又称全面统计报表。

2.2.1.4 重点调查

重点调查是指在所研究现象的总体中，选择其中的重点单位进行调查，借以了解总体基本情况的一种非全面调查。其中的重点单位是指其标志值在总体的标志总量中占很大比重的总体单位。例如，要了解全国钢铁企业的生产基本情况，只要对全国少数几个大型钢铁企业，如首钢、宝钢、武钢、鞍钢、攀钢、包钢等进行调查，就可以对全国的钢铁产量有一个大致的了解。因为这些企业在全国钢铁企业中虽是少数，但它们的钢产量却占全国钢产量的绝大多数。又如，要了解某地区投资项目的投资效果，只需要选择几个大中型投资项目作为重点单位进行调查就可以了。

重点调查是非全面调查，调查单位的选取不是随机的。其中的重点单位是根据已有的客观信息筛选出的调查单位，一般不受主观因素的影响，它是按照一定的客观数量标准选取的。根据调查目的和任务的不同，重点单位亦不相同，它可能是一些企业、行业部门，也可能是一些地区、城市。另外，重点单位也是相对的，在某一问题的研究上是重点单位，而在另一问题的研究上可能就不是重点单位了。

重点调查的目的是掌握总体的基本情况，当总体所含单位数很多，大部分单位的数量规模较小，而总体中又确实存在重点单位时，就可以采用重点调查。重点调查只能了解总体的基本情况，不可能得到现象的总体数量特征，一般也不能对总体数量特征进行推断。

想一想
(1) 怎样理解重点调查中的"重点单位"?
(2) 能否用重点调查的结果推断总体的数量特征?为什么?

2.2.1.5 典型调查

典型调查是在对所研究现象进行初步分析的基础上,有意识地从调查的总体中选取一个或少数几个具有代表性的典型单位进行全面深入的调查,通过典型单位来描述和揭示事物的本质和规律,从而达到通过个别认识一般的目的。其中的典型单位是指对总体来说具有代表性,且能充分体现出调查单位共性的总体单位。

典型调查是非全面调查,调查单位的选取不是随机的。典型单位是根据调查的目的和任务,在对所研究现象进行初步分析的基础上,有意识地选出来的,显而易见,典型单位的选取更多地取决于调查者的主观判断与决策。因此,在选择典型单位时,一是要保证其有充分的代表性;二是典型单位的多少,要根据调查单位的特点来确定;三是应充分考虑调查对象的特点,把那些最具代表性的单位选择出来,尽量做到客观、准确。

想一想
(1) 怎样理解典型调查中的"典型单位"?
(2) 能否用典型调查的结果推断总体的数量特征?为什么?

2.2.2 统计数据资料的收集方法

无论采用何种调查方式,都要采用一些具体的数据收集方法。数据收集方法可以分为询问调查法、报告法和观察实验法三大类。

2.2.2.1 询问调查法

询问调查法是调查者与被调查者直接或间接接触,以询问的方式从被调查者的回答中获得数据的一种方法,它是统计调查中最常用的方法之一。在实际中主要包括访问调查、邮寄调查、电话调查、网络调查、座谈会等。

(1) 访问调查 也称派员调查,是指调查者和被调查者通过面对面的交谈从而得到所需资料的调查方法。访问调查的方式分为标准式访问和非标准式访问两种方式。

① 标准式访问又称结构式访问,一般是调查人员按照事先设计好的、有固定格式的标准化问卷或表格,有顺序的一次提问,并由受访者做出回答。其优点是能够对调查过程加以控制,从而获得比较可靠的调查结果。

② 非标准式访问又称非结构式访问,它事先不制作统一的问卷或表格,没有统一的提问顺序,调查人员只是给出一个题目或提纲,由调查人员和受访者自由交谈,以获得所需的资料。

询问调查在市场调查和社会调查中较为常用。

(2) 邮寄调查 是通过邮寄或宣传媒体等方式将调查表或调查问卷送至被调查者手中,由被调查者填写,然后将调查表或调查问卷寄回或投放到指定收集点的一种调查方式。邮寄调查是一种标准化调查,其特点是:调查人员和被调查者没有直接的语言交流,信息的传递完全依赖于调查表。邮递调查的调查表或问卷的发放方式有邮寄、宣传媒介传送、专门场所分发三种。邮寄调查在统计部门进行的统计报表及市场调查机构进行的问卷调查中经常使用。

(3) 电话调查 是调查人员利用电话同被调查者进行语言交流,从而获得信息的一种方式。电话调查具有时效快、费用低等特点。当今社会，随着电话的普及，电话调查的应用也越来越广泛。目前的电话调查大都是采用电脑辅助式的方法，即调查的问卷、答案都由计算机显示，整个调查的过程，包括电话拨号、调查记录、数据处理等，也都借助计算机来完成。

(4) 网络调查 是指利用互联网的信息渠道来搜集有关统计资料的一种方法，它是现代传播媒介新技术与统计调查理论方法的结合。随着信息技术的发展，电脑和网络越来越频繁地出现在人们的眼前，渐渐地在人们的生活中占据了一个很重要的地位。于是，在传统的面对面的统计调查中衍生出了一个新兴的网络调查，这种通过网络的调查方式极大地扩大了调查的人群数及地域跨度，让更多的人能够参与到调查的活动中来，这样既节省了人力物力，又节省费用，还能够使该调查数据的处理更及时。网络调查具有很多优点，比如快速、方便、费用低、不受时间和地理区域限制等。还由于不需要和用户进行面对面的交流，也避免了当面调查可能造成的调查者倾向性误导，或者被调查者顾及调查者面子而无法给出真实想法的问题。尽管网络调查有许多优势，但也有一定的缺陷，比如网上调查的对象仅限于上网的用户，因此，调查的范围会受到一定的限制，调查结果可能与调查的总体之间有误差。另外，被调查者提供信息的真实性也会直接影响到网络调查结果的准确性。所以，对于网上被调查者的某些信息（尤其是个人信息）的真实性和准确度要大打折扣。尽管如此，利用网络工具来搜集统计数据者越来越多，如在产品调查、消费者行为调查、顾客意见调查、品牌形象调查等方面发挥着重要的作用。

(5) 座谈会 也称为集体采访法，是将一组被调查者集中在调查现场，让他们对调查的主题发表意见，从而获得调查资料的一种方法。通过座谈会，研究人员可以从一组被调查者那里获取所需的定性资料，当然，这些受访者与研究主题有某种程度上的关系。为获得此类信息，研究人员通过严格的甄别程序选取少数受访者，围绕研究主题以一种非正式的、比较自由的方式进行讨论。这种方法适合于收集与研究课题有密切关系的少数人员的倾向和意见，在市场调查中常采用此方法。

2.2.2.2 报告法

报告法是指被调查者或基层单位根据调查机关或上级的要求，以各种原始记录及核算资料为基础，收集各种资料，按调查方案（表格、指标及有关规定）的要求按时逐级上报给有关部门相关资料的调查方法。现行的统计报表制度和某些一次性的调查表就是采用这种方法收集资料的。

2.2.2.3 观察实验法

观察实验法是调查者通过直接观察或实验以获取数据的一种调查方法，分为观察法和实验法两类。

(1) 观察法也叫现场观察法 是指调查人员到调查所涉及的事物所在的场所进行现场观察、计数、计量或用仪器测量和记录以收集调查对象信息的方法。在这种调查过程中调查人员不是强行介入，受访者也无需任何反应，能够在受访者不觉察的情况下获得信息资料。其优点在于紧密围绕调查目的和研究主体，有计划、有目的地在自然状态下进行观察，排除了许多人为因素的干扰，能够获取较为可靠的第一手资料，并且简便易行、及时有效。该方法的缺点是不易进行定量分析，易受观察者主观因素的影响，资料整理和分析的难度较大。例如，对某段时间里商场的人流量的统计、车流量的统计、旅客流量的统计、读者流量的调查等。再如，农产品抽样调查中的实割实测、商品库存盘点、工业设备普查等都是观察法。

(2) 实验法 是实验者在所设定的特殊实验场所、特殊状态下，对调查对象进行实验以取得所需资料的一种调查方法。此法起源于自然科学的实验求证，它是一种复杂、高级的调查方法，有明确的实验目的，有较严格的实验方案设计，控制性强，可重复运用，实验结果既可用于定量分析，又可进行定性分析。该方法的缺点是代表性往往不够充分，应用范围有限，且费时费力，操作过程复杂烦琐。实验法根据实验场所的不同具体分为室内实验法和市场实验法两种。例如免费使用某种产品即是市场实验法。

> **想一想**
> (1) 人大代表通过因特网与网民交流，听取民意，这种方法属于哪类调查法？
> (2) 某企业的营销人员通过电话随机访问消费者对该厂某种产品的意见和看法，这属于何种调查方法？

2.3 统计调查方案的设计

统计调查是一项复杂、严格、高度统一的工作，应该有计划、有组织地进行。而调查方案设计的好坏直接影响调查数据的质量，为了确保调查质量，在调查前需制定一个严谨周密的调查方案，以指导整个调查工作的实施。调查方案是统计设计在调查阶段的具体化，主要内容一般包括：调查目的、调查对象和调查单位、调查项目、调查表、调查时间和期限、调查地点、调查的组织工作等。也可以简单地总结为 5 个 w 和 1 个 h。

(1) 确定调查目的（why） 制定调查方案，首先需要明确的内容就是"为什么"要进行调查，即本次调查的目的和任务，明确进行调查所要解决的问题，要达到什么样的目标，调查有什么社会经济意义等内容。目的不同，其调查的内容和范围就不同。只有目的明确，才能进一步确定向谁调查，调查什么，以及用什么方法调查等内容。如果目的不明确，就必然会出现调查得来的资料可能不需要，而实际上需要了解的情况又没有调查到的现象，以致影响对事物的认识和判断。调查目的和任务要根据经济发展的需要，结合调查对象本身的特点来解决。

(2) 确定调查对象和调查单位（who） 明确了调查目的，就可以确定向"谁"调查，向谁具体索取资料的问题，即确定调查对象和调查单位。调查对象就是根据调查目的确定的调查研究的总体或调查范围，即统计总体。调查单位就是总体单位，是要进行调查登记的标志的承担者或载体。调查目的不同，调查对象和调查单位就有可能不同。例如，要研究某校全体大学生的消费情况，则该校全体大学生是调查对象，每个大学生则是调查单位；要研究某企业机器设备的使用情况，则该企业全部机器设备是调查对象，每一台机器设备是调查单位。又如，人口普查，其调查对象是所有具有中华人民共和国国籍并在中华人民共和国境内居住的人，调查单位是每一个人。

与此同时，在确定调查对象和调查单位时，还要确定具体的填报单位，就是负责上报调查资料的单位，一般是基层企业、事业组织，它也是调查对象的组成要素之一。调查单位和填报单位有时一致，有时不一致，应正确加以区别，如上例中，全体大学生是调查对象，每一个大学生是调查单位，但同时每一个大学生也是填报单位，这时调查单位和填报单位两者是一致的。而当某企业的全部设备是调查对象，每一台设备是调查单位时，这企业就是填报单位了。又如，在普查某种水果树的种植时，调查单位是每一单株果树，而报告单位则是农户或农场等农业生产单位。显而易见，这种调查的调查单位和填报单位是不一致的。再如，当我们调查国有工业企业的产品产量、成本、利税等情况时，调查单位与填报单位又是相一致的。

这里需要指出的是，正确地确定调查单位具有十分重要的意义，因为它不仅能保证对被研究对象统计的完整性和准确性，而且还关系到调查结果资料整理的正确性。不难想象，在调查研究工厂生产情况时，我们若搞不清楚作为调查单位的工厂有哪些，自然就无法统计工厂的确切数字，更不能对各工厂的产量等资料的收集有所作为，当然更谈不上开展统计下一阶段的工作了。

(3) 确定调查项目 (what)，设计调查表　调查项目就是向调查单位所要调查的具体内容，所解决的是"调查什么"的问题。调查项目是调查的具体内容，是关于调查单位的各种需要调查的统计标志，或者说是在调查过程中要获得答案的各种问题的清单，它是调查单位所具有的属性和特征，由调查目的和任务以及调查对象的性质和特点来决定。调查项目可以是调查单位的数量标志，如一个人的年龄、收入，一个企业的产值、利润等；也可以是调查单位的品质标志，如一个人的性别、职业，一个企业的所有制形式、所属的行业类别等。例如，经济普查的主要内容包括单位的基本属性、从业人员、财务状况、生产经营状况、生产能力、原材料和能源消耗等情况。

调查项目直接决定着调查数据的质量，直接影响调查工作的成败。制定调查项目应注意以下几方面的问题：①必须以调查目的为依据，以够用为原则，力求少而精；②所选项目必须能够取得确切的资料，否则应舍弃；③所有项目之间应该有一个严密的逻辑结构，尽可能做到相互联系、彼此衔接，以便从整体上了解各项目之间的关系，同时也便于检查和核对调查结果；④调查项目的含义要明确，避免产生歧义，必要时可以附上调查项目的说明；⑤确定调查项目时，还应考虑与过去同类调查项目的衔接，以便进行动态的对比分析，研究现象发展变化的规律。

制定调查项目是一件非常复杂的事情。制定者对调查对象及其特征应有非常深刻的认识，因此，调查项目应该由熟悉被研究对象本质的调查者集体制定，反复讨论，从而达成共识。只有这样，调查项目才能与实际相符，才能适应客观情况的变化，经得起实践的考验。

在大多数统计调查中，调查项目通常以表格的形式来表现，这种将调查项目按一定的顺序排列形成的表格就是调查表。调查表是调查项目的具体化、标准化，是收集原始数据的主要工具。使用调查表极大地方便了下一阶段的统计整理工作。

调查表一般有单一表和一览表两种形式。单一表是一份调查表只能填写一个调查单位，有多少调查单位就要填写多少份表格，它可以容纳较多的调查项目。例如，经济普查曾设置法人单位调查表、产业活动单位调查表和个体经营调查表等。一览表是一份调查表同时可以填写多个调查单位，适合于登记项目较少，且可以对若干个单位进行集中登记的情况，便于合计汇总和核对差错。但在项目很多的情况下，一览表并不适用，因为这样势必会使调查表篇幅过大。

对于一个问题的调查，可以视调查对象的不同和调查内容的多少，调查表可以只设计一张表，也可以由若干张表组成。

(4) 明确调查时间和时限 (when) 及调查地点 (where)　调查方案中还应明确"什么时间调查"的问题。统计调查涉及调查时间和调查时限两个时间概念。调查时间是指调查资料所属的时间（时点或时期），若调查的是时期现象，则调查时间就是统计数据所反映的起止日期；若调查的是时点现象，则调查时间就是统一规定的标准时间，也称标准时点。调查时限是指某次统计调查工作的起讫时间，是进行调查工作的期限，包括收集数据和报送数据所需的时间。例如，我国第五次人口普查，标准时点为2000年11月1日零时，调查时限为2000年11月1日至10日这十天。又如，某主管部门规定所属单位在2008年1月31日前呈报2007年经济活动成果，则调查时间为2007年一年，调查时限为一个月。调查地点是进行调查登记的地点，即调查单位应在何地接受调查。

（5）调查的方式、方法和组织实施计划（how） 在调查方案中除了明确以上的内容外，还需要确定采用"怎样"的调查方式、方法和组织实施计划才能保证统计调查工作的顺利进行。

统计调查的方式和方法有多种，每种方法也是各有利弊，适用于不同的条件。在调查工作实施之前，要根据统计调查的内容和特点，结合各种统计调查方式、方法的优缺点来确定最合适的调查方式和方法，确保获得调查所需的数据。所选用的调查方式、方法可以是一种，也可以是几种方法结合使用，视具体情况而定。例如，我国第一次经济普查规定对法人单位、产业活动单位采用普查的方式，而对个体经营户则采用普查辅助以典型调查等方式；具体收集数据一律采取访问调查法。

为了确保统计调查工作的顺利进行，在实际的统计调查工作开始之前，还要对本次调查制定出详细周密的调查工作计划。一般说来，调查的组织实施计划的具体内容主要包括：调查人员的选择、组织和培训；调查表格、问卷、调查员手册的印刷；必要调查工具的准备；调查经费的来源和开支预算；调查结果公布的时间等。

下面是西安市度假村的一份市场调查方案，你阅读后，可根据实际情况自己制定出一份调查方案。

【例2.1】 西安某学院经济管理系市场营销教研室设计了该市某度假村市场调查方案。

1. 调查研究目的和内容

本次市场调查的目的是为陕西某集团某度假村开发项目提供市场分析基本资料，以帮助其在该项目的市场定位和市场经营策略方面做出正确抉择。需要调查研究的具体内容有以下几个方面。

（1）西安市度假村的基本情况，包括：度假村的数量，规模，分布，高、中、低档次结构，客房出租率，经济效益率。

（2）各层次度假村的典型调查，调查内容有：各度假村的设计接待能力，实际接待能力，服务设施，服务功能，不同时间段（周一至周四，周五至周日）的客源结构，客房出租率，出租价格及其变化等。

（3）西安市消费者的收入状况和消费结构，度假消费状况，消费者对目前西安市度假村的评价及要求。

（4）西安市集团度假消费状况。

2. 调查研究方法

本次研究包括三方面的调查，第一是度假村调查；第二是西安市消费者调查；第三是西安市集团消费调查。度假村的调查范围为西安市区和长安县；消费者调查和集团消费调查的范围是西安市区内的企事业单位和城市居民户。

（1）度假村调查方法，这部分调查是为了取得度假村的现状资料。调查对象主要是度假村，其次还要通过有关管理机构获取一些现成资料。调查方法采用面谈访问和案头调查法，并按照典型调查方法在不同规模、不同层次的度假村中分别选择 2 个调查对象（按照大、中、小规模分，共选 6 个），对其经营状况进行深入调查。

（2）消费者调查方法，由于去度假村休假的消费者主要是城市居民，故调查总体包括西安市六大区非农居民，具体范围是新城区、碑林区、雁塔区的小寨路街道办、灞桥区的纺织城街道办等地区居民。合计调查总体数为：46.3 万户。针对总体庞大的特点，我们决定采用随机抽样方法选择调查对象。根据有限总体所需样本经验数据表查得，在可靠性水平为 95%，允许误差为 ±5% 的情况下，当总体是 50 万时，样本数为 384 个。由于本调查总体小于 50 万，故样本数确定为 380 个。

根据本次调查内容要求，采用分群分层相结合的抽样设计方法。首先在以上调查总体中按随机方法抽取居委会（家委会），然后以家庭收入高低分层，并根据各层次居民户占总体比例分配样本，再用等距抽样法在选中的居委会（家委会）中抽取入户调查对象。

（3）集团消费调查方法，集团消费是度假村客流的主要来源。由于不同行业、不同规模、不同所有制的团体组织其集团消费内容和方式不同，因此，对集团消费调查采用相互配额抽样方法，按照各行业、各种规模、各种团体组织的比例分配样本数。考虑到集团消费尽管有差异，但与消费者市场比较，模仿消费、攀比消费现象较为普遍，同一类型团体组织的消费相似性较强，故按照每一类型团体组织分配 1~2 个样本计，样本总数确定为 40 个，并采用面谈访问法进行调查。

3. 调查时间

本次调查从 4 月 30 日开始，到 5 月 30 日结束，共计 1 个月，具体时间安排略。

4. 费用预算（见下表）

费用预算表

序号	项目	金额/元	备注
1	方案设计费	4000.00	
2	选样费	4000.00	
3	问卷印制费	1170.00	
4	度假村调查费	3000.00	
5	集团调查费	4800.00	
6	消费者调查费	2000.00	
7	小礼品	1200.00	
8	交际费	1000.00	
9	上机处理费	3000.00	
10	调查报告费	5000.00	
11	总计	29170.00	

2.4 调查报告的撰写

2.4.1 撰写调查报告的重要性

调查报告是调查人员在对某个问题或某种事物进行深入细致的调查后，再经过对获得的大量数据资料进行认真的筛选、整理和分析研究的基础上，以一种书面报告的形式所呈现出来的关于该调查工作的总结性文件。其功能体现在以下三点。

① 调查报告是调查工作的最终成果，从制定调查方案、收集资料、加工整理和分析研究，到撰写并提交调查报告，是一个完整的工作程序，整个过程缺一不可。

② 调查报告相对于调查资料来看，更加系统、完整和具有结论性，更便于阅读和理解，起到透过现象看本质的作用，能够使感性认识上升为理性认识。

③ 调查报告是为各部门管理者提供决策的依据之一，一份好的调查报告，能对各部门管理者了解情况、分析问题和编制计划以及控制、协调、监督等方面都起到积极的作用。

2.4.2 撰写调查报告的基本要求

撰写调查报告的基本要求如下。

(1) 实事求是　调查报告作为调查研究的成果，最基本的特点就是一定尊重客观实际，要做到实事求是。因此，一是要尽量避免调查资料中由于各种原因造成的数字不准确；二是要避免调查资料中因认识的片面性带来的错误判断；三是要防止调查对象因某种目的而虚报瞒报现象。

(2) 观点与数据要结合运用　调查报告的独特风格就是以调查资料为依据，而数据资料显得尤为重要，因为数据资料最具说服力。一个数字、一个百分比，往往会使事物的全貌一目了然。但运用数据要适当，若过多地堆砌数字反而使人眼花缭乱，所以，调查数据的运用要恰到好处。

一篇好的调查报告，必须有数字、有情况、有分析，既要用资料说明观点，又要用观点统领资料，要做到定性分析与定量分析的结合运用。

此外，调查报告还必须做到主题突出、结构严谨、条理清楚、文字简洁。同时，尽量用图表来补充正文中关键的信息，以增强报告的明了程度和效果。

2.4.3 调查报告的格式

调查报告一般是由标题、概要、正文、结尾、附件等几部分组成。

(1) 标题　标题起着画龙点睛的作用，它必须准确揭示调查报告的主题思想，标题要简单明了、高度概括、有较强的吸引力。

(2) 概要　概要即是调查报告的内容摘要。内容一般包括四个方面：①简要说明调查目的；②简要介绍调查对象、调查内容及时间、地点、对象、范围等；③简要介绍调查研究的方法；④简要说明调查主要发现、结论和建议。

(3) 正文　正文是调查报告的主要部分，正文部分必须准确阐明全部有关论据。其论述部分主要分为基本情况部分和分析部分两方面内容。

① 基本情况部分要真实地反映客观事实。方法之一是：对调查数据资料及背景资料做客观的介绍说明，然后再分析、阐述对情况的看法、观点；方法之二是：先提出问题，然后分析问题，找出解决问题的办法；方法之三是：先肯定事物的一面，由肯定的一面引申出分析部分，再由分析部分引出结论。

② 分析部分是调查报告的主要组成部分。要对资料进行质和量的分析，通过分析，了解情况，说明问题和解决问题。分析包括下列三类情况：其一是原因分析，是对出现问题的基本成因进行分析；其二是利弊分析，是对事物在社会经济活动中所处的地位、起到的作用进行利弊分析等；其三是预测分析，是对事物的发展趋势和发展规律做出分析。

③ 论述部分的层次、段落，可分为层层深入形式、先后顺序形式、综合展开形式和并列形式。总之，论述部分的层次在调查报告中起着举足轻重的作用，撰写调查报告时应注意结合主题的需要，采取相应写法，充分表现主题。

（4）结尾　结尾部分是调查报告的结束语，可使读者加深认识，启发读者思考和联想。结尾通常有四种形式：其一，概括全文，经过层层剖析后，综合说明调查报告的主要观点，深化文章的主题；其二，形成结论，在对真实资料进行深入细致的科学分析的基础上，得出报告结论；其三，提出看法和建议，通过分析，形成对事物的看法，在此基础上，提出建议和可行性方案；其四，展望未来，说明意义，通过调查分析展望未来前景。

（5）附件　附件是指与调查报告正文有关必须附加说明的部分。它是对正文报告的补充或更详尽的说明。包括数据汇总表、原始资料、背景材料、必要的工作技术报告等。

想一想

上网搜索并阅读几份好的调查报告，并分析它们的特点，摘录其精彩的部分，谈谈自己的心得体会。

本章小结

本章的主要内容有：统计数据收集概述，包括统计数据收集的意义、统计数据的计量尺度、统计数据的来源、统计数据资料的质量；统计调查的组织方式及数据的收集方法；统计调查方案的设计及统计调查报告的撰写。通过本章的学习，可以掌握统计数据收集的工作过程、具体方法以及需要注意的事项，为统计的后续工作打下良好的基础。

思考与练习

一、思考题

1. 统计调查的组织方式有哪些？统计数据的收集方法有哪些？
2. 抽样调查有哪些特点和优点？
3. 什么是重点调查、典型调查和抽样调查？它们有何区别？
4. 统计调查方案包括哪些内容？

二、单项选择题

1. 统计调查是统计研究工作的（　　）。
   A. 基础环节　　　　B. 中间环节　　　　C. 最终环节　　　　D. 关键环节
2. 调查对象是（　　）。
   A. 调查研究现象的总体　　　　　　B. 构成现象总体的每一个单位
   C. 负责向上级报告调查内容的单位　　D. 就是总体单位
3. 对全市中小学教师的生活情况进行调查，调查单位是（　　）。
   A. 该市全部中小学校　　　　　　　B. 该市全部中小学校的教师
   C. 该市每一个中小学校　　　　　　D. 该市中小学校的每一名教师
4. 在对现象总体进行分析的基础上，有意识地选择若干调查单位进行调查。这种调查方法是（　　）。
   A. 抽样调查　　　　B. 典型调查　　　　C. 重点调查　　　　D. 普查
5. 工商局对超市的商品进行检查，最适宜的调查方法是（　　）。
   A. 抽样调查　　　　B. 典型调查　　　　C. 重点调查　　　　D. 普查
6. 人口普查规定统一的标准时点是为了（　　）。

A. 避免登记的重复与遗漏　　　　　　B. 确定调查的范围
C. 确定调查的单位　　　　　　　　　D. 登记的方便

7. 对全市低收入家庭的住房状况进行普查，调查对象是（　　）。
   A. 全市所有低收入家庭　　　　　　B. 全市每一个低收入家庭
   C. 全市所有家庭　　　　　　　　　D. 全市每一户家庭

8. 抽样调查应遵循的原则是（　　）。
   A. 准确性原则　　B. 可靠性原则　　C. 随机性原则　　D. 灵活性原则

9. 重点调查的重点单位是指（　　）。
   A. 处于较好状态的企业
   B. 体现当前工作重点的单位
   C. 指其标志值在总体的标志总量中占很大比重的总体单位
   D. 总体中的典型单位

三、判断题

1. 对大型煤矿的生产情况进行调查，以掌握全国煤炭生产的基本情况，这种调查属于典型调查。（　　）
2. 抽样调查方便灵活、准确有效，因此可应用于各种调查任务。（　　）
3. 我国人口普查的调查单位是每一个人，填报单位是每一户。（　　）
4. 要对某企业生产设备状况进行调查，则每一台生产设备是调查对象。（　　）
5. 间接来源的统计数据都不能直接使用。（　　）

第 3 章　统计数据的整理

[教学目标]

- 了解数据预处理的目的和内容。
- 理解并掌握统计整理、统计分组、分配数列等概念和内容。
- 掌握频数（频率）分布的图示和类型。
- 了解并学会合理使用统计表。

[案例导读]

如果你正在参加某一项重大的调查研究项目，手上搜集到大量的数据，你怎么样去整理？怎么样在众多数据中找出你所需要的、具有说服力的数据？如何从数据中找出能反映社会现象、认识经济规律的特征数据？让我们仔细阅读本章节的内容，掌握教学目标提出的内容，将会对你有很大的帮助。

第六次全国人口普查主要数据发布
（2011 年 4 月 28 日）

以 2010 年 11 月 1 日零时为标准时点的第六次全国人口普查，在党中央、国务院的正确领导下，在中央各部门和地方各级人民政府的大力支持下，在全国新闻媒体的积极配合下，经过近千万普查人员的奋力拼搏和十三亿各族人民的积极参与，人口普查顺利完成现场登记、复查和事后质量抽查等工作，现将快速汇总的主要数据予以公布。

1. 人口总量。这次人口普查登记的全国总人口为 1339724852 人，与 2000 年第五次全国人口普查相比，十年增加 7390 万人，增长 5.84%，年平均增长 0.57%，比 1990 年到 2000 年的年平均增长率 1.07% 下降 0.5 个百分点。数据表明，十年来我国人口增长处于低生育水平阶段。

2. 家庭户规模。这次人口普查，31 个省、自治区、直辖市共有家庭户 40152 万户，家庭户人口 124461 万人，平均每个家庭户的人口为 3.10 人，比 2000 年人口普查的 3.44 人减少 0.34 人。家庭户规模继续缩小，主要是由于我国生育水平不断下降、迁移流动人口增加、年轻人婚后独立居住等因素的影响。

3. 性别构成。这次人口普查，男性人口占 51.27%，女性人口占 48.73%，总人口性别比由 2000 年人口普查的 106.74 下降为 105.20（以女性人口为 100.00）。

4. 年龄构成。这次人口普查，0~14 岁人口占 16.60%，比 2000 年人口普查下降 6.29 个百分点；60 岁及以上人口占 13.26%，比 2000 年人口普查上升 2.93 个百分点，其中 65 岁及以上人口占 8.87%，比 2000 年人口普查上升 1.91 个百分点。我国人口年龄结构的变化，说明随着我国经济社会快速发展，人民生活水平和医疗卫生保健事业的巨大改善，生育率持续保持较低水平，老龄化进程逐步加快。

5. 民族构成。这次人口普查，汉族人口占 91.51%，比 2000 年人口普查的 91.59% 下降 0.08 个百分点；少数民族人口占 8.49%，比 2000 年人口普查的 8.41% 上升 0.08 个百分点。少数民族人口十年年均增长 0.67%，高于汉族 0.11 个百分点。

6. 各种受教育程度人口。这次人口普查，与 2000 年人口普查相比，每十万人中具有大学文化程度的由 3611 人上升为 8930 人，具有高中文化程度的由 11146 人上升为 14032 人；具有初中文化程度的由 33961 人上升为 38788 人；具有小学文化程度的由 35701 人下降为 26779 人。

文盲率（15 岁及以上不识字的人口占总人口的比重）为 4.08%，比 2000 年人口普查的 6.72% 下降 2.64 个百分点。

各种受教育程度人口和文盲率的变化，反映了十年来我国普及九年制义务教育、大力发展高等教育以及扫除青壮年文盲等措施取得了积极成效。

7. 城乡构成。这次人口普查，居住在城镇的人口为 66557 万人，占总人口的 49.68%，居住在乡村的人口为 67415 万人，占 50.32%。同 2000 年人口普查相比，城镇人口比重上升 13.46 个百分点。这表明 2000 年以来我国经济社会的快速发展极大地促进了城镇化水平的提高。

8. 地区分布。这次人口普查，东部地区人口占 31 个省（区、市）常住人口的 37.98%，中部地区占 26.76%，西部地区占 27.04%，东北地区占 8.22%。

与 2000 年人口普查相比，东部地区的人口比重上升 2.41 个百分点，中部、西部、东北地区的比重都在下降，其中西部地区下降幅度最大，下降 1.11 个百分点；其次是中部地区，下降 1.08 个百分点；东北地区下降 0.22 个百分点。

按常住人口分，排在前五位的是广东省、山东省、河南省、四川省和江苏省。2000 年人口普查排在前五位的是河南省、山东省、广东省、四川省、江苏省。

9. 人口的流动。这次人口普查，居住地与户口登记地所在的乡镇街道不一致且离开户口登记地半年以上的人口为 26139 万人，其中市辖区内人户分离的人口为 3996 万人，不包括市辖区内人户分离的人口为 22143 万人。同 2000 年人口普查相比，居住地与户口登记地所在的乡镇街道不一致且离开户口登记地半年以上的人口增加 11700 万人，增长 81.03%；其中不包括市辖区内人户分离的人口增加 10036 万人，增长 82.89%。这主要是多年来我国农村劳动力加速转移和经济快速发展促进了流动人口大量增加。

人口普查现场登记结束后，在全国随机抽取了 402 个普查小区进行事后质量抽查，通过与现场登记结果比对，这次普查的漏登率为 0.12%。

这次人口普查取得了关于我国人口总量、素质、结构、分布等大量的基础数据，是一笔极为宝贵的信息财富，对制定"十二五"期间的经济社会发展政策具有重要参考价值。

资料来源：中华人民共和国国家统计局网站。

上文是对第六次全国人口普查所获得的数据进行整理分析而得到的主要数据结果，这些数据是通过对收集到的关于人口的原始资料进行整理和分析计算后得到的。那么怎样将统计调查收集到的杂乱无章而又毫无规律的原始资料进行合理地取舍、整理和分析，获得上述的统计资料（结果）呢？相信学习完本章的内容就可以掌握数据的处理过程和方法了。

在运用一定的统计调查方法对统计数据收集后，人们获得了大量的原始资料，但这些资料都是分散的、零星的，缺乏系统性，难以反映社会经济现象总体的数量特征，因此，要完成统计研究任务、认识社会经济规律,在完成统计数据收集以后,必须对这些全是个别的原始数据资料选用科学的方法进行加工整理。

3.1 统计整理的意义与步骤

3.1.1 统计整理的意义

通过统计调查得到的原始资料是个体的、分散的、杂乱无章的,只能反映总体单位的具体情况和事物的表面现象,不能反映总体的综合数量特征,难以揭示事物的本质和规律。为了完成统计研究的任务,达到统计研究的目的,必须运用科学的方法对这些资料进行加工整理,去粗取精、去伪存真。

统计整理是指根据统计研究的目的和要求,对统计调查搜集到的原始资料进行加工汇总或对已整理过的资料进行再加工,使之系统化、条理化,以得到反映总体综合数量特征的资料的工作过程。

统计整理是统计工作中的一个非常重要的中间环节,它是人们对社会经济现象从感性认识上升到理性认识的过渡过程。统计整理介于数据收集和数据分析之间,在统计研究中起着承上启下的作用,既是数据收集阶段的深入和继续,又是数据分析的基础和前提。统计整理不仅仅是简单的汇总,而是包括了对调查资料的审核、加工、归纳、汇总等一系列的工作。统计整理质量的好坏直接影响到统计分析的结果,进而直接决定着统计研究目的的实现程度,如果没有高质量的统计整理,即使统计调查取得的资料再准确、再及时、再完整,也可能使具有丰富信息的原始资料失去科学价值,也可能直接影响到数据分析的准确性和可靠性。因此,统计调查搜集到的资料,只有经过科学、恰当的加工整理,才能真正反映总体的综合特征,为下一步的统计分析做好准备,为最终顺利完成统计研究的任务打好基础。由此可见,统计整理是统计研究中具有重要地位的一个环节。

3.1.2 统计整理的步骤

统计整理是将收集到的原始数据条理化、系统化,使之符合统计分析与推断的要求。通过整理可以大大简化数据,更有效地显示和提供数据所包含的统计信息。根据统计研究的目的和内容,通常把统计整理分为以下几个步骤。

(1) 数据的预处理 是在数据分组或分类之前所做的必要处理,包括数据的审核、筛选和排序等。

① 数据的审核。数据整理之前必须对调查资料进行严格的审核,因为资料一经汇总,原始资料中的各种差错就会被掩盖起来,将会直接影响数据整理和分析的质量。数据的审核就是对调查收集到的原始资料进行审查和核实,以保证数据整理的质量。

对于不同来源渠道取得的数据资料,其审核的内容、方法和侧重点也有所不同。对直接调查取得的第一手资料,主要应从资料的完整性和准确性两个方面来审核。完整性审核主要是检查所有调查单位及其调查项目是否齐全,如不齐全,应查明原因,予以填补。准确性审核主要是审核资料内容是否符合客观实际,数据及数值的计算是否正确。准确性审核主要包括逻辑检查和计算检查两种方法。逻辑检查主要是从定性角度审核数据是否符合逻辑,内容是否合理,各项目或数字之间有无相互矛盾的现象。比如年龄是 16 岁的人所填的职业是大学老师,对于这种违背逻辑的项目应认真核实并给予纠正。计算检查是检查调查表中的各项数据在计算结果和计算方法上有无错误。比如不同表格上的同一指标数值是否相同，各结构比例之和是否等于1或100%等。

对于取得的第二手资料，除了对其完整性和准确性进行审核外，还应着重审核数据的适用性和时效性。适用性审核是从资料来源、背景资料、数据计算口径等方面确定资料是否符合分析研究的需要。时效性审核主要是从资料的及时性角度来判断所得数据是否反映了研究问题的最新进展和动态，对于有些时效性较强的问题，如果所取得的数据过于滞后，就会失去研究的意义。一般而言，应尽可能使用最新的统计数据。

② 数据的筛选。是在数据审核基础上，对发现的不能纠正的错误数据或不符合要求而又无法弥补的数据，在进行正式整理前加以剔除的过程。数据筛选包括两方面内容：一是将某些不符合要求的数据或有明显错误的数据予以剔除；二是将符合某种特定条件的数据筛选出来，不符合特定条件的数据予以剔除。数据筛选可借助计算机自动完成。

③ 数据的排序。指按一定的顺序将数据进行排列，以便于研究者通过浏览数据发现一些明显的特征或趋势，找到解决问题的线索。另外，排序还有助于对数据检查纠错，为重新归类或分组等提供依据。数据排序也可借助计算机自动完成。

收集的数据类型不同，排序的方法也不同。对于定类数据，如果是字母型数据，排序有升序与降序之分，习惯使用升序。如果是汉字型数据，就有多种排序方法，可以按汉字的首位拼音字母排列，也可按笔画多少的升序或降序进行排序等。而对于定距数据和定比数据，只有两种排序方法，即递增或递减。

(2) 统计分组或分类　是数据整理的关键环节，也是一切统计研究的基础，只有正确地分组才能整理出有科学价值的综合指标，并用这些指标来揭示现象的本质和规律。有关统计分组或分类的详细内容在3.2节中做详细论述。

(3) 统计汇总　也叫数据汇总，是指根据统计研究的目的和统计分析的需要，在统计分组的基础上，将所有数据分别归纳到各组中去，计算各组单位数和总体单位数，计算出各组指标和总体指标的数值，使反映总体单位的资料转化为反映总体的综合数量特征。统计汇总技术主要有手工汇总和计算机汇总两种。手工汇总是借助算盘和小型计算器等手工操作方式进行的汇总。而在计算机日益普及的今天，计算机汇总技术已广泛应用于统计工作中，是统计汇总技术的新发展，也是统计现代化的一种重要的标志。

(4) 编制统计表、绘制统计图　数据分组和汇总后，将汇总得到的各项资料以表格的形式展现出来就形成了各种统计表，统计表可以更清晰、简明地表现客观现象的数据特征。如果进一步再把统计表中的数据根据需要绘制成不同形状的图形就是统计图，统计图能更直观、形象显明地表现客观现象数量方面的特征，便于进一步的数据分析。有关统计图和统计表的内容将在后续章节中详细介绍。

3.2　统计分组

3.2.1　统计分组的概念

统计分组就是根据统计研究的目的和现象的内在特征，将总体按照一定的标志划分为若干个组成部分的一种统计方法。换句话说，统计分组就是把性质相同的或相近的总体单位划在一起，成为一组，使同一组内的各单位在分组标志上的性质相同或相近，而性质不同的或差异较大的总体单位则划在不同的组，使不同组之间的性质明显相异。因此，统计分组的结果就是使组内具有同质性，组间具有差异性，这样有助于从数量方面揭示总体内部各部分之间的关系，从而更深入地研究总体的特征和规律性。例如，人口按性别分组，可划分为男性和女性两个类型，男性组在性别这个特征上均相同无异，而它又和另一女性组在性别特征上迥然不同，再通过计算男性和女性的比例，就可以看出人口的性别构成、比例关系及性别的变化趋势等规律。再如，企业按规模大小可划分为大型企业、中型企业和小型企业，每一组内各企业生产规模相同或相近，而不同组之间的生产规模差异则较大，再通过计算各种不同规模类型企业的比例，就可以分析企业规模的结构构成、各类企业的比例关系及企业规模的发展变化趋势等内容。

由此可见，统计分组就是按照分组标志将具有某种相同性质或相近性质的总体单位合在一组，从而将总体划分为若干个性质不同的组成部分，进而从数量方面揭示总体内部各部分之间的关系，达到深入地认识总体的特征和规律性的目的。

3.2.2 分组标志的选择

正确选择分组标志和划分各组界限，是统计分组的关键。分组标志是将同质总体单位区分为不同组的标准和依据。分组标志一经选定，就必然突出了总体在该标志下的性质差别，就忽视了总体在其他标志下的差异。因此，分组标志选择的正确与否直接关系到能否正确反映总体的根本特征，能否实现统计研究的目的。例如，一群人如果以血型为标志分组，就只能表现出这群人在血型方面的差异，而他们在其他方面，如性别、年龄、职业等方面的差异统统被忽视了，所以正确选择分组标志意义重大。在选择分组标志时，必须遵循以下原则。

(1) 根据研究的目选择分组标志 统计总体的总体单位有很多标志，选择分组标志的首要考虑因素就是统计研究的目的，同一总体由于统计研究目的的不同，对分组的要求也不同，因此必须选择不同的分组标志。例如，对于某工业企业的员工这样一个总体，当研究的目的是为了分析企业的员工年龄结构时，应选择员工的年龄作为分组标志；如果要研究企业员工的文化素质结构时，则应选择员工的受教育程度作为分组标志；如果要研究企业员工的性别结构时，则应选择员工的性别作为分组标志；如果要研究企业员工的收入结构时，则应选择员工的收入作为分组标志。因此，根据不同的研究目的，选择相应的分组标志才能满足研究的需要。

(2) 选择最能反映现象本质特征的标志 客观事物往往有许多标志可供选择，有些标志是根本性的、主要的标志，而有些标志则是非本质的、次要的标志，只有根本性的、主要的标志才能反映现象的本质特征。例如，研究居民收入水平时，可供选择的标志有家庭总收入、家庭可支配收入、家庭人均收入、家庭人均可支配收入等，而最能综合反映居民收入水平高低的，是家庭人均可支配收入这一标志，因此，应选择家庭人均可支配收入这一标志作为分组标志。因此，在统计分组时，应选择最能反映现象本质特征的主要标志作为分组标志。

(3) 要考虑现象所处的具体历史条件和经济条件 社会在不断发展，历史条件和经济条件也在不断变化。反映现象本质特征的主要标志也会因时、因地而不同。因此，选择分组标志时，还应考虑到社会现象所处的具体历史条件和经济条件。例如中等收入群体的划分标准在不同的历史时期是迥然不同的。2008年8月重庆市统计局发布的"目前国民中等收入问题研究与重庆实证分析"，对这个时期的中等收入群体的划分标准进行了诠释。重庆中等收入人群的三个标准：①目前居民家庭人均收入在 2.5 万～7.5 万元之间，家庭年收入在 7.5 万～30 万元之间；②居民家庭累计持有的金融资产在 20 万～50 万元之间；③城镇居民住房面积在 120～200 平方米之间，拥有一辆 10 万～15 万元的私家车，农村家庭拥有一套面积在 200～300 平方米之间的砖混或钢混的住房。上述三个条件居其一，即为中等收入。

3.2.3 统计分组的方法

根据分组标志性质的不同，统计总体可以按品质标志分组，也可以按数量标志分组。

3.2.3.1 按品质标志分组

按品质标志分组就是选择反映事物属性差异的品质标志作为分组标志，将总体划分为不同的组。按品质标志分组能直接反映不同组之间总体单位质的差别。例如，企业按行业、经济类型分组；人口按性别、民族、职业、文化程度等的分组。

按品质标志分组，在现象本身情况不复杂时，可以根据事物本身所具有的属性，来确定分组的标志，分组标志一经确定，组的名称和组数相应也就确定了。例如，人口、职工和学生按性别分组、按文化程度分组等。而有些现象本身情况复杂，组数可多可少，在确定分组标志时就需要根据统计研究的目的和要求来确定组数。一般情况下，要求详细时，组数可多些；要求粗略时，组数则可少些。如表 3-1 对某班学生按性别进行分组。

表 3-1 某班学生按性别分组

按性别分组	人数/人
男生	25
女生	15
合计	40

3.2.3.2 按数量标志分组

按数量标志分组就是选择事物数量上的差异来反映事物在性质上的差别，选择数量标志作为分组标志，将总体划分为不同的组。例如，企业按职工人数、产值分组；职工按工资、工龄分组。

数量标志分组，并不是为了简单地确定各组在数量上的差异，而是要通过这种数量差异来确定现象的不同类型和性质。因此，应该以什么数量标志为划分标准，如何根据变量值的大小来准确划分性质不同的各组界限，都要依据研究的任务和现象的性质来确定。

按数量标志分组的方法有两种：单变量值分组和组距分组。

（1）单变量值分组　是按每个变量值对总体进行分组，即每个变量值作为一组。例如：对某班学生按年龄进行分组，见表 3-2。

表 3-2 某班学生按年龄分组

按年龄分组/岁	人数/人
17	4
18	10
19	20
20	5
21	1
合计	40

单变量值分组只适合于离散型变量，且变量值变动范围较小的情况，不适合连续变量。

这里，"17"、"18"等，就是单变量值分组的各组标志值，具有离散型变量特征。

（2）组距分组　是按变量值的一定范围对现象总体所进行的分组，即将变量值划分为若干区间，并将每个区间内的变量值作为一组。与单变量值分组相比较，各组的变量值不是某一个具体的值，而是一段区间。组距分组，适用于连续变量或变量值较多的离散型变量的情况。如表3-3所示为某连锁企业的销售计划完成程度情况。

表 3-3　某连锁企业的销售计划完成程度情况

企业按计划完成程度分组/%	企业数/个
80以下	2
80～90	3
90～100	6
100～110	35
110～120	16
120～130	5
合计	67

3.3　分配数列

3.3.1　分配数列的概念

分配数列是指将统计总体中的所有单位按某个标志分组后，按一定顺序排列，从而形成一个反映总体中各单位在各组中分布的数列，称为分配数列或次数分布。在分配数列中，分布在各组的总体单位数称为次数或频数；各组次数与总次数之比称为比重、比率或频率。分配数列一般由两个部分构成：一是总体中按某标志所分的组，二是各组分布的单位数。但有时为了方便分析也会把比重（比率或频率）列入分配数列中。

分配数列的形式虽然并不复杂，但它在统计研究中却具有十分重要的意义。分配数列是统计整理结果的一种重要表现形式，它反映了总体中所有单位在各组间的分布特征和分布状况，并且在此基础上还可以进一步分析研究总体中某一标志的平均水平及变动规律等。

3.3.2　分配数列的编制

根据分组标志性质的不同，分配数列可分为品质分配数列和变量分配数列两种类型。

3.3.2.1　品质分配数列

品质分配数列简称品质数列，是按品质标志分组形成的分配数列。品质数列由各组名称和次数组成。各组次数用绝对数表示即频数；用相对数表示即频率。如表3-4所示为一品质分配数列。

表 3-4　某企业职工性别构成情况

职工按性别分组	职工人数/人	比重/%
男	900	60
女	600	40
合计	1500	100

从表3-4可以看出，该企业职工的性别构成特征：男性职工占的比重大于女性职工。对于品质数列而言，如果分组标志选择正确，形成的分配数列通常都能正确地反映总体的分布

特征。

3.3.2.2 变量分配数列

变量分配数列简称变量数列，是按数量标志分组形成的分配数列。它由变量值和次数构成，也可把比重（比率或频率）列入分配数列中。变量数列按其分组方式的不同，可以分为单变量值数列和组距数列。

（1）单变量值数列　指以每一个变量值作为一组，按各组变量从小到大的顺序排列而编制的变量数列。在单变量值数列中，每组的变量值只有一个，因此有多少不重复的变量值就有多少组，而变量值的个数即是组数，编制起来比较简单，它只需把所有变量值按大小顺序排列，再汇总各组单位数即可。单变量值数列适用于离散型变量在取值不多且变动幅度较小时编制数列。如表 3-5 所示为单变量值数列。

表 3-5　某企业工人日加工零件数分布

按工人日加工零件数分组/件	人数/人	比重/%
12	10	10
13	24	24
14	40	40
15	20	20
16	6	6
合计	100	100

（2）组距式数列　组距式数列是以一定范围的变量值为一组，按变量从小到大的顺序排列而形成的数列。组距式数列适用于连续型变量或变量值较多的离散型变量编制数列。如表 3-6 所示为组距式数列。

表 3-6　某年级学生英语成绩分布

按学生英语成绩分组/分	学生人数/人	比重/%
60 以下	20	10
60～70	50	25
70～80	70	35
80～90	40	20
90 以上	20	10
合计	200	100

组距数列每组的变量值在一段区间内，需要确定各组的范围界限，因此编制起来相对比较复杂一些。组距式数列编制的步骤如下。

① 确定数据的全距。数据的全距是数据组中最大值与最小值的差值，反映数据组的范围大小。把统计整理来的原始数据从小到大进行排列，可以观察到变量分布的大致情况，为后面的分组做准备。同时计算数据的全距(R)＝最大值－最小值。

② 确定组数，即分组的个数。分组的组数没有严格的规定，主要和取得的数据个数有关。一般而言，取得的数据个数越多，组数就相对要多些，如果取得的数据个数较少，那么分组的组数就可以相对少一些。另外，组数既不能太多，也不能太少。一般可以凭经验或反复试分组才可以确定组数。这里，介绍一种确定组数的经验公式，由美国学者斯特格斯（H. A. Sturges）提出的分组组数的经验公式（$K=1+\lg N/\lg 2=1+3.322\lg N$，式中，$K$ 为分组的组数，N 为数据的总个数）来计算。计算的结果用四舍五入的方法取整数即为组数。

该公式在应用时需满足两个条件：一是现象的分布接近正态；二是现象的特性适合做等距分组。

③ 确定组距。组距为每组变量值的距离，即每个组的上限和下限之间的距离。例如表3-6中第二组的组距＝70－60＝10(分)。组距式数列中，根据各组的组距是否相等，分为等距数列和异距数列两种。各组组距均相等的数列为等距数列，各组组距不相等的数列为异距数列。正确地确定组距和组数是编制组距式数列的一个重要问题。在具体确定组距时，应使组距能体现组内资料的同质性，组间资料的差异性。

组距的大小和组数的多少是密切相关的。一般来说，组距和组数成反比关系，组数多则组距小，组数少则组距大。如果组数太多，则组距会过小，各组单位数分散，不能体现总体的内部特征和分布规律；如果组数太少，则组距会过大，可能会失去分组的意义，达不到统计研究的目的。因此，当确定了合适的组数后，对于等距分组，组距的大小为：组距(i)＝全距(R)/组数(K)＝(最大值－最小值)/组数。计算的结果一般会根据实际情况取整数，或根据习惯取接近5或10的倍数为组距。

④ 确定组限。组限是分组的界限，它是指每组变量值的端点值。每组中最小的变量值为下限，每组中最大的变量值为上限。上限、下限均有的组称为闭口组；如表3-6中的第二组、第三组和第四组均为闭口组。而有上限无下限，或有下限无上限的组称为开口组。开口组一般只出现在分组的第一组和最后一组中。在分组过程中，如果变量值相对比较集中，没有特大或特小的极端数值时，则采用闭口式，使第一组和最后一组都为闭口组。若变量值中出现极小值，进行分组时可以将第一组设置为开口组；若原始资料中出现极大值，进行分组时可以将最后一组设置为开口组。如表3-6中的第一组和第五组即为开口组。

在确定组限时，一定要遵循这样的一个分组原则，即："不重不漏"。"不重"即任何一个数据只能分在其中某个组内，不能同时分在两组中。为了保证"不重"，统计分组中一般规定，即"上组限不在内"，就是指当相邻两组的上下组限重叠时，上组限数据不分在该组中。当然，也有人认为可以规定"下组限不在内"，这样也可以，但不管怎样，只能采用一种规定。"不漏"，即是任何一个数据都应分在某一组中，不能遗漏。如果采用了"上组限不在内"的规定，为了保证"不漏"，如果全部采用闭口组，则分组后，第一组的下限应该小于或小于等于最小值，而最后一组的上限应该大于最大值。另外，在组限的确定过程中，也应考虑在满足以上要求的条件下，尽量取5或10的倍数为各组的组限。

⑤ 确定组中值。组中值是各组变量的中间数值。组距式数列按变量的一段区间来分组，它不能反映各组内总体单位的实际变量值。为反映分布在各组中的变量值的一般水平，常常用组中值来表示。对于闭口组，组中值通常根据各组上限、下限进行简单平均而求得，即

$$组中值 = \frac{上限 + 下限}{2}$$

用组中值代表各组变量值的一般水平有一个前提，即假定各单位在组内是均匀分布的。但在实际中，各单位要在组内均匀分布是很困难的，因此，组中值只是一个近似值。对于开口组组中值的确定，是以其相邻组组距的一半来进行调整的。

$$缺下限的开口组组中值 = 上限 - \frac{邻组组距}{2}$$

$$缺上限的开口组组中值 = 下限 + \frac{邻组组距}{2}$$

例如，表3-6中，某班学生的英语考试成绩的分组区间分别为：60以下；60～70；

70~80；80~90；90 以上。则有：第一组组中值 $=60-\frac{10}{2}=55$；第二组组中值 $=\frac{60+70}{2}=65$；第五组组中值 $=90+\frac{10}{2}=95$。

下面通过一个实例来说明组距式数列的编制方法。

【例 3.1】 某班级 50 名同学的数学考试成绩资料如下：

```
70  82  91  76  84  94  72  76  74  67
70  45  69  86  75  84  63  93  87  67
71  83  90  88  58  69  91  74  80  79
75  88  87  50  80  84  94  72  85  71
81  74  75  81  57  78  78  61  60
```

根据以上资料，编制该班级 50 名同学数学考试成绩的分配数列。

解：(1) 原始资料按数值大小依次排列。

```
45  50  57  58  60  61  63  67  67  69
69  70  70  71  71  72  72  74  74  74
75  75  75  75  76  76  78  78  79  80
80  81  81  82  83  84  84  84  85  86
87  87  88  88  90  91  91  93  94  94
```

(2) 计算全距。经过初步整理可以看出，该班级 50 名同学数学考试成绩最高分为 94 分，最低分为 45 分，故全距 $R=94-45=49$。

(3) 确定组数。采用等距分组。根据斯特格斯的经验公式得：$K=1+3.322\lg N=1+3.322\lg 50=6.644\approx 7$，即组数为 7。则有组距 = 全距÷组数 = 49÷7 = 7，根据实际情况取 10 的倍数 10 分。

(4) 确定组限。数学考试成绩为离散变量，但数据相对较多，所以确定组限时，相邻组的组限可以重叠，也可以不重叠。如果重叠的话，应注意第一组的下限要小于或等于最小变量值，最后一组的上限要大于最大变量值。

(5) 汇总各组的单位数，计算频率，编制分配数列。

确定了组距、组数和组限，经过整理就可编制次数分配数列，见表 3-7。

表 3-7 次数分配数列

按学生英语成绩分组/分	学生人数/人	比重/%
60 以下	4	8
60~70	7	14
70~80	18	36
80~90	15	30
90 以上	6	12
合计	50	100

3.3.3 累计次数分布

次数分布是统计研究的一个基本问题。次数分配数列可以观察每个变量组出现的次数以及总体单位数的分布规律，但是如果要知道截至某一组变量值以上或以下的分布次数以及所研究现象的发展进程等情况，则需要编制累计次数分布。

累计次数分布是将各组变量的次数和频率逐组累计相加，它表明总体的某一标志值在某一水平上下的总体次数和比重，累计次数的计算方法有两种：向上累计和向下累计。

（1）向上累计　是将各组次数或比重从变量值低的组向变量值高的组逐组累计。向上累计每组的累计次数或累计频率表示该组上限以下的次数和或频率和，这就是所谓的"上限以下"。

（2）向下累计　是将各组次数或比重从变量值高的组向变量值低的组逐组累计。向下累计每组的累计次数或累计频率表示该组下限以上的次数和或频率和，这就是所谓的"下限以上"。

如表 3-8 所示为某市居民家庭人均月消费性支出的两种累计结果。

表 3-8　某市居民家庭人均月消费性支出累计次数分布

人均月消费性支出/元	家庭数/户	频率/%	向上累计		向下累计	
			频数	频率/%	频数	频率/%
400~500	2	4	2	4	50	100
500~600	4	8	6	12	48	96
600~700	7	14	13	26	44	88
700~800	23	46	36	72	37	74
800~900	11	22	47	94	14	28
900~1000	3	6	50	100	3	6
合计	50	100				

从上例可以看出，居民家庭人均月消费性支出在 800 元以下的有 36 户，占家庭总数的 72%，同时也可以看出只有 28% 的居民家庭人均月消费性支出在 800 元以上；而居民家庭人均月消费性支出在 600 元以下的只有 6 户，占 12%，同时也说明将近 90% 的居民家庭人均月消费性支出都在 600 元以上。

3.3.4　次数分布的主要类型

各种不同的社会经济现象性质各异，它们都有其特殊的次数分布，形成不同的次数分布类型。常见的有如下三种类型。

（1）正态分布　是一种对称的钟形分布，其特征是"两头小，中间大"，以标志中心变量为对称轴，左右对称，两侧变量值的分布随着与中心变量值的距离增大而逐渐减少，即靠近中间的变量值分布的次数较多，靠近两端的变量值分布的次数少，其分布形态宛如一口钟，如图 3-1 所示。社会经济现象中很多变量的分布属于或接近于正态分布，因此，正态分布在社会经济统计分析中具有重要的作用。例如，商品的价格、居民家庭人均消费性支出、工人日产量等都属于正态分布。

（2）偏态分布　偏态分布的形状和正态分布稍有不同，其特征除了"两头小，中间大"外，偏态分布是非对称分布。根据其最高峰点对应的变量值为分界点，比较两侧分布的变量总次数的大小，偏态分布可分为两种，如果右侧的变量总次数多于左侧的变量总次数，则称为右偏分布或正偏分布（见图 3-2），反之则为左偏分布或负偏分布（见图 3-3）。

（3）U 形分布　U 形分布的特征与正态分布恰恰相反，是"两头大，中间小"，即靠近中间的变量值分布的次数少，靠近两端的变量值分布的次数多，其分布形态就如字母 U（见图 3-4）。例如，人口死亡率的分布，即在人口年龄分布的两头即婴幼儿和老年死亡率较高，而在人口年龄分布中间的中、青年人死亡率较低；再如机器使用寿命中的失效率也为 U 形分布，即在机器使用的早期和临近报废的晚期，机器的失效率较高，而在机器使用的中期，

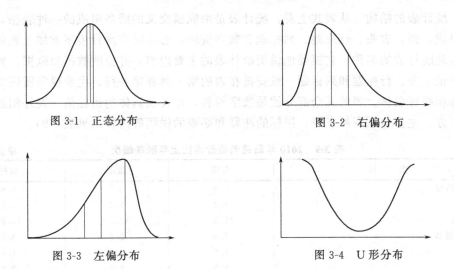

图 3-1 正态分布　　　　　　　　图 3-2 右偏分布

图 3-3 左偏分布　　　　　　　　图 3-4 U形分布

机器的失效率较低，一般都能正常使用。

（4）J形分布　有两种类型，正J形分布和反J形分布。①正J形分布［见图3-5(a)］，次数随着变量值的增大而增多。例如投资按利润率大小的分布，利润率越高，投资越大；利润率越低，投资越低。再比如经济学中的供给曲线，随着价格的提高供给量以更快的速度增加。②反J形分布［见图3-5(b)］，次数随着变量值的增大而减少。例如产品单位成本随产品产量变化的曲线，随着产品产量的增加，产品的单位成本呈现下降的趋势。再如经济学中的需求曲线，价格越高，需求量越小；价格越低，需求量越大。

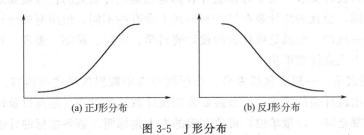

(a) 正J形分布　　　　　　　　(b) 反J形分布

图 3-5　J形分布

3.4　统计表和统计图

统计表和统计图是显示统计数据的重要工具。统计表是把杂乱无章的数据有条理地组织在一张简明的表格中，而统计图则把数据以形象直观的方式显示出来，让人看了一目了然。那么，如何把统计的数据以统计表和统计图的形式展示出来呢？下面就介绍绘制统计表和统计图的相关内容。

3.4.1　统计表

作为显示统计资料情况的统计表，是通过把统计调查所获得的原始资料，经过分组、汇总整理及简单计算后，按一定的结构和顺序科学、合理地排列在表格上而形成的。广义的统计表包括统计工作各个阶段使用的一切表格，包括调查表、整理表、计算表等。这里重点介绍显示统计整理结果的统计表。

(1) 统计表的结构 从表式上看，统计表是由纵横交叉的线条组成的一种表格，一般由四部分组成，即：表头、行标题、列标题和数字资料，必要时在统计表下方加上表外附加。

表头是统计表的名称，它扼要地说明统计表的主要内容，并指明数据和范围。置于统计表表格的正上方。行标题和列标题一般安排在表的第一列和第一行，主要说明所研究问题的类别名称和指标名称。表的其余部分就是数字资料，即各项具体的指标值。表外附加一般放在表的下方，主要包括资料来源、指标的注释和必要的说明等内容（见表3-9）。

表 3-9　2010 年居民消费价格比上年涨跌幅度　　　　　　　　　　　单位：%

指标	全国	城市	农村
居民消费价格	3.3	3.2	3.6
食品	7.2	7.1	7.5
其中：粮食	11.8	11.5	12.3
肉禽及其制品	2.9	2.6	3.5
油脂	3.8	3.4	4.4
蛋	8.3	8.4	8.2
鲜菜	18.7	17.8	21.3
鲜果	15.6	15.0	17.5
非食品	1.4	1.3	1.8
其中：家庭设备用品及维修服务	0.0	−0.1	0.1
医疗保健和个人用品	3.2	3.2	3.2
交通和通信	−0.4	−0.6	0.3
居住	4.5	4.5	4.5

注：表中资料来源于国家统计局《2010年统计公报》。

(2) 统计表的设计要求 由于每张统计表都是根据统计研究的任务需要来设计的，研究的任务和目标不同，设计的统计表在结构和形式上会有些不同，但所有的统计表在设计的基本要求上是完全一致的，那就是统计表的设计要科学、实用、简练、美观。具体而言，即设计统计表时有以下几点注意事项。

① 统计表的表头。一般应包括表号、总标题和表中数据的单位等内容。总标题应能够简明确切地概括出统计表的内容，一般需要表明统计数据的时间、地点以及何种数据。如果表中的全部数据都是同一计量单位，可放在表的右上角标明，若各指标的计量单位不同，则应放在每个指标后或单列出一列加一标明。

② 统计表的结构。行、列标题要简明、准确，便于分析。位置安排要合理。由于强调的问题不同，行标题和列标题有时可以互换，但应使统计表的横竖长度比例适当，避免出现过高或过宽的表格形式。

③ 统计表的表式。是由纵横直线垂直交叉而形成的长方形表格，表中的上下两条横线一般用粗线，中间各线则用细线。表的纵栏之间必须用细线划分，而横行之间则不一定划分。通常情况下，统计表的左右两边不封口。当统计表纵栏较多时，应对各栏加以编号。习惯上对不填数字的各栏以（甲）、（乙）、（丙）等文字标明，对填数字的各栏用（1）、（2）、（3）等数字编号，这样可表明各栏之间的数量关系。

④ 统计表的填表要求。表中的数据一般是右对齐，有小数点时必须以小数点对齐，而且小数点的位数应统一。一张填好的统计表不应出现空白格。对于没有数字的单元格，一般用"—"表示。

⑤ 统计表的注释。某些特殊资料需要特别说明的，应在表的下方加上注释。特别要注意注明资料来源，以示对他人劳动成果的尊重，同时也方便读者查阅使用。

3.4.2 统计图

统计图是描述统计数据整理结果的另一种表现形式，通常比统计表格更形象、更直观地描述数据，可以使阅读者一目了然地认识客观事物的状态、形成、发展趋势、分布状况等。统计图是利用几何图形或其他图形表示研究对象的特征、内部结构等相互关联的数量关系的图形。

3.4.2.1 按品质标志分组数据的图示

（1）条形图（柱形图）　是用宽度相同的条形的高度或长短来表示数据变动的图形。在条形图中，每一分类组表示成一个条，用条形图的长度或高度来表示各类别数据的频数或频率，绘制时，各类别可以放在纵轴，称为条形图，也可以放在横轴，称为柱形图。条形图有单式、复式等形式。

在图 3-6 中，我们可以直接比较案例导读《第六次全国人口普查主要数据发布》第 6 条中 2010 年与 2000 年每十万人口中四种受教育程度的人数变化。

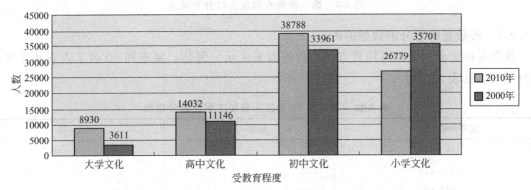

图 3-6　2010 年与 2000 年每十万人口中各种受教育程度人数的变化对比

（2）饼图　又称圆形图，是用圆形及圆内扇形的面积来表示数值大小的图形，是以整个圆 360°代表全部数据的总和，按照各类型组所占的百分比（频率），把整个圆进行分割，主要用于表示总体中各组成部分占总体的比例，对于结构性问题的研究非常重要。其中各类型组扇形对应的中心角的大小为：360°×各类别的频率。图 3-7 就是案例导读《第六次全国人口普查主要数据发布》第 6 条中一个按第六次人口普查每十万人口中四种受教育程度的饼图，直观地反映了四个不同的受教育程度的人数分布情况。

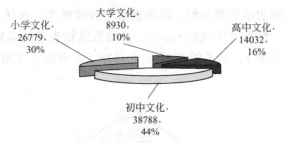

图 3-7　2010 年每十万人内各种受教育程度的人数、比例

（3）环形图　与圆形图类似，但又有区别，环形图中间有一个"空洞"，总体中的每一部分数据用环中的一段表示。其中各类型组对应的圆环上弧段的长短是根据其对应的中心角的大小（360°×各类别的频率）而绘制出来的。圆形图只能显示一个总体各部分所占的比例，而环形图可以比较多个不同总体各部分的不同比例，有利于比较研究不同总体的各部分

比例的大小，每一个总体的数据系列为一个环。

因此，环形图可用于进行比较研究，适用于展示定类和定序的数据。从图 3-8 中可以看出案例导读《第六次全国人口普查主要数据发布》中地区人口的分布情况。

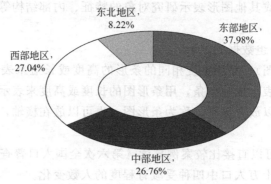

图 3-8　第六次普查地区人口分布情况

3.4.2.2　按数量标志分组数据的图示

按数量标志分组数据可用直方图和折线图来表示。例如，某车间 50 名工人日加工零件数分组表（见表 3-10）。

表 3-10　某车间 50 名工人日加工零件数分组表

按零件数分组/个	频数/人	频率/%
105～110	3	6
110～115	5	10
115～120	8	16
120～125	14	28
125～130	10	20
130～135	6	12
135～140	4	8
合计	50	100

（1）直方图　与条形图相似，是用矩形的宽度和高度来表示频数分布的图形。在平面直角坐标系中，通常用横轴表示数据分组，纵轴表示频数或频率，这样，各组与相应的频数或频率就形成了一个矩形，即直方图（histogram）。如果纵轴表示的是频率，那么所形成的这些直方图下的总面积就等于 1。某车间 50 名工人日加工零件数直方图如图 3-9 所示。

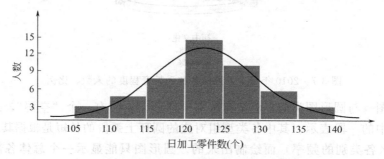

图 3-9　某车间 50 名工人日加工零件数直方图

（2）折线图　也称频数多边形图，是在直方图的基础上，把直方图顶部的中点（即组中值对应的点）用直线连接起来。而两边的做法是将边上的矩形的顶部中点通过竖边中点连接到横轴。这样整个折线下方的面积就和原来的直方图面积完全相等了，因而两者表示的频数分布一致（如图 3-9）。再例如根据案例导读《第六次全国人口普查主要数据发布》中一个按第六次人口普查每十万人口中各种受教育程度的人数变化而绘制的折线图（见图 3-10）。

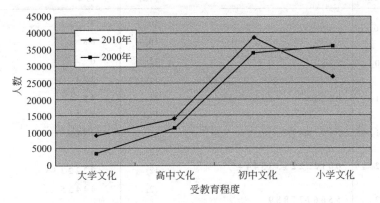

图 3-10　2010 年与 2000 年各种受教育程度的人数对比图

当统计收集的数据个数非常多，且所分的组数越来越大时，组距就会变得越来越小，这时所绘制的折线就会越来越光滑，渐渐趋于一条平滑的曲线，就是频数分布曲线。频数分布曲线在统计学中有着非常广泛的应用，是描述各种统计量和分布规律的有效方法。比如前面介绍的次数分布曲线图中的正态分布曲线、偏态分布曲线、U 形分布曲线、J 形分布曲线等。

3.4.2.3　未分组数量型数据的图示

未分组数量型数据的图示可通过茎叶图、箱形图来表示。

（1）茎叶图　用于显示未分组的原始数据的分布，茎叶图由"茎"和"叶"两部分构成，其图形是由数字组成的，以该组数据的高位数值作树茎，低位数字作树叶，树叶的长度和该组数据的频数（频率）成正比。

茎叶图类似于横置的直方图，但又有区别。直方图可大体上看出一组数据的分布状况，但没有给出具体的数值，而茎叶图既能给出数据的分布状况，又能给出每一个原始数值，保留了原始数据的信息。

例如，根据某车间 50 名工人日加工零件数分组表（见表 3-10），可知工人日加工零件数是三位数，把在百位和十位上的数字作为茎的数字，把个位上的数字作为叶的数字，这样就可以得到茎叶图（见图 3-11）。

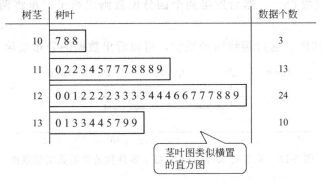

图 3-11　某车间 50 名工人日加工零件数茎叶图

如果用直线把全部数据分枝划框，忽略其中的数字，向左旋转90°，就是前面介绍的直方图。在此例中，上面所得的茎叶图数据组数太少，数字规律不是非常明显，因此，我们还可以根据数据高位的特征对茎进行扩展，数据组数扩展后，可得到新的茎叶图（见图3-12）。其中茎数字的下角标数字为相应组叶的数据范围。

树茎	树叶		树茎	树叶
$10_{0\sim 4}$			$10_{6\sim 7}$	7
			$10_{8\sim 9}$	8 8
$10_{5\sim 9}$	7 8 8		$11_{0\sim 1}$	0
			$11_{2\sim 3}$	2 2 3
$11_{0\sim 4}$	0 2 2 3 4		$11_{4\sim 5}$	4 5
			$11_{6\sim 7}$	7 7 7
$11_{5\sim 9}$	5 7 7 7 8 8 8 9		$11_{8\sim 9}$	8 8 8 9
			$12_{0\sim 1}$	0 0 1
$12_{0\sim 4}$	0 0 1 2 2 2 2 3 3 3 3 4 4 4		$12_{2\sim 3}$	2 2 2 2 3 3 3 3
			$12_{4\sim 5}$	4 4 4 5 5
$12_{5\sim 9}$	5 5 6 6 7 7 7 8 8 9		$12_{6\sim 7}$	6 6 7 7 7
			$12_{8\sim 9}$	8 8 9
$13_{0\sim 4}$	0 1 3 3 4 4		$13_{0\sim 1}$	0 1
			$13_{2\sim 3}$	3 3
$13_{5\sim 9}$	5 7 9 9		$13_{4\sim 5}$	4 4 5
			$13_{6\sim 7}$	7
	扩展后的茎叶图		$13_{8\sim 9}$	9 9

图3-12 某车间50名工人日加工零件数新茎叶图

如同频数分布和直方图一样，茎叶图的组数也不是唯一的，它也是根据研究需要和实际情况进行划分的，如果某些茎叶显示聚集了太多的数据，我们也可以对茎进行扩展，形成扩展的茎叶图。

(2) 箱形图 又称箱线图，是由一组数据的五个特征值绘制而成的，它由一个箱子和两条线段组成，用于显示未分组的原始数据或分组数据的分布。

箱线图的绘制方法是：首先找出一组数据的5个特征值，即最大值、最小值、中位数M_e和两个四分位数（一组数据按从小到大进行排序后，按数据个数进行四等分，其中处于25%处的数据即为下四分位数Q_L，处于中间位置上的数据即为中位数M_e，而处于75%处的数据即为上四分位数Q_U）。然后连接两个四分位数画出箱子，再将两个极值点与箱子相连接就可以了。

① 单组数据箱线图。通过箱线图的现状，可以看出数据的分布规律（见图3-13）。

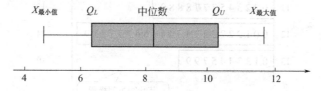

图3-13 某车间50名工人日加工零件数的单组数据箱线图

② 多组数据箱线图。对于多组数据，可将各组数据的箱线图并列绘制并进行分布特征

的比较。

【例 3.2】 从某大学经济管理专业二年级学生中随机抽取 11 人，对 8 门主要课程的考试成绩进行调查，所得结果如表 3-11 所示。试绘制各科考试成绩的多组数据箱线图（见图 3-14），据此分析各科考试成绩的分布特征。

表 3-11 11 名学生各科的考试成绩数据 单位：分

课程名称	学生编号										
	1	2	3	4	5	6	7	8	9	10	11
英语	76	90	97	71	70	93	86	83	78	85	81
经济数学	65	95	51	74	78	63	91	82	75	71	55
西方经济学	93	81	76	88	66	79	83	92	78	86	78
市场营销学	74	87	85	69	90	80	77	84	91	74	70
财务管理	68	75	70	84	73	60	76	81	88	68	75
基础会计学	70	73	92	65	78	87	90	70	66	79	68
统计学	55	91	68	73	84	81	70	69	94	62	71
计算机应用基础	85	78	81	95	70	67	82	72	80	81	77

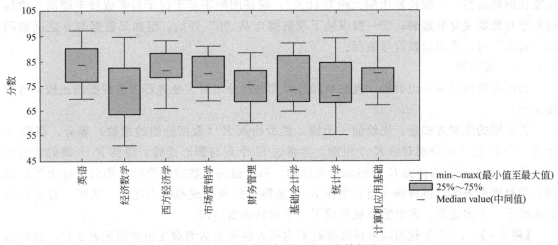

图 3-14 11 名学生各科的考试成绩箱线图

3.4.2.4 线图

线图是在平面坐标上用折线表现数量变化特征和规律的统计图。如果一组数据是不同时

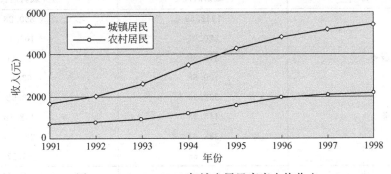

图 3-15 1991～1998 年城乡居民家庭人均收入

间上的某种客观事物的不同数量表现，就可以用线图来反映事物随着时间发展变化的规律和趋势。

【例3.3】 已知1991~1998年我国城乡居民家庭的人均收入数据如表3-12所示，则试绘制线图（见图3-15）。

表3-12　1991~1998年城乡居民家庭人均收入

年份/年	城镇居民/元	农村居民/元
1991	1700.6	708.6
1992	2026.6	784.0
1993	2577.4	921.6
1994	3496.2	1221.0
1995	4283.0	1577.7
1996	4838.9	1926.1
1997	5160.3	2091.1
1998	5425.1	2162.0

绘制线图时应注意以下几点：①时间一般绘在横轴上，指标数据绘在纵轴上；②图形的长宽比例要适当，一般长宽比例大约为10∶7，保证图形不至于过于扁平或过于瘦高，这样有利于对数据变化的理解；③一般纵轴下端数据应从"0"开始，但如果数据与0之间的间距"过大"时，要用折断符号表示。

3.4.2.5　雷达图

当研究的数据为多组数据，且按相同的类别进行分组时，要进行多组数据的比较，可用雷达图。

雷达图的绘制方法是：先绘制一个圆，然后将圆 K（数据分组的组数）等分，得到 K 个点，令 K 这个点分别对应 K 个组别，再将这 K 个点与圆心连线，得到 K 个辐射状的半径，这 K 个半径分别作为 K 个组别的坐标轴，每个组的频数或频率的大小由半径上的点到圆心的距离来表示。再将同一组数据在 K 个坐标上的频数或频率点连线。这样，每组数据就形成了一个多边形，多组数据就形成了一个网状的雷达图。

【例3.4】 1997年我国城乡居民家庭平均每人各项生活消费支出数据见表3-13。试绘制雷达图（见图3-16）。

表3-13　1997年城乡居民家庭平均每人各项生活消费支出　　　　单位：元

项　目	城镇居民	农村居民
食品	1942.59	890.28
衣着	520.91	109.41
家庭设备用品及服务	316.89	85.41
医疗保健	179.68	62.45
交通和通信	232.90	53.92
娱乐教育文化服务	448.38	148.18
居住	358.64	233.23
杂项商品与服务	185.65	34.27
合　计	4185.64	1617.15

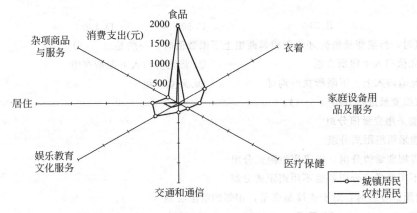

图 3-16 1997 年城镇居民家庭消费支出的雷达图

本章小结

本章的内容主要有：统计整理的意义与步骤；统计分组，包括统计分组的概念、分组标志的选择和统计分组的具体方法；分配数列，分配数列的概念、分配数列的编制、累计次数分布、次数分布的主要类型；统计表的设计和统计图的绘制。通过本章的学习，我们可以了解到统计数据的整理是指根据统计研究的目的和要求，对统计调查收集到的原始资料进行加工汇总或对已整理过的资料进行再加工，使之系统化、条理化，以得到反映总体综合数量特征的资料的工作过程。在分组过程中，首先需要对原始数据进行审核和筛选，剔除不合适的数据，同时补充遗漏的数据和资料；接着对符合统计任务和要求的原始数据进行分组和必要的计算以形成分配数列；最后将整理的结果以统计表和统计图的形式展现出来，达到对客观事物规律的初步认识，为后面的统计分析奠定数据基础。

思考与练习

一、思考题

1. 为什么要对搜集到的数据进行整理？统计数据整理的步骤是什么？
2. 什么是统计分组？统计分组的关键是什么？
3. 什么是单变量值分组和组距式分组？它们分别在什么情况下运用？
4. 什么是分配数列？它包括哪两个要素？
5. 编制组距数列时怎样确定组数和组距？
6. 在等距分组中，组数和组距的大小有什么关系？
7. 制作统计表应注意哪几个问题？

二、单项选择题

1. 数据整理的关键在于（　　）。
   A. 对调查资料进行审核　　　B. 对调查资料进行统计分组
   C. 对调查资料进行汇总　　　D. 编制统计表
2. 对某连续型变量进行分组，最后一组为 500 以上，又知其相邻组的组中值为 480，则最后一组的组中值为（　　）。
　　A. 520　　　　　B. 510　　　　　C. 500　　　　　D. 490

3. 在分组时，当某变量值恰好等于相邻两组上下限数值时，一般是（　　）。
　　A. 将此值归入上限所在组　　　　B. 将此值归入下限所在组
　　C. 将此值归入上、下限所在组均可　　D. 另立一组

4. 对离散型变量进行分组（　　）。
　　A. 只能采用变量值分组
　　B. 只能采用组距式分组
　　C. 既可用变量值分组，也可用组距式分组
　　D. 既不用变量值分组，也不用组距式分组

5. 采取组距式分组时，对于连续型变量，相邻的组限必须（　　）。
　　A. 间断　　　　B. 重叠　　　　C. 相近　　　　D. 不等

6. 企业按利润总额分组（　　）。
　　A. 只能采用变量值分组
　　B. 只能采用组距式分组
　　C. 可以采用变量值分组，也可以采用组距式分组
　　D. 无法分组

7. 某管理局对其所属企业的生产计划完成百分比进行如下分组，指出分组正确的是（　　）。
　　A. 80%～90%，90%～100%，100%～119%，110%以上
　　B. 80%以下，80.1%～90%，90.1%～100%，100.1%～110%
　　C. 90%以下，90%～100%，100%～110%，110%以上
　　D. 85%以下，85%～95%，95%～105%，105%～115%

8. 频数分布表中，各组频率之和（　　）。
　　A. 等于100%　　　　　　　　　B. 大于100%
　　C. 小于100%　　　　　　　　　D. 可能大于也可能小于100%

9. 统计表的列标题是用来说明（　　）。
　　A. 统计表的名称　　　　　　　B. 各组的名称
　　C. 统计指标的名称　　　　　　D. 数字资料

10. 主要用来描述总体中各组成部分所占比重状况的统计图是（　　）。
　　A. 条形图　　　　B. 折线图　　　　C. 直方图　　　　D. 饼图

三、判断题

1. 数据整理是数据收集和数据分析的基础和前提。　　　　　　　　　　　　（　　）
2. 数据预处理是在数据分组或分类之前所做的必要处理，包括数据的审核和筛选。（　　）
3. 在数据整理时，对定性数据主要做分类整理，对定量数据主要作分组整理。（　　）
4. 数据整理的关键问题在于确定组距和组数。　　　　　　　　　　　　　　（　　）
5. 某企业职工按文化程度分组属于单变量值分组方法。　　　　　　　　　　（　　）
6. 若原始资料中出现极小值，进行分组时可以将第一组设置为开口组；若原始资料中出现极大值，进行分组时可以将最后一组设置为开口组。　　　　　　　　　　　　　　　　　　　（　　）
7. 若第一组和最后一组都是闭口组，则要求第一组的下限大于原始资料中最小的变量值。最后一组的上限小于原始资料中最大的变量值。　　　　　　　　　　　　　　　　　　（　　）
8. 组中值是根据各组的上限和下限计算的平均值，所以它代表了每一组数据的一般水平。（　　）
9. 任何一个频数分布都必须满足：各组的频率大于0，各组的频数总和等于1或100%。（　　）
10. 对连续变量进行分组时，既可以采用单项式分组方法也可以采用组距式分组方法，而对离散型变量只能采用组距式分组方法。　　　　　　　　　　　　　　　　　　　　　　（　　）

11. 如果社会经济现象服从于"钟形分布",则我们编制的分布数列就应该是"中间小、两头大"的类型。（ ）

12. "U"形分布的特点是中间大、两头小。（ ）

四、计算题

1. 根据以下某生产车间 36 名工人的日产量的数据资料（单位：件/日），编制分配数列。

4 2 4 3 5 3 2 4 3 5 6 3 2 4 2 6 5 4 3 4 4 5 4 3 4
4 2 4 3 5 6 4 5 3 4 2 6

2. 根据以下某企业 48 名职工工资资料（单位：元），编制分配数列，并分析该企业职工工资的分布情况。

1073　1120　738　1450　1616　925　1135　1251　1360　1050　1036　1213
1116　1352　989　1223　1174　850　1046　1128　1093　1362　1156　1236
1268　1578　1182　1127　1216　1052　1028　1235　1152　1195　1370　1169
1380　1242　1269　1083　1186　1095　1283　1360　1187　1296　1392　1065

3. 根据以下某车间 30 个工人看管机器台数资料，编制分配数列。

5 4 2 4 3 4 4 5 4 3 4 2 6 4 4 2 5 3 4 5 3 2 4 3 6 3 5 4

4. 根据以下某行业管理局所属 40 个公司 2008 年的产品销售收入资料（单元：万元），进行适当分组，编制频数分布表，并计算出累计频数和累计频率。按有关规定，销售收入在 125 万元以上的公司为先进，115 万～125 万元的公司为良好，105 万～115 万元的公司为一般，105 万元以下的公司为落后。请按先进、良好、一般、落后对所有公司进行分类。

152 124 129 116 100 103 92 95 127 104 105 119 114 115 87 103 118 142 135 137
120 136 117 108 125 117 108 105 110 107 97 88 123 115 119 138 112 146 113 126

5. 根据以下某工厂 2008 年前 6 个月的产量和单位成本资料在 Excel 中绘制两条折线图。

月份/月	1	2	3	4	5	6
产量/件	2000	3000	4000	3000	4000	5000
单位成本/元	73	72	71	73	69	68

6. 根据以下某企业职工工资资料试绘制直方图。

按月工资分组/元	人数/人
1200～1600	30
1600～2000	80
2000～2300	78
2300～2500	12
合计	200

7. 根据我国 2001～2006 年轿车产量表，试绘制柱形图或条形图。

年份/年	2001	2002	2003	2004	2005	2006
产量/万辆	70.36	109.2	207.08	227.63	227.01	386.9

8. 根据某商场销售各类饮料的比重，试绘制饼图。

饮料品牌	销售比重/%
汇源	23
娃哈哈	28
乐百氏	9
可口可乐	24
百事可乐	16

9. 根据某地区 30 家企业的固定资产资料（单位：万元），试编制等距数列并绘制直方图、茎叶图。

285	340	286	415	495	500	562	630	612	648
675	690	721	743	795	841	840	878	925	930
953	1140	1201	1223	1240	1324	1332	1456	1541	1634

10. 根据某银行网点连续 40 天客户人数（单位：人），进行适当分组，编制频数分布表并绘制直方图。

410	250	290	470	380	340	300	380	430	400
460	360	450	370	370	360	450	440	350	420
350	290	460	340	300	370	440	260	380	440
420	360	370	440	420	360	370	370	490	390

第4章 数据分布特征的测度

[教学目标]

- 理解并掌握集中趋势、离散程度各测度值的计算方法。
- 理解集中趋势、离散程度不同测度值的特点和应用场合。
- 理解并掌握偏态与峰度测度方法。

[案例导读]

对于客观现象的特征或规律,除了通过统计表和统计图中的信息进行大致的了解外,还需要从数值的角度获得关于该客观现象准确的数据特征,即以不同的数值来描述现象之间数据分布的差异,从而更充分地认识客观现象的规律。那么,这些描述数据规律的特征值有哪些呢?它们之间有什么差别?又是经过怎样的计算得来的?本章的主要任务就是对这些问题进行详细的回答。

2010年1季度分地区城镇居民家庭收支基本情况统计表

地区	调查户数/户	平均每户家庭人口/人	平均每户就业人口/人	平均每人季总收入/元	平均每人季可支配收入/元
全 国	65607	2.88	1.49	5787	5308
北 京	5000	2.79	1.59	8716	7669
天 津	1500	2.87	1.52	6832	6102
河 北	2520	2.85	1.39	4480	4209
山 西	1810	2.87	1.34	4323	4025
内蒙古	2350	2.81	1.45	5108	4833
辽 宁	4300	2.72	1.39	5021	4464
吉 林	1450	2.83	1.43	4187	3849
黑龙江	2250	2.66	1.28	3741	3438
上 海	999	2.91	1.61	9890	8925
江 苏	5100	2.8	1.42	7444	6891
浙 江	4450	2.69	1.37	9531	8830
安 徽	2500	2.84	1.47	4567	4144
福 建	1800	3.09	1.73	7036	6428
江 西	1230	2.84	1.52	4293	4027
山 东	3300	2.87	1.67	5518	5065
河 南	2399	2.85	1.46	4594	4274

续表

地区	调查户数/户	平均每户家庭人口/人	平均每户就业人口/人	平均每人季总收入/元	平均每人季可支配收入/元
湖 北	1900	2.94	1.47	4927	4543
湖 南	1250	2.91	1.41	5007	4722
广 东	3150	3.22	1.7	7659	6911
广 西	1340	3.03	1.58	5248	4830
海 南	600	3.31	1.54	4799	4481
重 庆	2050	2.91	1.56	5576	5216
四 川	2650	2.87	1.51	4863	4463
贵 州	1670	3.03	1.43	4139	3881
云 南	1750	2.86	1.42	4759	4411
西 藏	800	3.48	1.55	3847	3494
陕 西	1500	2.85	1.46	4576	4250
甘 肃	880	2.77	1.37	3624	3339
青 海	600	2.99	1.31	3769	3374
宁 夏	950	2.88	1.37	4327	3835
新 疆	1560	2.99	1.55	3882	3473

资料来源：http://www.chinairr.org/clata/D10/20/008/25-50380.htmL，中国产业研究报告网。

该统计表里用了很多指标，把我国2010年1季度分地区城镇居民家庭收支的基本情况展示了出来，从中我们可以很清楚地看到我国不同地区城镇居民家庭收支情况的差异及与全国平均水平的差距。

统计数据经过整理和显示后，我们对统计数据的分布和特点就有了一个大致的了解，但这种了解只是表面上的，只是显示了数据的定性特征。而只有统计数据的定量特征即数量特征值才能更加准确地反映出数据分布的规律，以便于对数据进行更深入的分析。因此，本章主要从三个方面来对数据的定量特征进行测度和描述。一是分布的集中趋势，反映各数据向其中心值靠拢或聚集的程度；二是分布的离散程度，反映各数据远离其中心值的趋势；三是分布的偏态和峰度，反映数据分布的形状。这三个方面分别反映了数据分布特征的不同侧面，本章将重点讨论这些代表值的计算方法、特点及其应用场合。

4.1 集中趋势的测度

集中趋势（central tendency）是指一组数据向某一中心值靠拢的倾向，测度集中趋势也就是寻找数据一般水平的代表值或中心值。分布的集中趋势是指数据经常会呈现出一种在一定的范围内围绕某个中心分布这样的特征，也就是具有一定的集中趋势。例如，某企业工人的工资分布在平均工资周围，某菜市场中某种蔬菜的价格在平均价格上下波动等。集中趋势指标反映数据向某一中心靠拢或者集中的程度，主要包括两大类：第一类是数值平均数，这类平均数需要全体数据参与计算，常见的数值平均数包括算术平均数、几何平均数以及调和平均数等；第二类是位置平均数，这类平均数不需要全部数据参与计算，只需要特定位置的数据参与计算便可得到，常见的位置平均数包括众数、中位数等。

集中趋势指标的作用主要在于其反映了数据分布的一般水平和集中趋势。如果数据存在某种向某个中心点集聚或者靠拢的趋势，通过计算其"集中趋势"指标便可将这些中心点描述出来。对于随着时间变化而变化的时间序列数据，集中趋势指标反映的是其一般水平。例如，一个城市若干年的 GDP 数据形成时间序列，其平均数说明了这些年 GDP 在该段时间内的一般水平。

4.1.1 众数

4.1.1.1 众数的概念及应用

众数（M_o）是指一组数据中出现次数最多的变量值（mode），是数据中最普遍的变量值。因此，它的大小不受数据中极端值的影响。当数据的分布具有明显的集中趋势或最高峰点时，众数的计算才有意义。众数不但能直观地说明客观现象分布的集中趋势，而且还可代表社会经济现象的一般水平。

在实际工作中，众数有相当广泛的应用。例如，市场上某种商品一天的价格可能有多次变化，可不必采用该商品的全部价格来计算其算术平均数，而只需用该商品成交最多的那个价格，即众数作为代表值，就可以反映出该商品价格的一般水平。再如，在大批量生产的男式皮鞋中有多种尺码，其中 40 码的销售量最多，这说明 40 码就是众数，可代表男式皮鞋尺码的一般水平，宜大量生产，而其余尺码的生产量就要相应少一些，这样才能满足市场上大部分消费者的需要。

4.1.1.2 众数的计算方法

（1）对未分组数据或单变量值分组的数据，观察次数，出现次数最多的变量值即为众数。

① 对于未分组数据，进行简单的排序整理后，通过观察，即可找出众数。

【例 4.1】 一家物业公司要研究一天中发生的报修服务的次数，以便合理地分配维修人员的工作任务。以下数据代表的是过去两周的每天报修服务的次数：

      1 2 0 4 12 4 5 3 4 2 3 4 6 4

试求这些数据的众数。

解：这些数据按从小到大的顺序排列如下：

      0 1 2 2 3 3 4 4 4 4 4 5 6 12

通过观察发现出现最多的次数是 4，因此，管理员可以认为一天中发生的报修服务次数最有可能是 4 次。

② 对于单变量值分组的数据，直接进行观察，次数最多的变量值就是众数。

【例 4.2】 某企业工人看管机器台数分组的资料见表 4-1，试计算其众数。

表 4-1 某企业工人按看管机器台数分组表

按看管机器台数分组/台	工人数/人	累计/人	工人数比重/%
4	11	11	10.5
5	35	46	33.3
6	40	86	38.1
7	12	98	11.4
8	7	105	6.7
合计	105	—	100.0

解：从表中观察后得知，第三组的次数最多，因此，众数就等于第三组的变量值，即：

$$M_o = 6(台)$$

(2) 对于组距分组的数据，首先根据次数最多的组确定出众数所在的组，再根据比例插值法计算众数的近似值。其计算公式如下：设众数所在组的频数为 F，组距为 i 下组限为 X_L，上组限为 X_U，其前一组的频数为 F_{-1}，其后一组的频数为 F_{+1}，则有

下限公式 $\qquad M_o = X_L + \dfrac{F - F_{-1}}{(F - F_{-1}) + (F - F_{+1})} \times i$ \hfill (4-1)

上限公式 $\qquad M_o = X_U - \dfrac{F - F_{+1}}{(F - F_{-1}) + (F - F_{+1})} \times i$ \hfill (4-2)

【例 4.3】某企业工人日产量次数分布见表 4-2，计算其众数。

表 4-2 某企业工人日产量分组的次数分布

按日产量分组/千克	工人数/人
50~60	10
60~70	19
70~80	50
80~90	36
90~100	27
100~110	10
110~120	8
合计	160

解：通过观察，确定众数组为第三组，用下限公式或上限公式计算如下

$$M_o = X_L + \dfrac{F - F_{-1}}{(F - F_{-1}) + (F - F_{+1})} \times i$$

$$= 70 + \dfrac{50 - 19}{(50 - 19) + (50 - 36)} \times 10 = 76.89 \text{（千克）}$$

$$M_o = X_U - \dfrac{F - F_{+1}}{(F - F_{-1}) + (F - F_{+1})} \times i$$

$$= 80 - \dfrac{50 - 36}{(50 - 19) + (50 - 36)} \times 10 = 76.89 \text{（千克）}$$

可以看出，无论用上限公式还是下限公式计算的结果是一样的。

4.1.1.3 众数的性质

众数的性质如下：

① 当等距分组频数分布对称，或 $F_{-1} = F_{+1}$ 时，则众数等于众数所在组的组中值；

② 当 $F_{-1} > F_{+1}$ 时，众数小于众数所在组的组中值；

③ 当 $F_{-1} < F_{+1}$ 时，众数大于众数所在组的组中值；

④ 众数是一个位置代表值，它不受数据中极端值的影响；

⑤ 只有当数据的分布具有明显的集中趋势或最高峰点时，众数的计算才有意义。

4.1.2 中位数

4.1.2.1 中位数的概念及应用

中位数（M_e）是指将一组数据按大小排序后，处于中间位置上的变量值（median）。由于它的位置居中，因此，在所有数据中，有一半数据小于等于它，另一半数据大于等于它，其大小不受数据中极端值的影响。中位数也可以用来代表一组数据的一般水平。

在实际工作中，中位数也有相当广泛的应用。例如，据我国 1982 年和 1990 年两次人口普查资料显示，这两年我国人口年龄中位数分别为 22.91 岁和 25.25 岁，这也一定程度上反

映了我国人口年龄结构水平的变化趋势。

4.1.2.2 中位数的计算方法

(1) 对于未分组数据,先将数据进行排序,确定中位数的位置,其位置为:$\frac{N+1}{2}$,式中,N 为数据的总个数。

① 当 N 为奇数时,则位于中间位置上的变量值就是中位数,即 $M_e = X_{[(N+1)/2]}$;

② 当 N 为偶数时,则位于中间位置上的两个变量值的算术平均数就是中位数,

即 $M_e = \frac{1}{2}\{X_{(N/2)} + X_{[(N/2)+1]}\}$,其中,下标为排序后的顺序号。

【例 4.4】 有 7 名工人的工资额分别为 1800 元、1900 元、1970 元、2100 元、2200 元、2280 元、2340 元,求中位数。

解:中点位置为 4 ($\frac{7+1}{2}$),则中位数为第四个工人的工资额 2100 元,即

$$M_e = 2100 \text{(元)}$$

上例中,如果工人数增加为 8 名,假设第八名工人的工资为 2400 元,则中位数的位置点为 4.5 ($\frac{8+1}{2}$),此时中位数的大小为第四和第五名工人工资的算术平均数,即

$$M_e = \frac{2100 + 2200}{2} = 2150 \text{(元)}$$

(2) 对于单变量值分组的数据,先计算各组的累计次数,再根据中位数的位置点 $N/2$ 对照累计次数来确定中位数所在的组,则其所在组的变量值即为中位数。

【例 4.5】 某企业工人日生产产品的资料,见表 4-3,试计算中位数。

表 4-3 某企业工人日生产产品统计表

工人按日产量分组/件	工人数/人	累计/人
4	8	8
5	22	30
6	42	72
7	38	110
8	17	127
9	3	130
合计	130	—

解:因为中位数的位置点为 $N/2 = 130/2 = 65$。

所以中位数在第三组,即有 $M_e = 6$(件)。

(3) 对于组距分组的数据,先计算各组的累计次数,再按 $N/2$ 确定中位数的位置点,根据累计次数确定中位数所在的组,用比例插值法计算中位数的近似值。其中,F_m 为中位数所在组的频数,S_{m-1},S_{m+1} 分别为中位数所在组以前各组和以后各组的累计次数。则有

下限公式 $$M_e = X_L + \frac{N/2 - S_{m-1}}{F_m} \times i \tag{4-3}$$

上限公式 $$M_e = X_U - \frac{N/2 - S_{m+1}}{F_m} \times i \tag{4-4}$$

【例 4.6】 某企业工人日产量次数分布见表 4-4,计算其中位数。

表 4-4　某企业工人日产量次数分布表

按日产量分组/件	工人数/人	向上累计/件	向下累计/件
60 以下	10	10	160
60~70	19	29	150
70~80	50	79	131
80~90	36	115	81
90~100	27	142	45
100~110	10	152	18
110 以上	8	160	8
合计	160	—	—

解：$N/2=160/2=80$，因此中位数在第四组，用下限公式，则

$$M_e = X_L + \frac{N/2 - S_{m-1}}{F_m} \times i = 80 + \frac{160/2 - 79}{36} \times 10 = 80 + 0.28 = 80.28 \text{（件）}$$

或用上限公式，则

$$M_e = X_U - \frac{N/2 - S_{m+1}}{F_m} \times i = 90 - \frac{160/2 - 45}{36} \times 10 = 90 - 9.72 = 80.28 \text{（件）}$$

可以看出：无论用上限公式还是下限公式计算的结果是一样的。

4.1.2.3　中位数的性质

中位数的性质如下。

① 中位数是一个位置代表值，它不受数据中极端值的影响。

② 各变量值与中位数的离差绝对值之和最小，即

$$\sum_{i=1}^{N} |X_i - M_e| = \min \text{（最小）} \tag{4-5}$$

表明中位数和各数据的距离最短，在工程设计中的应用较多。常用在设施布置、选址等方面，可以用来解决一些实际中的问题。例如，铺设通信线路时，可用中位数来决定总控制室的位置，使其到各点的距离之和为最短，从而节省部分原材料及费用。

想一想

某大学购买一台新设备，以便全校师生制作教学录像带，这台设备由校园内六个学院的教师使用，六个学院的位置及各学院使用该设备的教师人数如下表所示，各学院间用草坪隔开，道路是交叉垂直的，问该录像带制作设备安置在何处可使所有教师的总行程最短？

学院	坐标	教师人数/人
商学院	(5,13)	31
教育学院	(8,18)	28
工学院	(0,0)	19
人文学院	(6,3)	53
法学院	(14,20)	32
理学院	(10,12)	41

4.1.3　算术平均数（均值）

4.1.3.1　算术平均数的基本形式

算术平均数也叫均值，是分析社会经济现象一般水平和典型特征的最基本指标，是统计中计算平均指标最常用的方法之一。一般如不加特别说明，所称的平均数都是指算术平均

数。其基本公式为

$$算术平均数 = \frac{总体标志总量}{总体单位总量}$$

例如，某企业某月职工工资总额为 180000 元，职工总人数为 200 人，则该企业该月职工的平均工资为

$$\frac{180000}{200} = 900 \text{（元）}$$

上述公式中，要注意分子和分母必须属于同一总体，分子数值是分母各单位数量特征的总和，这是平均指标与强度相对指标区别的关键。平均指标的分子与分母即各单位的标志值与各单位之间一一对应，而强度相对指标虽然也是两个有联系的总量指标之比，但事实上并不存在各标志值与各单位的对应问题，其常带有的"平均"二字实际上是"分摊"的含义。例如，工人劳动生产率是工人总产量与工人总数之比，是平均指标；而全员劳动生产率则是工人总产量与全部职工人数之比，是强度相对指标。

4.1.3.2 算术平均数的计算

根据资料的不同，算术平均数的计算方法有简单算术平均数和加权算术平均数两种。

（1）简单算术平均数　如果掌握的资料是原始资料，没有经过分组整理，则可先将各单位的标志值相加后得出标志总量，然后再除以总体单位数，这种计算平均数的方法称为简单算术平均数。

对未分组的原始数据，设一组数据共有 N 个，各数据分别为：X_1, X_2, X_3, …, X_N, 则这组数据的算术平均数为

$$\overline{X} = \frac{X_1 + X_2 + X_3 + \cdots + X_N}{N} = \frac{\sum_{i=1}^{N} X_i}{N} \tag{4-6}$$

式中　$\overline{X}$——算术平均数；

　　　X_i——第 i 个变量值；

　　　N——变量个数；

　　　$\sum$——总和符号。

【例 4.7】　某车间 10 个工人，其日产量（件）分别为：19，20，22，23，24，25，26，27，29，30，则 10 个工人的日产量平均数为

$$\overline{X} = \frac{\sum_{i=1}^{N} X_i}{N} = \frac{19 + 20 + 22 + \cdots + 30}{10} = \frac{245}{10} = 24.5 \text{（件）}$$

简单算术平均数的计算方法简便，但其应用的前提条件是资料未经加工整理或者加工整理后的数列中每个变量值出现的次数相同。

（2）加权算术平均数　如果掌握的资料是经过分组整理而成的变量数列，并且每组次数不同，则应采用加权的方法计算算术平均数。具体计算步骤是：首先将各组标志值分别乘以相应的频数求得各组的标志总量，并加总得到总体标志总量；再将各组的频数加总，得到总体单位总量；最后将总体标志总量除以总体单位总量，即得算术平均数，这种计算平均数的方法称为加权算术平均数。

① 对于单变量值分组的数据，设数据被分为 K 组，各组的变量值分别为 X_1, X_2, X_3, …, X_K, 则算术平均数

$$\overline{X} = \frac{X_1 F_1 + X_2 F_2 + \cdots + X_K F_K}{F_1 + F_2 + \cdots + F_K} = \frac{\sum\limits_{i=1}^{K} F_i X_i}{\sum\limits_{i=1}^{K} F_i} = \sum\limits_{i=1}^{K} X_i \times \frac{F_i}{\sum\limits_{i=1}^{K} F_i} \tag{4-7}$$

式中　$\overline{X}$——算术平均数；

　　　X_i——第 i 组的变量值；

　　　K——分组的组数；

　　　$\sum$——总和符号；

　　　F_i——第 i 组的频数或次数。

【例 4.8】 某大学的二年级某班的 40 名同学的年龄分组如表 4-5 所示，计算该班同学的平均年龄。

表 4-5　某大学二年级某班的 40 名同学的年龄分组表

按年龄分组(X_i)/岁	人数(F_i)/人	$X_i F_i$
17	4	68
18	10	180
19	20	380
20	5	100
21	1	21
合计	40	749

解：该班同学的平均年龄

$$\overline{X} = \frac{\sum\limits_{i=1}^{K} F_i X_i}{\sum\limits_{i=1}^{K} F_i} = \frac{749}{40} = 18.725（岁）$$

从上述计算公式可看出，该班同学平均年龄的大小，不仅取决于各组变量值 X_i 的大小，同时也取决于各组次数或频数 F_i 的多少。某个变量值出现的次数多，平均数受该组的影响就较大；反之，次数少的变量值，其对平均数的影响也小。可见，次数在这里起着权衡轻重的作用，所以统计上把次数称为权数。用加权法计算的算术平均数叫做加权算术平均数。

另外，在式（4-7）中，可以看到加权算术平均数的另一种计算公式，即：$\overline{X} = \sum\limits_{i=1}^{K} X_i \times \dfrac{F_i}{\sum\limits_{i=1}^{K} F_i}$，其中的 $\dfrac{F_i}{\sum\limits_{i=1}^{K} F_i}$ 是分组数据的频率或比重，其在算术平均数的计算中也起到了权衡轻重的作用，也可称为权数。

② 对于组距分组的数据，算术平均数的计算公式同式（4-7）。其中式中除了 X_i 表示每组的组中值外，其余符号含义均相同。

【例 4.9】 某县小麦的生产情况如下表 4-6 所示，计算其平均亩产量。

表 4-6 某县小麦的亩产量分组及算术平均数计算表

按亩产分组/千克	播种面积比重$(F_i/\sum F_i)$/%	组中值(X_i)	$X_iF_i/\sum F_i$
250 以下	12	225	27
250～300	20	275	55
300～350	40	325	130
350～400	20	375	75
400 以上	8	425	34
合计	100	—	321

解：该县小麦亩产量的算术平均数

$$\overline{X} = \sum_{i=1}^{K} X_i \times \frac{F_i}{\sum_{i=1}^{K} F_i} = 321 \text{（千克）}$$

在上面的计算过程中，对于每组的变量值 X_i，用每组的组中值来进行计算，这里隐含的条件就是假定各组的标志值在各组内是均匀分布的。而实际上各单位标志值在组内呈均匀分布是很少见的，组中值同该组各单位标志值的平均值之间总会存在一定的误差，因而这种方法计算的平均数仅是个近似值，而不是精确值。一般而言，分配数列各组组距越小，组中值同该组各单位标志值的平均值就越接近，用组中值计算的加权算术平均数的误差也就越小；反之，误差就越大。

4.1.3.3 算术平均数的性质

算术平均数的性质如下。

① 算术平均数是一个数据代表值，受数据中极端值的影响，从而降低 $\overline{X}$ 的代表性。

② 算术平均数与权数和的乘积等于各标志值与权数乘积的总和，即等于总体的标志总量。即由式（4-7）可推出

$$\overline{X}\sum_{i=1}^{K} F_i = \sum_{i=1}^{K} F_i X_i \tag{4-8}$$

③ 各标志值与其算术平均数的离差之和恒等于零。即：$\sum_{i=1}^{N}(X_i - \overline{X}) = 0$ 或 $\sum_{i=1}^{K}(X_i - \overline{X})F_i = 0$（公式的推导过程略）。

④ 各变量值与其算术平均数的离差平方和最小。即：$\sum_{i=1}^{N}(X_i - \overline{X})^2 = \min(最小)$ 或 $\sum_{i=1}^{K}(X_i - \overline{X})^2 F_i = \min(最小)$（公式的推导过程略）。

4.1.3.4 是非标志的算术平均数

对于数量标志值我们可以通过计算其均值、中位数、众数等特征值，用来代表总体的某方面的一般水平、平均水平。而对于品质标志值，我们无法测定，无法计算其大小，因此在测定时要将其首先进行数量化，再来计算其一般水平、平均水平等数值表现。

在实际工作当中，人们经常会把客观总体按某一分组标志分成两类，一类具有某种特征，而另一类则不具备该种特征，具体标志表现为"是"与"非"、"合格"与"不合格"、"有"与"无"等，这种分类的标志称为是非标志，又叫交替标志。例如，可将参加完考试

的学生按成绩分为及格与不及格,将某种产成品按质量划分为合格品与不合格品,将人口按性别划分为男性与女性,等等。通常我们进行量化的方法是规定:研究的总体单位具有某种属性时,标志值为1,不具有某种属性时,标志值为0,因而是非标志又称为0-1标志。

设总体单位数为 N,N_1 为具有某种属性的总体单位数,N_2 为不具有某种属性的总体单位数。则总体单位中具有某种属性的单位数占全体单位数的比率为 $P=N_1/N$(也可称为成数或比例),频数分布表如表4-7所示。

表4-7 交替标志的频数分布表

标志值	频数	频率
1	N_1	$N_1/N=P$
0	N_2	$N_2/N=Q$

其中,用 $\overline{X}_P$ 表示交替标志的算术平均数,则

$$\overline{X}_P=\frac{X_1F_1+X_2F_2+\cdots+X_KF_K}{F_1+F_2+\cdots+F_K}=\frac{1\times N_1+0\times N_2}{N}=N_1/N=P \tag{4-9}$$

由此可见,交替标志的算术平均数就等于其成数。

4.1.4 调和平均数

4.1.4.1 调和平均数的概念

调和平均数又称"倒数平均数",它是各个变量值倒数的算术平均数的倒数。调和平均数实际是算术平均数的变形,但它仍然是依据算术平均数的基本公式——标志总量除以总体单位总量来计算的。在掌握的资料没有直接提供被平均标志值的相应单位数的场合时,计算平均数采用此方法。

4.1.4.2 调和平均数的计算

在计算调和平均数时,由于所掌握资料的具体内容不同,调和平均数又分为简单调和平均数和加权调和平均数两种。

(1) 简单调和平均数 当所掌握的分组资料为分组及各组标志总和,而且各组标志总和又都相等时,则计算调和平均数采用简单调和平均数公式。其具体计算公式如下

$$\overline{X}_H=\frac{N}{\sum_{i=1}^{N}\frac{1}{X_i}} \tag{4-10}$$

式中,$\overline{X}_H$ 代表调和平均数;N 代表的是分组数。

【例4.10】 某种蔬菜的价格,甲集市3.50元/千克,乙集市4.10元/千克,丙集市4.60元/千克。①若以上集市各成交1元,求平均每千克多少元?②若各成交1千克,则平均价格为多少?

解:① $\overline{X}_H=\dfrac{N}{\sum_{i=1}^{N}\dfrac{1}{X_i}}=\dfrac{3}{\dfrac{1}{3.50}+\dfrac{1}{4.10}+\dfrac{1}{4.60}}=4$(元/千克)

② $\overline{X}=\dfrac{3.50+4.10+4.60}{3}=\dfrac{\sum_{i=1}^{N}X_i}{N}=4.07$(元/千克)

(2) 加权调和平均数 当所掌握的分组资料为分组及各组标志总和,而且各组标志总和又

不等时，则计算调和平均数采用加权调和平均数公式。其具体计算公式如下

$$\overline{X}_H = \frac{M_1 + M_2 + \cdots + M_K}{\dfrac{M_1}{X_1} + \dfrac{M_2}{X_2} + \cdots + \dfrac{M_K}{X_K}} = \frac{\sum_{i=1}^{K} M_i}{\sum_{i=1}^{K} \dfrac{M_i}{X_i}} = \frac{\sum_{i=1}^{K} M_i}{\sum_{i=1}^{K} \dfrac{1}{X_i} \times M_i} \tag{4-11}$$

式中，$\overline{X}_H$ 代表调和平均数；K 代表的是分组组数；M_i 是各组的标志总量。

【例 4.11】 某种商品在三个农贸市场上的单价和成交额资料见表 4-8，计算其平均价格。

表 4-8　某种商品在三个农贸市场上的单价和成交额资料

市场	单价/元	成交额/元	成交量/千克
甲	1.00	2500	2500
乙	0.90	2700	3000
丙	0.80	4000	5000
合计	—	9200	10500

解：平均价格 $= \dfrac{2500 + 2700 + 4000}{\dfrac{2500}{1.00} + \dfrac{2700}{0.90} + \dfrac{4000}{0.80}} = \dfrac{9200}{10500} = 0.88$（元/千克）

如果将 $M_i = X_i F_i$ 代入式 (4-11)，则有加权算术平均数

$$\overline{X}_H = \frac{\sum_{i=1}^{K} M_i}{\sum_{i=1}^{K} \dfrac{M_i}{X_i}} = \frac{\sum_{i=1}^{K} X_i F_i}{\sum_{i=1}^{K} \dfrac{X_i F_i}{X_i}} = \frac{\sum_{i=1}^{K} X_i F_i}{\sum_{i=1}^{K} F_i}$$

由此可见，加权调和平均数与加权算术平均数，两者只是计算形式上的不同，其经济内容是一致的，都是反映总体标志总量与总体单位总量的比值。因此，在计算平均数时，可以根据所掌握资料的不同，选择加权算术平均数或加权调和平均数。

4.1.5　几何平均数

4.1.5.1　几何平均数的概念及应用

几何平均数是变量的 n 个观察值乘积的 n 次方根，常用于发展速度、比率（如本利率）等变量的平均。因为这类比率变量的总比率是各比率变量的连乘积，而不是各比率变量之和，故不能用算术平均方法，只能用几何平均方法计算其平均数。几何平均数主要适用于如下两类计算：

① 变量值是比率，各比率的乘积等于总的比率，计算平均比率；
② 计算经济现象的年平均发展速度。

4.1.5.2　几何平均数的计算

根据掌握的资料是否分组，几何平均数也分为简单几何平均数和加权几何平均数两种。

(1) 简单几何平均数　其计算公式为

$$\overline{X}_G = \sqrt[N]{X_1 X_2 \cdots X_N} = \sqrt[N]{\prod_{i=1}^{N} X_i} \tag{4-12}$$

式中，$\overline{X}_G$ 是几何平均数；N 是变量个数；X_i 是各个变量；Π 是连乘符号。

(2) 加权几何平均数　其计算公式为

$$\overline{X}_G = \sqrt[\sum F_i]{X_1^{F_1} X_2^{F_2} \cdots X_K^{F_K}} = \sqrt[\sum F_i]{\prod_{i=1}^{K} X_i^{F_i}} \tag{4-13}$$

式中，F_i 是各组变量的次数；K 是分组的组数；Σ 是求和符号。

对式（4-12）两边取对数有： $\lg \overline{X}_G = \dfrac{1}{N}\sum\limits_{i=1}^{N} \lg X_i$ (4-14)

对式（4-13）两边取对数有：$\lg \overline{X}_G = \dfrac{1}{\Sigma F_i}(F_1 \lg X_1 + F_2 \lg X_2 + \cdots + F_K \lg X_K)$ (4-15)

【例 4.12】 某企业生产某种产品要经过四道连续的工序才能完成。若第一道工序的合格率为 96%，第二道工序的合格率为 95%，第三道工序的合格率为 92%，第四道工序的合格率为 91%，则该产品四道工序的平均合格率为多少？

解：由于全厂产品合格率为四道工序产品合格率的连乘积，故应采用几何平均法计算。

$$\overline{X}_G = \sqrt[N]{X_1 X_2 \cdots X_N} = \sqrt[N]{\prod_{i=1}^{N} X_i} = \sqrt[4]{96\% \times 95\% \times 92\% \times 91\%} = 93.48\%$$

该产品四道工序的平均合格率为 93.48%。

【例 4.13】 银行的年利率是按复利计算的，假设某笔资金在某银行存储了 16 年，若将 16 年间的年利率资料整理（见表 4-9），用几何平均法求这笔资金的平均年利率。

表 4-9 某笔资金在某银行 16 年间的年利率资料表

年利率/%	本利率/%	年数/频数
3	103	2
4	104	5
5	105	7
6	106	2
合计	—	16

解：这笔资金的平均本利率为

$$\overline{X}_G = \sqrt[\Sigma F_i]{X_1^{F_1} X_2^{F_2} \cdots X_K^{F_K}} = \sqrt[16]{103\%^2 \times 104\%^5 \times 105\%^7 \times 106\%^2} = 104.56\%$$

即这笔资金的平均年利率为 4.56%。

4.1.6 众数、中位数和算术平均数的比较

众数、中位数和算术平均数是集中趋势的三个主要测度值，它们具有不同的特点和应用场合。

4.1.6.1 众数、中位数和算术平均数的关系

从分布的角度看，众数始终是一组数据分布的最高峰值，中位数是处于一组数据中间位置上的值，而算术平均数则是全部数据的算术平均。因此，对同一组数据计算众数、中位数和均值，三者之间具有以下关系（见图 4-1）。

① 如果数据分布是对称的，且有单一众数时，有：$M_o = M_e = \overline{X}$。

② 如果数据是左偏分布时，有：$M_o > M_e > \overline{X}$。

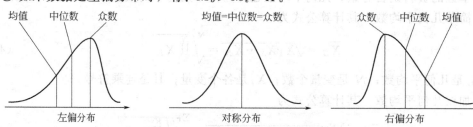

图 4-1 众数、中位数和均值的关系

③ 如果数据是右偏分布时，有：$M_o < M_e < \overline{X}$。

④ 如果一组数据的偏斜程度不是很大时，众数、中位数和均值有如下关系。

如果数据是右偏分布时，有：$\overline{X} - M_o = 3(\overline{X} - M_e)$；

如果数据是左偏分布时，有：$M_o - \overline{X} = 3(M_e - \overline{X})$。

4.1.6.2 众数、中位数和算术平均数的特点及应用场合

(1) 众数 是一组数据中出现次数最多的变量值，是位置代表值，不受极端值的影响，当数据为偏态分布时使用。

(2) 中位数 中间位置的代表值，不受极端值的影响，当数据为偏态分布时使用。

(3) 算术平均数 数值平均数，受极端值的影响，当数据为对称或近似对称分布时使用。

4.2 离散程度的测度

集中趋势的测度值是对一组数据一般水平的一个概括性度量，其代表程度的高低，取决于其离散程度的大小。离散程度越大，集中趋势代表值的代表性就越差，离散程度越小，其代表性就越好。离散程度的测度值就是表明数据差别大小的程度，说明变量远离其中心值的程度，即离中趋势。

4.2.1 极差

极差（range）也称全距，是一组数据的最大值与最小值之差，即

$$R = \max(X_i) - \min(X_i) \tag{4-16}$$

式中，R 表示极差；$\max(X_i)$ 和 $\min(X_i)$ 分别为一组数据的最大值和最小值。

对于组距分组的数据，极差的近似计算公式为

$$R = 最高组上限 - 最低组下限 \tag{4-17}$$

如，根据表 4-2 的数据，可计算出极差为 $R = 120 - 50 = 70$（千克）。

极差是描述数据离散程度的最简单测度值，其计算简单，且易于理解，但极差的计算结果极易受极端值的影响，不能反映中间数据的分布情况，因此其使用有一定的局限性。

4.2.2 平均差

平均差 [mean (average) deviation] 也称平均离差，是各变量值与其算术平均数的离差绝对值的算术平均数，用 M_D 表示，计算方法如下。

(1) 对未分组数据 设一组数据为：$X_1, X_2, X_3, \cdots, X_N$，则平均差

$$M_D = \frac{\sum_{i=1}^{N} |X_i - \overline{X}|}{N} \tag{4-18}$$

【例 4.14】 某车间 10 个工人，其日产量分别为（单位：件）：20，21，22，23，24，25，26，28，29，32，求其平均差。

解：10 个工人的日加工零件平均数为

$$\overline{X} = \frac{20 + 21 + 22 + \cdots + 32}{10} = \frac{250}{10} = 25 \text{（件）}$$

则有平均差为

$$M_D = \frac{\sum_{i=1}^{N}|X_i - \overline{X}|}{N} = \frac{5+4+3+2+1+0+1+3+4+7}{10} = 3$$

（2）对于单变量值分组及组距分组的数据　设数据被分为 K 组，每组数据的次数或频数为 F_i，则有平均差

$$M_D = \frac{\sum_{i=1}^{K}|X_i - \overline{X}|F_i}{N} \tag{4-19}$$

式中，单变量值分组时，X_i 为每组的变量值，组距分组时，X_i 为每组的组中值。

【例 4.15】　某企业工人日生产产品的资料如表 4-10 所示，求其平均差。

表 4-10　某企业工人按日生产产品数分组的资料表

工人按日产量分组/件	工人数/人	组中值/件	X_iF_i	$\|X_i - \overline{X}\|$	$\|X_i - \overline{X}\|F_i$
30～40	10	35	350	13	130
40～50	20	45	900	3	60
50～60	15	55	825	7	105
60～70	5	65	325	17	85
合计	50	—	2400	—	380

解：

$$\overline{X} = \frac{\sum_{i=1}^{K}X_iF_i}{N} = \frac{2400}{50} = 48 \text{（件）}$$

则有平均差

$$M_D = \frac{\sum_{i=1}^{K}|X_i - \overline{X}|F_i}{N} = \frac{380}{50} = 7.6 \text{（件）}$$

平均差以均值为中心，考虑了所有数据的差异，反映了每个数据与均值的平均离差程度，它能全面地反映一组数据的离散状况。平均差越大，数据的离散程度越大，反之，则数据的离散程度就越小。但绝对值的计算给计算带来了很大的不便，且平均差的数学性质并非最优，因此实际中应用较少。

4.2.3　方差和标准差

方差（variance）是各变量值与其均值离差平方的平均数，方差的平方根即是标准差，是测度数据离散程度的最主要方法。根据总体数据和根据样本数据计算的方差在数学处理上略有不同。

4.2.3.1　总体方差和标准差

设总体方差为 σ^2，标准差为 σ，其中，单变量值分组时，X_i 为每组的变量值，组距分组时，X_i 为每组的组中值，F_i 为每组的次数或频数。

对于未经整理的原始数据，总体方差的计算公式为

$$\sigma^2 = \frac{\sum_{i=1}^{N}(X_i - \overline{X})^2}{N} \tag{4-20}$$

对应的标准差公式为

$$\sigma = \sqrt{\frac{\sum_{i=1}^{N}(X_i - \overline{X})^2}{N}} \tag{4-21}$$

对于组距分组数据，总体方差的计算公式为

$$\sigma^2 = \frac{\sum_{i=1}^{K}(X_i - \overline{X})^2 F_i}{N} \tag{4-22}$$

对应的标准差公式为

$$\sigma = \sqrt{\frac{\sum_{i=1}^{K}(X_i - \overline{X})^2 F_i}{N}} \tag{4-23}$$

与方差不同，标准差是具有量纲的，它与变量值的计量单位相同，其实际意义要比方差清楚。因此，在对社会经济现象进行分析时，更多地使用标准差而非方差。

【例 4.16】 某年级学生统计学成绩资料如表 4-11 所示，试计算其标准差。

表 4-11 某年级学生统计学成绩分布表

按学生统计学成绩分组/分	组中值(X_i)	学生人数(F_i)/人	$X_i F_i$	$(X_i - \overline{X})^2 F_i$
60 以下	55	10	550	4000
60~70	65	60	3900	6000
70~80	75	70	5250	0
80~90	85	40	3400	4000
90 以上	95	20	1900	8000
合计	—	200	15000	22000

解： 计算过程见表 4-11，有

$$\overline{X} = \frac{\sum_{i=1}^{K} F_i X_i}{\sum_{i=1}^{K} F_i} = \frac{15000}{200} = 75 \text{（分）}$$

$$\sigma = \sqrt{\frac{\sum_{i=1}^{K}(X_i - \overline{X})^2 F_i}{N}} = \sqrt{\frac{22000}{200}} = 10.49 \text{（分）}$$

结果表明，每个学生的统计学成绩与平均数相比，平均相差 10.49 分。

4.2.3.2 样本方差和标准差

样本方差与总体方差在计算上的区别是：总体方差是用数据个数或总频数去除离差平方和，而样本方差则是用样本数据个数或总频数减 1 去除离差平方和，其中样本数据个数减 1，即 $n-1$ 称为自由度（degree of freedom）。样本方差用自由度 $n-1$ 去除，其原因可以从多方面来解释。从实际应用的角度看，在抽样估计中，当我们用样本方差 S_{n-1}^2 去估计总体方差 σ^2 时，它是 σ^2 的无偏估计量，这一问题将在第 6 章中详细讨论。

设样本方差为 S_{n-1}^2，标准差为 S_{n-1}，其中，单变量值分组时，x_i 为每组的变量值，组距分组时，x_i 为每组的组中值，f_i 为每组的次数或频数，n 为样本数据的总个数。

对于未经整理的原始数据，样本方差的计算公式为

$$S_{n-1}^2 = \frac{\sum_{i=1}^{n}(x_i - \overline{x})^2}{n-1} \tag{4-24}$$

对应的标准差公式为
$$S_{n-1}=\sqrt{\frac{\sum_{i=1}^{n}(x_i-\bar{x})^2}{n-1}} \qquad (4\text{-}25)$$

对于组距分组数据，样本方差的计算公式为
$$S_{n-1}^2=\frac{\sum_{i=1}^{k}(x_i-\bar{x})^2 f_i}{\sum_{i=1}^{n}f_i-1} \qquad (4\text{-}26)$$

对应的标准差公式为
$$S_{n-1}=\sqrt{\frac{\sum_{i=1}^{k}(x_i-\bar{x})^2 f_i}{\sum_{i=1}^{k}f_i-1}} \qquad (4\text{-}27)$$

如仍用表 4-11 的数据进行计算，则计算的样本标准差为
$$S_{n-1}=\sqrt{\frac{\sum_{i=1}^{k}(x_i-\bar{x})^2 f_i}{\sum_{i=1}^{k}f_i-1}}=\sqrt{\frac{22000}{200-1}}=10.51\,(\text{分})$$

这个计算结果和利用总体标准差公式计算的结果相差不大。主要是因为当 n 很大时，$n\approx n-1$，此时，总体方差 σ^2 与样本方差 S_{n-1}^2 相差就会很小。这时样本方差也可以用总体方差的公式来计算。

在实际进行计算时，为了简化计算，可以对方差公式进行如下的变形。

① 总体方差。

Ⅰ 对于未分组数据，有
$$\sigma^2=\frac{\sum_{i=1}^{N}(X_i-\overline{X})^2}{N}=\frac{\sum_{i=1}^{N}X_i^2-2\overline{X}\sum_{i=1}^{N}X_i+N(\overline{X})^2}{N}=\frac{\sum_{i=1}^{N}X_i^2}{N}-(\overline{X})^2$$
$$=\frac{\sum_{i=1}^{N}X_i^2}{N}-\left(\frac{\sum_{i=1}^{N}X_i}{N}\right)^2=\frac{\sum_{i=1}^{N}X_i^2}{N}-(\overline{X})^2 \qquad (4\text{-}28)$$

Ⅱ 对于组距分组数据，有
$$\sigma^2=\frac{\sum_{i=1}^{K}(X_i-\overline{X})^2 F_i}{N}=\frac{\sum_{i=1}^{K}X_i^2 F_i}{N}-\left(\frac{\sum_{i=1}^{K}X_i F_i}{N}\right)^2=\frac{\sum_{i=1}^{K}X_i^2 F_i}{N}-(\overline{X})^2 \qquad (4\text{-}29)$$

② 样本方差。

Ⅰ 对于未分组数据，有
$$S_{n-1}^2=\left(\frac{\sum_{i=1}^{n}x_i^2}{n}-\left(\frac{\sum_{i=1}^{n}x_i}{n}\right)^2\right)\frac{n}{n-1}=\left[\frac{\sum_{i=1}^{n}x_i^2}{n}-(\bar{x})^2\right]\frac{n}{n-1} \qquad (4\text{-}30)$$

Ⅱ 对于组距分组数据，有

$$S_{n-1}^2 = \left(\frac{\sum_{i=1}^n x_i^2 f_i}{n} - \left(\frac{\sum_{i=1}^n x_i f_i}{n}\right)^2\right)\frac{n}{n-1} = \left[\frac{\sum_{i=1}^n x_i^2 f_i}{n} - (\overline{x})^2\right]\frac{n}{n-1} \qquad (4\text{-}31)$$

4.2.3.3 标准化值 (standard score)

有了均值和标准差之后，可以计算一组数据中各个数值的标准化值，设标准化值为 Z，其计算公式为

$$Z_i = \frac{X_i - \overline{X}}{\sigma} \qquad (4\text{-}32)$$

或

$$Z_i = \frac{x_i - \overline{x}}{S_{n-1}} \qquad (4\text{-}33)$$

式（4-32）也就是我们常用的统计标准化公式。在对多个具有不同量纲的指标进行处理时，常常需要对各指标数值进行标准化处理。此外，标准化值给出了一组数据中各数值的相对位置。比如，如果某个数值的标准化值为 -1.5，我们就知道该数值低于均值 1.5 倍的标准差。对于一组数据，大约有 68% 的数据在加减 1 个标准差的范围之内，有 95% 的数据在加减 2 个标准差的范围之内，有 99% 的数据在加减 3 个标准差的范围之内。一组数据中低于或高于均值 3 倍标准差之外的数值是很少的，也就是说，在均值加减 3 个标准差的范围内几乎包含了全部数据，而在 3 个标准差之外的数据，统计上称为离群点。

同时，如果 $X_i \sim N(\overline{X}, \sigma^2)$，则：标准化值 $Z_i = \frac{X_i - \overline{X}}{\sigma} \sim N(0, 1)$。

4.2.3.4 交替标志的方差和标准差

对于只取两个特殊值的交替标志，其标志值服从 0-1 分布。即

$$X_i = \begin{cases} 1, & \text{某单位具有某种属性} \\ 0, & \text{某单位不具有某种属性} \end{cases}$$

前面已介绍，交替标志的均值为 $\overline{X}_P = N_1/N = P$，则其方差和标准差为

$$\sigma_P^2 = \frac{\sum_{i=1}^K (X_i - \overline{X})^2 F_i}{N} = \frac{(1-P)^2 N_1 + (0-P)^2 N_2}{N} = (1-P)^2 P + P^2(1-P)$$
$$= (1-P)P(1-P+P) = (1-P)P = PQ \qquad (4\text{-}34)$$

即有 $\sigma_P = \sqrt{(1-P)\,P} = \sqrt{PQ}$ (4-35)

【例 4.17】 某车间生产 500 件产品，其中合格品 450 件，不合格品 50 件，试计算这批产品的平均合格率及标准差。

解：由题意可知，合格率 $P = \frac{450}{500} = 0.9 = 90\%$

则
$$\overline{X}_P = P = 90\%$$
$$\sigma_P = \sqrt{(1-P)\,P} = \sqrt{(1-0.9)\,0.9} = 0.3 = 30\%$$

因此，这批产品的平均合格率为 90%，标准差为 30%。

标准差是根据所有数据计算的，反映了每个数据与其均值的平均离差程度，因此能准确地反映出数据的离散程度，是实际中应用最多的离散程度测度值。

4.2.4 离散系数（标准差系数）

上文介绍的极差、平均差、方差和标准差等都是反映数据离散程度的绝对值，其数值的

大小不仅反映出变量值的离散程度，还会受到原变量值本身水平高低的影响，即与变量算术平均数的大小有关，变量值绝对水平高的，离散程度的测度值自然也就大，变量值绝对水平小的，离散程度的测度值自然也就小。另外，采用不同的计量单位也会导致平均水平的不同，因此，为消除变量值平均水平及计量单位的不同对离散程度测度值的影响，需要计算离散系数。

离散系数（coefficient of variation）通常是由标准差来计算的，因此也称为标准差系数，它是一组数据的标准差与其相应的均值之比，是测度数据离散程度的相对指标，其计算公式为

$$V_\sigma = \frac{\sigma}{\overline{X}} \tag{4-36}$$

或

$$V_S = \frac{S}{\overline{x}} \tag{4-37}$$

V_σ 是总体离散系数，V_S 是样本离散系数。

【例 4.18】 甲乙两企业平均产量和标准差资料如表 4-12 所示，试比较两个企业产量的稳定性并说明二者平均产量的代表性大小。

表 4-12　甲乙两企业平均产量和标准差资料

企业	计量单位	月平均产量	标准差
甲企业	台	3250	120
乙企业	件	890	65

解：由于计量单位不同，不能直接用标准差进行比较，只能用标准差系数进行比较。

$$V_{\sigma 甲} = \frac{\sigma}{\overline{X}} = \frac{120}{3250} = 3.69\%$$

$$V_{\sigma 乙} = \frac{\sigma}{\overline{X}} = \frac{65}{890} = 7.30\%$$

可以看出，尽管乙企业的标准差小于甲的标准差，但由于甲企业的标准差系数小于乙企业的标准差系数，所以，甲企业产量比乙企业稳定，其平均产量的代表性也高于乙企业。

离散系数的作用主要是用于比较不同总体或样本数据组的离散程度，其主要的特点是数据的大小不受数据计量单位和算术平均数大小的影响，从而消除了不同总体之间由于平均水平和计量单位不同引起的不可比性。离散系数大的，说明数据的离散程度大，离散系数小的，说明数据的离散程度小。

4.3　偏态与峰度的测度

集中趋势和离散程度是数据分布的两个重要特征，但要全面了解数据分布的特点，还需要知道数据分布的形状是否对称、偏斜的程度以及分布的扁平程度等。偏态和峰度就是对这些分布特征的进一步描述。

4.3.1　偏态及其测度

偏态（skewness）是对分布偏斜方向和程度的测度。第 3 章中曾经讲到，利用众数、中

位数和均值之间的关系就可以判断分布是对称、左偏还是右偏。显然,判别偏态的方向并不困难,但要测度偏斜的程度则需要计算偏态系数。偏态系数的计算方法有很多,这里仅介绍其中比较常用的一种。偏态系数是对分布偏斜程度的测度,其计算公式为

$$a_3 = \frac{\sum_{i=1}^{K}(X_i - \overline{X})^3 F_i}{N\sigma^3} \tag{4-38}$$

式中,a_3 为偏态系数;σ^3 为标准差的三次方。

从式(4-38)中可以看到,它是离差三次方的平均数再除以标准差的三次方。所以,当分布对称时,离差三次方后正负离差可以相互抵消,因而 a_3 的分子等于 0,则 $a_3 = 0$;当分布不对称时,正负离差不能抵消,就形成了正或负的偏态系数 a_3。当 a_3 为正值时,表示正偏离差值较大,可以判断为正偏或右偏,如图 4-2 所示;反之,当 a_3 为负值时,表示负离差数值较大,可判断为负偏或左偏,如图 4-3 所示。在计算 a_3 时,将离差三次方的平均数除以 σ^3 是将偏态系数转化为相对数,a_3 的数值越大,表示偏斜斜的程度就越大。

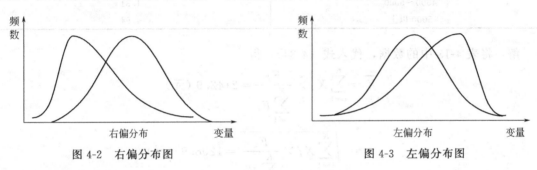

图 4-2 右偏分布图　　图 4-3 左偏分布图

4.3.2 峰度及其测度

峰度(kurtosis)是对分布曲线顶部的尖平程度的测度。它通常是与正态分布相比较而言的,若分布的形状比正态分布更瘦更高,则称为尖峰分布,如图 4-4 所示;若比正态分布更矮更胖,则称为扁平分布,如图 4-5 所示。

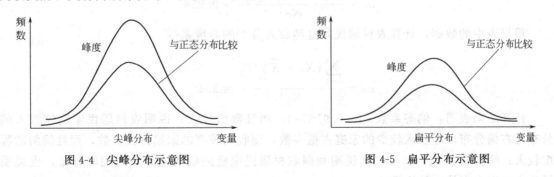

图 4-4 尖峰分布示意图　　图 4-5 扁平分布示意图

峰度系数是离差四次方的平均数再除以标准差的四次方,其计算公式为

$$a_4 = \frac{\sum_{i=1}^{K}(X_i - \overline{X})^4 F_i}{N\sigma^4} \tag{4-39}$$

式中,a_4 为峰度系数;σ^4 为标准差的四次方。

公式中将离差的四次方除以 σ^4 是为了将峰度系数转化成相对数。用峰度系数说明分布的尖峰和扁平程度,是通过与正态分布的峰度系数进行比较而言的。由于正态分布的峰度系

数为 3，当 $a_4 > 3$ 时为尖峰分布，当 $a_4 < 3$ 时为平峰分布。

【例 4.19】 已知 1997 年我国农村居民家庭按纯收入分组的有关数据如表 4-13 所示，试计算偏态系数和峰度系数。

表 4-13 1997 年农村居民家庭纯收入数据

按纯收入分组/元	户数比重/%
500 以下	2.28
500～1000	12.45
1000～1500	20.35
1500～2000	19.52
2000～2500	14.93
2500～3000	10.35
3000～3500	6.56
3500～4000	4.13
4000～4500	2.68
4500～5000	1.81
5000 以上	4.94

解：将表 4-13 中的数据，代入式（4-34），得

$$\overline{X} = \sum_{i=1}^{K} X_i \times \frac{F_i}{\sum_{i=1}^{K} F_i} = 2142.9 \text{（元）}$$

$$\sigma = \sqrt{\sum_{i=1}^{K} X_i \times \frac{F_i}{\sum_{i=1}^{K} F_i}} = 1208.9 \text{（元）}$$

将计算结果代入式（4-38）得

$$\alpha_3 = \frac{\sum_{i=1}^{K}(X_i - \overline{X})^3 F_i}{N\sigma^3} = 0.956$$

根据表中的数据，计算农村居民家庭纯收入分布的峰度系数

$$\alpha_4 = \frac{\sum_{i=1}^{K}(X_i - \overline{X})^4 F_i}{N\sigma^4} = 3.4$$

计算结果表明：偏态系数 $\alpha_3 = 0.956 > 0$，而且数值较大，说明农村居民家庭纯收入的分布为右偏分布，即收入较少的家庭占据多数，而收入较高的家庭则占少数，而且偏斜的程度较大；峰度系数 $\alpha_4 = 3.4 > 3$，说明我国农村居民家庭纯收入的分布为尖峰分布，也说明低收入家庭占有较大的比重。

本章小结

本章的主要是从三个方面对数据的定量特征进行测度和描述。一是反映各数据向其中心值靠拢或聚集程度的分布集中趋势测度值；二是反映各数据远离其中心值趋势的分布离散程

度的测度值；三是反映数据分布的偏态的峰度测度值。通过本章的学习，可以掌握从数值的角度对统计数据进行全面分析的方法，及各种不同测度值的计算方法和适用条件，为深刻认识客观现象提供定量化的分析方法。

思考与练习

一、思考题

1. 怎样理解算术平均数在统计学中的地位？
2. 简述众数、中位数和算术平均数的特点及应用场合。
3. 在什么情况下，比较两组数据的离散程度时，选用离散系数指标而非标准差指标？
4. 加权算术平均数受哪两个因素的影响？怎样理解权数对平均数数值的影响？
5. 对于一组原始数据，直接计算算术平均数和进行组距分组后再计算算术平均，其结果是否相同？为什么？
6. 加权算术平均数与加权调和平均数有何关系？如何选择应用？
7. 为什么说众数和中位数是位置平均数？两者有何异同。

二、单项选择题

1. 分配数列中各组变量增加为原来的 4 倍，每组次数都减少为原来的 1/4，则算术平均数（　　）。
   A. 不变　　　　　B. 为原来的 4 倍　　　C. 为原来的 1/4　　D. 无法确定
2. 加权算术平均数（　　）。
   A. 只受各组次数多少的影响　　　　　B. 只受各组变量值大小的影响
   C. 同时受以上两因素的影响　　　　　D. 无法判断
3. 众数是由变量数列中（　　）。
   A. 标志值大小决定的　　　　　　　　B. 极端数值决定的
   C. 标志值平均水平决定的　　　　　　D. 标志值出现次数多少决定的
4. 权数对算术平均数的影响大小，实质上取决于（　　）。
   A. 作为权数的各组单位数占总体单位数比重的大小
   B. 各组标志值占总体标志总量比重的大小
   C. 标志值本身的大小
   D. 标志值数量的多少
5. 分布离散程度的测度指标中，易受极端数值影响的是（　　）。
   A. 全距　　　　　B. 平均数　　　　　C. 标准差　　　　D. 标准差系数
6. 如果两个总体的平均数相等，则（　　）。
   A. 两个总体的平均数代表性相同　　　B. 标准差大的总体的平均数代表性大
   C. 标准差小的总体的平均数代表性大　D. 无法确定
7. 在变量数列中，如果变量值较大的一组权重较大，则计算的算术平均数的结果（　　）。
   A. 偏向于变量值较大的一方　　　　　B. 偏向于变量值较小的一方
   C. 不受权重大小的影响　　　　　　　D. 无法判断
8. 当所有变量值乘以 5 再减去 3，则新的算术平均数（　　）。
   A. 扩大为原来的 5 倍　　　　　　　　B. 减少 3
   C. 扩大为原来的 5 倍再减少 3　　　　D. 不变
9. 不受极端变量值影响的平均数是（　　）。
   A. 算术平均数　　　　　　　　　　　B. 几何平均数
   C. 调和平均数　　　　　　　　　　　D. 位置平均数

10. 已知某企业职工消费支出，年支出 5200 元人数最多，平均年支出为 5300 元，该企业职工消费支出分布属于（　　）。
   A. 左偏分布　　B. 右偏分布　　C. 正态分布　　D. U 型分布
11. 有甲、乙两个数列，若甲的全距比乙的全距大，则（　　）。
   A. 甲的标准差一定大于乙的标准差　　B. 甲的标准差一定小于乙的标准差
   C. 甲的标准差一定等于乙的标准差　　D. 全距与标准差并不存在上述关系
12. 对比两个计量单位不同的变量数列标志值的离散程度，应采用（　　）。
   A. 平均数　　B. 平均差　　C. 方差　　D. 标准差系数
13. 比较两组的工作成绩发现，$\bar{X}_甲 < \bar{X}_乙$，$\sigma_甲 > \sigma_乙$，则（　　）。
   A. 乙组的平均数的代表性高于甲组　　B. 甲组的平均数的代表性高于乙组
   C. 两组的平均数的代表性相同　　D. 无法判断
14. 下列不是由总体所有单位的标志值计算的平均数是（　　）。
   A. 算术平均数　　B. 调和平均数　　C. 众数　　D. 几何平均数

三、判断题

1. 众数是总体中出现最多的次数。　　　　　　　　　　　　　　　　　　　　　（　　）
2. 加权算术平均数的大小，只受总体各单位标志值大小的影响。　　　　　　　（　　）
3. 权数对平均数的影响作用取决于权数本身绝对值的大小。　　　　　　　　　（　　）
4. 对于两个算术平均数不等的数列，可直接通过标准差来比较其离散程度的大小。（　　）
5. 一般来说，离散程度的测度值越大，则平均指标的代表性就越大。　　　　　（　　）
6. 假定每一个标志值都缩小 1/3，则这个算术平均数比原平均数也缩小 1/3。　　（　　）
7. 中位数和众数都属于平均数，因此它们的数值大小会受到总体内各单位标志值大小的影响。（　　）
8. 中位数总是大于算术平均数的。　　　　　　　　　　　　　　　　　　　　（　　）
9. 如果甲组标志值的标准差系数小于乙组标志值的标准差系数，则说明甲组的平均数的代表性比乙组高。　　　　　　　　　　　　　　　　　　　　　　　　　　　　　　（　　）

四、计算题

1. 某企业工人按产量分组的资料如下表所示。

按日产量分组/件	工人数/人
35～45	14
45～55	26
55～65	30
65～75	18
75～85	12
合计	100

（1）计算该企业工人产量的众数、中位数和算术平均数。
（2）计算该企业工人产量的标准差和标准差系数。

2. 投资的收益一般是按复利的方式计算的，假设某笔资金连续投资了 10 年，若将这 10 年间的年收益率资料整理后，则如下表所示，用几何平均法求这笔资金的年平均收益率。

年利率/%	本利率/%	年数/频数
4	104	1
5	105	3
6	106	4
7	107	2
合计	—	10

3. 已知甲、乙两企业某个月里每天的产品产量资料如下表所示。

甲企业		乙企业	
日产量/件	天数/天	日产量/千克	天数/天
40～45	2	95～105	3
45～50	6	105～115	6
50～55	10	115～125	10
55～60	8	125～135	7
60～65	4	135～145	4
合计	30	合计	30

(1) 计算两个企业的平均日产量。
(2) 比较甲、乙两企业哪个的产量比较稳定。
4. 某企业生产某种产品，生产 500 件产品，其中不合格品为 25 件，试求平均合格率、标准差及标准差系数。

第 5 章　随机变量及其分布

[教学目标]

- 正确理解随机变量的概念。
- 掌握离散型随机变量及其概率分布；掌握 0-1 分布、几何分布，二项分布和泊松分布这 4 种分布。
- 掌握连续型随机变量及其概率分布函数和密度函数的概率。
- 掌握均匀分布、指数分布和正态分布、t 分布；尤其要熟练掌握正态分布的相关概念，并会查正态分布表。

[案例导读]

由于影响社会经济现象的因素复杂，造成了社会经济现象的不确定性，因此经营决策经常需要建立在对一些不确定性进行分析的基础上，例如：麦当劳快餐店各个时间段的客流量是多少？根据对客流量的估计来确定汉堡、薯条等原材料的配送和食品的制作；如果提高价格，销售额将减少的概率是多少？如果进入一个新市场，成功的概率是多少？如果增加一个新的投资项目，有较高收益率的概率是多少？解决不确定性现象的基础方法就是概率。

花旗银行（citibank）是花旗集团的一个分支机构，它提供的金融服务包括支票和储蓄账户、贷款和抵押、保险及投资服务。花旗银行在全世界有统一的标志、统一的产品和高水平的客户服务。花旗银行让顾客可以在任何时间、任何地点按照他选择的任何方式来管理自己的资金。不论是为未来存钱，还是为现在借钱，都可以在花旗银行得到相应的服务。

花旗银行业务中心（CBC）的自动提款机（ATM），让银行业务成为一种艺术的享受。客户在任何一个地方只需用一个指头便能瞬间完成银行业务。它不仅是一个现金提款机，而且每天 24 小时，每周 7 天，从存款到投资管理超过 150 种不同银行服务项目都可以轻松完成。目前，客户 80% 的交易是通过 ATM 自动提款机来完成的。

每一个花旗银行业务中心包括若干台自动提款机，向随机到达的顾客提供服务。这实际上是一个排队等待系统，如果遇到所有的 ATM 机都忙的话，那么新来的顾客只能排队等候。通过 CBC 容量的研究可以分析顾客等待时间，决定是否需要增加新的 ATM 机。花旗银行搜集的数据表明，随机到达的顾客服从泊松分布。利用泊松分布，花旗银行可以计算任何时间到达的顾客人数的概率，从而决定所需 ATM 机的数目。比如，设 x 代表 1 分钟内到达 CBC 的顾客人数。假定到达某一个 CBC 的顾客人数的平均值是每分钟 2 人，下面的表格显示在 1 分钟内的概率分布。

x/人	概　率
0	0.1553
1	0.2707
2	0.2707
3	0.1804
4	0.0902
⩾5	0.0527

经济管理领域充满了不确定性，概率论为解决这种不确定性提供了有效的方法，通过收集数据，研究现象的分布规律，并根据其概率分布来判断事物发生的可能性，继而做出合理的决策。概率论的一个重要任务是研究随机变量的概率分布。随机变量一般分为离散型随机变量和连续型随机变量。本章主要是介绍上述两种随机变量的概率分布的概念、性质、研究工具和常用的一些分布。

5.1　随机变量及其概率分布

5.1.1　随机变量

随机变量是试验结果的数值描述。实际上，随机变量就是将每一个可能出现的试验结果与一个数量值联系起来。随机变量的某一特定数量值依赖于试验结果，随机变量的取值可以分成两类：离散型随机变量和连续型随机变量。

5.1.2　随机变量的概率分布

随机变量的概率分布描述随机变量的概率取值是如何分布的。常用的随机变量有离散型随机变量和连续型随机变量两类。因而，常用的概率分布也有离散型概率分布和连续型概率分布两类。使用随机变量及其概率分布的最大好处在于，掌握了现象数量表现的概率分布，决策者确定各种不确定事件发生的概率就变得简单了。

5.1.2.1　离散型随机变量的概率分布

离散型概率分布由离散型随机变量 x 取值（$X=x$）和相应的概率 $P(X=x)$ 组成。这里 x 通过点数取得，其取值是离散的。与频数分布相似的是离散型概率分布也有累积分布的形式，记为 $P(X⩽x)$。

【例 5.1】 表 5-1 给出的是一家汽车销售公司每天汽车的销售量，数据显示在过去的 100 天的营业时间里，销售量为 0 的有 10 天，销售量为 1 的有 10 天，销售量为 2 的有 20 天，销售量为 3 的有 30 天，销售量为 4 的有 15 天，销售量为 5 的有 10 天，销售量为 6 的有 5 天。由于表中列出了所有可能的天销售量，从而对应的概率之和必然为 1。

表 5-1　汽车每天销售量的累积概率分布

汽车每天的销售数量	概率 $P(X=x)$	$P(X⩽x)$
0	0.10	0.10
1	0.10	0.20
2	0.20	0.40
3	0.30	0.70
4	0.15	0.85
5	0.10	0.95
6	0.05	1.00

每天销售数量的概率分布如图 5-1 所示，或者累计概率分布如图 5-2 所示在图中，横轴表示随机变量 x 的值，纵轴表示相应的概率。

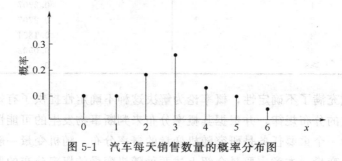

图 5-1　汽车每天销售数量的概率分布图

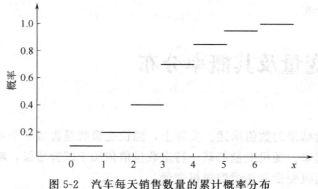

图 5-2　汽车每天销售数量的累计概率分布

5.1.2.2　连续型随机变量的概率分布

连续型随机变量经测量取得数值，这些数值密集于某一个数值区间，而任何一个区间都含有无穷多个数值，无法一一列出，所以要计算每一个随机变量取值的概率是不可能的。但是，可以列出连续型随机变量在某一给定区间范围内取值的概率。或列出随机变量取值小于某一值的累积概率。在实践中，虽然采集的数据是离散的，但是根据研究对象的数据特征，连续型的社会经济现象还是比较普遍，比如投资、消费、成本等商务和经济问题表现为连续型的随机变量。因此，连续型概率分布模型非常重要，为商务、经济管理应用提供了很好的工具。

相对于离散型概率分布图以直线高度表示概率，连续型概率分布则是以对应于一定区间的函数曲线下的面积来表示概率。对应某一给定区间，$f(x)$ 图形以下的面积给出了连续型随机变量在区间内取值时的概率。对应于一连续型随机变量的整个取值区间，函数曲线下的面积为 1，该区间之内的某段对应的函数曲线下的面积为大于 0 且小于 1 的一个数值。

【例 5.2】　为了理解连续型随机变量的概率分布，采集制作某大型企业 1000 女员工身高 x 的频率直方图来说明（见图 5-3）。

如果考察的女员工人数不断增加，数据分组时，组数越来越多，组距越来越小，那么频率将越来越稳定，频率直方图的上方也将越来越稳定于一条曲线 $f(x)$，称此曲线 $f(x)$ 为连续型随机变量 x 的概率密度函数（简称密度函数）。概率密度函数 $f(x)$ 具有下述两个性质：

① $f(x) \geqslant 0$，即概率密度曲线 $f(x)$ 位于 x 轴的上方；

② 随机变量 x 所有可能值的概率密度函数 $f(x)$ 覆盖的总面积等于 1，即曲线 $f(x)$

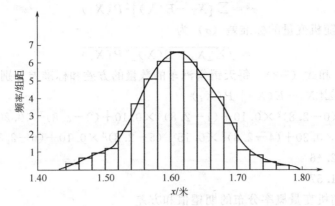

图 5-3　连续型随机变量的概率密度函数

与 x 轴之间的面积为 1。

在频率直方图中，x 在每一组内取值的频率为该组矩形的面积，在区间 $[a,b]$ 上取值的频率为该区间内包含的矩形面积之和。随着数据的无限增多，分组越来越细，x 在 $[a,b]$ 上取值的频率将逐步稳定于概率；$[a,b]$ 内包含的矩形面积，也将稳定于曲线 $f(x)$ 下面 a 与 b 两点之间的面积。由此可见，随机变量 x 落在区间 $[a,b]$ 上的概率 $P(a \leqslant x \leqslant b)$ 应等于曲线 $f(x)$ 下在 $x=a$ 和 $x=b$ 两点之间的面积 $\int_a^b f(x)\mathrm{d}x$。因此，概率密度函数 $f(x)$ 全面描述了连续型随机变量 x 的统计规律。x 在 a 和 b 之间的概率是

$$P(a \leqslant x \leqslant b) = \int_a^b f(x)\mathrm{d}x = F(b) - F(a)$$

对于连续型随机变量，小于和小于等于是等价的，因为 x 正好等于某一实数 c 的概率为 0，即

$$P(x=c) = \int_c^c f(x)\mathrm{d}x = 0$$

5.1.3　随机变量的期望值和方差

我们看到随机变量的概率分布是能够完整地描述随机变量的统计规律的。讨论随机变量概率分布的同时，抓住其概率分布中的某些关键的数字特征更有利于对事物的分析。如同频数分布有集中趋势（如均值）和离散趋势（如标准差）一样，概率分布也可以计算其集中趋势和离散趋势，其中期望值和方差是分别反映集中趋势和离散趋势的两个最重要特征数。

5.1.3.1　离散型随机变量概率分布的期望值和方差

由于随机变量表示的是出现不同的可能结果，所以其均值一般称为期望值。一个随机变量 X 的期望值是 X 的所有可能取值的加权算术平均数，其权数就是与 X 相应的概率 $P(X)$，记为 μ 或 $E(X)$，即有

$$\mu = E(X) = \sum X_i P(X_i) \tag{5-1}$$

【例 5.3】　以例 5.1 中每天汽车销售量的数据为资料，确定该汽车销售公司每天销售汽车的数量在 0~6 辆之间波动，求概率分布的期望值和方差。

解：　$\mu = E(X) = \sum X_i P(X_i)$

$\qquad = 0 \times 0.1 + 1 \times 0.1 \times 2 \times 0.2 + 3 \times 0.3 + 4 \times 0.15 + 5 \times 0.1 + 6 \times 0.05 = 2.8$

离散型随机变量的方差 $[\sigma^2$ 或 $D(X)]$ 定义为变量的每个可能取值与它们的均值的离差平方的加权平均数——权数为每个取值对应的概率，即有

$$\sigma^2 = \sum [X_i - E(X)]^2 P(X_i) \tag{5-2}$$

相应的离散型随机变量的标准差（σ）为

$$\sigma = \sqrt{\sum [X_i - E(X)]^2 P(X_i)} \tag{5-3}$$

根据式（5-2）和式（5-3），每天销售汽车的数量的方差和标准差分别为

$$\begin{aligned}\sigma^2 &= \sum [X_i - E(X)]^2 P(X_i) \\ &= (0-2.8)^2 \times 0.10 + (1-2.8)^2 \times 0.10 + (2-2.8)^2 \times 0.20 + (3-2.8)^2 \\ &\quad \times 0.30 + (4-2.8)^2 \times 0.15 + (5-2.8)^2 \times 0.10 + (6-2.8)^2 \times 0.05 \\ &= 2.46\end{aligned}$$

$$\sigma = 1.57$$

5.1.3.2 连续型随机变量概率分布的期望值和方差

设 X 是连续型随机变量，其概率密度函数为 $f(X)$，且 X 的取值区域为 $[a, b]$，即 $a \leqslant X \leqslant b$，则其期望值为

$$E(X) = \int_a^b X f(X) \mathrm{d}X \tag{5-4}$$

连续型随机变量的方差为

$$\sigma^2 = E(X^2) - [E(X)]^2 \tag{5-5}$$

> **想一想**
>
> 以下现象的变量是离散型随机变量还是连续型随机变量？
> ① 在 1 小时内某地方航空公司售票处接到电话的次数。
> ② 飞机飞行的时间。

5.2 常见的离散型分布

5.2.1 两点分布

考虑一个试验，其结果只有两个并且是互斥的，将这两个结果记为"是"、"非"或者"成功"、"失败"。在经济管理领域有很多事物也是这样的表现，例如产品质量分为合格还是不合格，消费者对某一商品的意向是愿买还是不愿买。设 p 表示成功的概率，则失败的概率为 $1-p$。我们也可将属性用数字代码表现，以"1"代表"成功"或"是"，以"0"代表"失败"或"非"，所以两点分布又可称为 0-1 分布。这种类型的试验称为贝努利试验，这种分布也叫贝努利分布，如表 5-2 所示。

表 5-2 0-1 分布的概率

X	0	1
$P(X)$	$1-p$	p

其中

$$P(X=1) = p \quad (0 < p < 1)$$
$$P(X=0) = 1-p = q \quad (p+q=1)$$

贝努利分布的期望值和方差为

$$E(X) = \sum X_i P_i = 0 \times q + 1 \times p = p \tag{5-6}$$

又因为

$$EX^2 = \sum X_i^2 P_i = 0^2 \times q + 1^2 \times p = p$$

方差为
$$D(X) = EX^2 - (EX)^2 = p - p^2 = p(1-p) = pq \tag{5-7}$$

【例 5.4】 某电话保险公司保险经纪人朱丽认为，接电话的客户同意买一份保险合同的概率为 0.4。如果将随机变量定义为 X，当合同销售成功时 X 取 1，否则 X 取 0，则 X 是成功概率为 $p=0.4$ 的伯努利分布。求该分布的均值和方差。

解：由题意知 $P(X=0)=0.6$，$P(X=1)=0.4$。

其概率分布如表 5-3 所示。

表 5-3 销售的分布概率

X	0	1
P	0.6	0.4

则有均值为 $p=0.4$；方差 $\sigma^2 = 0.4 \times 0.6 = 0.24$。

5.2.2 二项分布

从两点分布出发，在相同条件下进行一系列其结果分为"成功"或"失败"的独立试验，即进行 n 重贝努利试验，所出现的"成功"的次数是一个不能事先确定的随机变量。这种试验"成功"次数的概率分布称为二项分布，记为 $X \sim B(n, p)$。二项分布是一种常用的离散型概率分布，它有如下 4 个基本性质：

① 试验由 n 个完全相同的试验组成，n 表示试验次数；

② 每一试验有两种互斥的可能结果，通常把一个称为"成功"，另一个称为"失败"；

③ 每次试验结果为"成功"的概率 p 都相等，结果为"失败"的概率 $(1-p)$ 也相等；

④ 各个试验是相互独立的。

二项分布的"成功"次数为 k 的概率即二项分布随机变量 $X=k$ 的概率分布函数是：

$$P(X=k) = C_n^k p^k q^{n-k} \quad (k=0,1,2,3,\cdots,n) \tag{5-8}$$

这里 C_n^k 是在 n 次试验中成功次数的组合数，其公式为

$$C_n^k = \frac{n(n-1)\cdots(n-k+1)}{k(k-1)\cdots 1} = \frac{n!}{(n-k)!\, k!} \tag{5-9}$$

例如，连续 3 次抛掷一枚均匀的硬币，出现正面 2 次的组合数是 C_3^2，即正正反、正反正、反正正。

二项分布中含有两个参数 n，p，当它们的值已知时，便可计算出分布列中的各概率值。参数为 n，p 的二项分布记作 $B(n, p)$。二项分布的图形由参数 n 与 p 确定如图 5-4 所示。

当 $p=0.5$ 时，对任意的 n，二项分布呈对称形状；当 $p<0.5$ 时，分布呈正偏斜，众数出现在分布中心的左侧；当 $p>0.5$ 时，分布呈负偏斜，众数出现在分布中心的右侧。p 越接近于 0.5，分布越趋于对称。n 越大，分布也越趋向于对称，当 n 无限增大时，二项分布趋向于正态分布。关于正态分布将在后文予以介绍。

二项分布的数学期望和方差分别为

$$\mu = E(X) = np \tag{5-10}$$
$$\sigma^2 = npq \tag{5-11}$$

$\mu = np$ 表示能"期望"从 n 重贝努利试验中观察到 np 次成功。

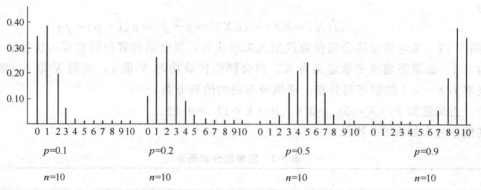

图 5-4　二项分布的图形

【例 5.5】 玛丽是一家外贸公司的营销员，在一次广交会上，有 6 家公司向她了解了公司的产品，并初步表示有购买意向，玛丽认为最后能确定购买并签订单合同的概率为 0.3，试求：

(1) 恰有 4 家订单成交的概率；
(2) 成交数不超过一半的概率；
(3) 至少有一家成交的概率。

解：

(1) $P(X=4)=\begin{bmatrix}6\\4\end{bmatrix}\times 0.3^4\times 0.7^2=0.0596$

(2) $P(X\leqslant 3)=\sum P(x=i)$

$=\begin{bmatrix}6\\0\end{bmatrix}\times 0.3^0\times 0.7^6+\begin{bmatrix}6\\1\end{bmatrix}\times 0.3^1\times 0.7^5+\begin{bmatrix}6\\2\end{bmatrix}\times 0.3^2\times 0.7^4+\begin{bmatrix}6\\3\end{bmatrix}\times 0.3^3\times 0.7^3$

$=0.9295$

(3) $P(X\geqslant 1)=1-P(X=0)=1-\begin{bmatrix}6\\0\end{bmatrix}\times 0.3^0\times 0.7^6=0.8824$

当 n 较大时，用二项分布的公式计算概率很麻烦，为此人们编制了二项分布数值表，查表即可得到所需的结果。设 $X\sim B(n,p)$，二项分布数值表给出了对各种不同的 n，p 和 x 值的 $P(X\leqslant x)$ 数值。

5.2.3　超几何分布

超几何分布和二项分布涉及同样的事情，与二项概率分布很相似，是在一个由 n 个试验结果构成的样本中出现的"成功"数目。这两种概率分布的主要区别在于：超几何分布中的各次试验不是独立的，各次试验中成功的概率不等。二项分布的样本数据是从有限总体中有放回抽取或从无限总体中无放回抽取的，而超几何分布的样本数据则是从有限总体中无放回抽取的。所以在超几何试验中，一次试验的结果受到前一次试验结果的影响。

一般地，在已知参数 n，N 和 M 的情况下，得到 k 个成功数的超几何分布的概率分布为

$$P(X=k)=\frac{C_M^k C_{N-M}^{n-k}}{C_N^n}\quad (k=0,1,2,\cdots,l) \tag{5-12}$$

式中，n 为样本容量；N 为总体容量；M 为总体中的成功数；$l=\min(M,n)$。

超几何分布的数学期望和方差分别为

$$\mu = np$$

$$\sigma^2 = np(1-p)\left(\frac{N-n}{N-1}\right)$$

式中，p 为成功的比例；$\left(\frac{N-n}{N-1}\right)$ 是有限总体校正系数，校正从有限总体中不放回抽样产生的误差。

【例 5.6】 假设一个企业对于一个项目研发成立一个 8 人的攻关小组，这 8 人来自不同部门。这样的人在该企业中共有 30 个，其中 10 人在设计部门。如果小组成员是随机抽出的，那么其中将有 2 人来自设计部门的概率是多少？

解：在这里，符合条件的人共有 $N=30$，在设计部门有 $M=10$，现要抽选成立 $n=8$ 人小组。根据式 (5-12)，有

$$P(X=2) = \frac{C_{10}^2 C_{20}^6}{C_{30}^8} = \frac{\frac{10!}{2! \times 8!} \times \frac{20!}{6! \times 14!}}{\frac{30}{8! \times 22!}} = 0.298$$

即小组成员中将有 2 位来自设计部的概率为 0.298 或 29.8%。

这样计算很烦琐，尤其当 N 变大时。这时，用二项分布来近似计算超几何分布的各项概率，可以简化计算。因为当 N 很大、z 相对较小时，超几何分布近似于二项分布，即

$$\frac{C_M^k C_{N-M}^{n-k}}{C_N^n} \approx C_n^k p^k (1-p)^{n-k} \tag{5-13}$$

5.2.4 泊松分布

泊松分布是又一种常见的离散型概率分布。它是由法国数学家泊松（S. D. Poisson，1781—1840）在 1837 年提出的。现在这种分布在很多领域特别是在管理科学中得到了广泛的应用。它主要应用于估计某事件在特定的时间段或空间发生的次数。在很多经济或管理问题中，涉及每单位时间或每单位空间发生某种情况的随机事件出现的次数。例如，某公司售后服务热线打进电话的数量，高速公路上平均堵车的次数，物流公司每天发出运输车的数量等。与二项分布不同的是，这里出现的次数是指单位时间或空间内发生的情况，可用 $k=0,1,2,\cdots$ 来表示这种随机时间出现的次数。而二项分布变量则是在一定的试验次数中出现"成功"的次数。

如果单位时间或单位空间内某种事件出现的次数 X 能满足以下四个条件，则称此随机变量服从泊松分布，记为 $X \sim P(\lambda)$：

① 任何两个相等的间隔期内某一事件发生次数的概率相等；
② 事件在每一个子区间出现的次数不超过 1；
③ 某种事件在区间内发生的概率仅与区间的大小有关，而与区间所在的位置无关；
④ 不同区间内某种事件的发生次数在统计上是独立的。

为了更好理解泊松分布，现举例如下：假设对在上午 10 点至 11 点的时间内通过某一收费站的车辆数进行观察。在连续 1 小时内的某一时点，任一辆车的来到都是一个离散事件。1 小时的平均通过数为 180 辆。如果把 1 小时的区间细分为 3600 个连续的 1 秒区间，那

么有：

① 任意 1 秒区间内车辆通过的期望（或平均）数为 0.05。

② 任意 1 秒区间内车辆通过数大于 1 的概率接近于 0。

③ 任意 1 秒区间内，1 辆车的到达并不对其他车在其他 1 秒区间内的到达产生影响（也就是统计独立）。

泊松分布有一个参数，记作 λ，它代表每计数单位中"成功"的平均数或期望值。泊松分布的方差也等于 λ。泊松随机变量的成功数 k 的取值范围从 0 到无穷大。

泊松分布的概率分布为

$$P(X=k)=\frac{\lambda^k}{k!}e^{-\lambda} \quad (k=0,1,2,\cdots) \tag{5-14}$$

式中，λ 为成功的预期数；e=2.71828，为自然对数的底；k 为每单位区间的成功数。

泊松分布的均值和方差分别为

$$\mu=E(X)=\lambda$$

$$\sigma^2=E[(X-\mu)^2]=\lambda$$

【例 5.7】 某大学网络中心主管报告在过去的 100 天里，网络系统出现了 3 次故障。那么，在给定的某天没有故障发生的概率是多少？在给定的某天至少发生 1 处故障的概率是多少？

解：一个网络系统由许多组件构成，其中某一处出现问题都会导致网络故障，利用泊松分布来计算故障发生的概率，前提是假设数百万组件发生故障的概率是相同的，同时还假设每一次故障的发生是独立的。因此，我们知道 $\lambda=3/100=0.03$。

在给定的某天没有故障发生的概率是

$$P(X=0)=\frac{e^{-0.03}(0.03)^0}{0!}=0.970446$$

至少发生 1 处故障的概率与发生 0 处故障的概率是互补的，即

$$P(X\geqslant 1)=1-P(X=0)=1-0.970446=0.029554$$

泊松分布在排队问题中特别有用，比如超市结账处的顾客数量，火车站售票窗口排队的人数等，都可以用泊松分布来描述。

在 $\lambda=np$ 恒定的情况下，当 n 趋向无穷，同时 p 趋向于 0 时，二项分布趋向于泊松分布。这个结论表明，当 n 很大、p 很小时（通常为 $n\geqslant 20$，$p\leqslant 0.05$），有如下的近似公式：

$$C_n^k p^k q^{n-k}\approx \frac{\lambda^k e^{-\lambda}}{k!} \tag{5-15}$$

即可用泊松分布近似计算二项分布。

5.3 常见的连续型分布

5.3.1 均匀分布

均匀分布是最简单的连续型分布。若连续型随机变量 X 在有限区间 $[a,b]$ 内取值，且其概率密度为

$$f(X) = \begin{cases} \dfrac{1}{b-a} & a \leqslant X \leqslant b \\ 0 & x < a, x > b \end{cases} \quad (5\text{-}16)$$

则称 X 在 $[a, b]$ 上服从均匀分布，记为 $X \sim U[a, b]$。其相应的分布函数为

$$F(X) = \begin{cases} 0 & X < a \\ \dfrac{X-a}{b-a} & a < X \leqslant b \\ 1 & X > b \end{cases} \quad (5\text{-}17)$$

其图形如图 5-5 所示。

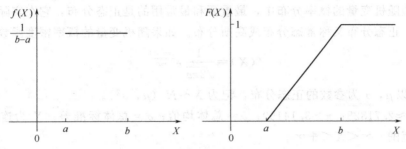

图 5-5　均匀分布的概率密度和分布函数图

落入区间 $[c, d]$ 的概率（其中 $a < c < d < b$）

$$P(c < x < d) = F(d) - F(c) = \dfrac{d-a}{b-a} - \dfrac{c-a}{b-a} = \dfrac{d-c}{b-a}$$

上式表明，X 取值于 $[a, b]$ 中任一区间的概率与该小区间的长度成正比，而与该小区间的具体位置无关，这就是均匀分布的概率意义。

在实际问题中，服从均匀分布的例子是很多的。例如，① 设通过某站的汽车 5 分钟一辆，那么乘客候车时间 X 是在 $[0, 5]$ 上服从均匀分布的随机变量。② 某电台每隔 30 分钟报时一次，则打开收音机在听到报时之前的等待时间，就是一个在 $[0, 30]$ 区间内服从均匀分布的随机变量。

均匀分布的期望值为

$$E(X) = \dfrac{1}{2}(a+b) \quad (5\text{-}18)$$

即其期望值恰好是区间 $[a, b]$ 的中点。

均匀分布的方差为

$$\sigma^2 = \dfrac{(b-a)^2}{12} \quad (5\text{-}19)$$

【例 5.8】　甲、乙两地间航班的飞行时间在 150 分钟到 180 分钟之间，所以可把飞行时间看成一个在这段时间内的连续型随机变量，且飞行时间在 150 分钟到 180 分钟区间内任何一分钟时段都具有同等的可能性。这样，航班的飞行时间 X 就服从下列的均匀分布：

$$f(X) = \begin{cases} 1/30 & 150 \leqslant X \leqslant 180 \\ 0 & \text{其他} \end{cases}$$

试问：(1) 甲、乙两地间航班的飞行时间的期望值和标准差是多少？
(2) 某一架航班从甲地飞往乙地所用时间在 160 分钟到 170 分钟之间的概率是多少？

解：(1) $E(X) = (150+180)/2 = 165$

$$\sigma = \sqrt{\frac{(180-150)^2}{12}} = 8.66$$

所以，甲、乙两地间航班的飞行时间的期望值是 165 分钟，标准差是 8.66。

(2) $P(160 \leqslant X \leqslant 170) = \int_{160}^{170} \left(\frac{1}{180-150}\right) dx = \frac{170-160}{180-150} = 0.33$

所以，某一架航班从甲地飞往乙地所用时间在 160 分钟到 170 分钟之间的概率是 0.33。

5.3.2 正态分布

5.3.2.1 正态分布的概念

在连续型随机变量的概率分布中，最重要和最常用的是正态分布，它在实际问题中有着广泛的应用。正态分布又称常态分布或高斯分布。如果随机变量的概率密度函数是：

$$f(X) = \frac{1}{\sqrt{2\pi}\sigma} e^{\frac{(x-\mu)^2}{2\sigma^2}} \tag{5-20}$$

则称 X 服从以 μ，σ 为参数的正态分布，记为 $X \sim N(\mu, \sigma^2)$。

式中，$e \approx 2.71828$；$\pi \approx 3.14159$；$\mu =$ 总体均值；$\sigma =$ 总体标准差；X 为连续型随机变量，其取值范围 $-\infty < X < +\infty$。

根据连续型随机变量数学期望和方差的定义，有：

$$E(X) = \mu$$
$$D(X) = \sigma^2$$

即正态分布概率密度函数中的两个参数 μ 和 σ^2 分别为数学期望和方差。正态分布由这两个数字特征所决定。正态分布概率密度函数的曲线称为正态曲线，见图 5-6。

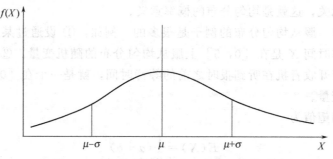

图 5-6 正态分布概率密度函数的正态曲线

正态分布在统计理论和实践中起着非常重要的作用。一般来说，当一个随机变量是由许多独立随机因素综合而成，且其中每一个随机因素在总和中的影响都不大，则这个随机变量服从正态分布。特别是由于和中心极限定理有关（这将在下节中讨论），正态分布提供了统计推断的理论基础，从而为在统计推断中估计和控制抽样误差提供了方法和手段。有些重要的离散型概率分布（如二项分布）也可以用正态分布求得概率的近似值。

5.3.2.2 正态曲线的特点

正态曲线具有以下特点。

① 正态曲线位于 X 轴的上方，以直线 $X = \mu$ 为对称轴，在 $X = \mu \pm \sigma$ 处有拐点。

② 在 $X = \mu$ 处，正态曲线处于最高点；当 X 从左右两侧远离 μ 时，曲线逐渐降低，当

$X \to \pm\infty$ 时以 X 轴为渐近线，形成中间高、两边低的对称的钟形状态，故又称钟形曲线。

③ 当 σ 相等而 μ 不等时，曲线的图形沿着 X 轴平行移动，形状不变，见图 5-7。

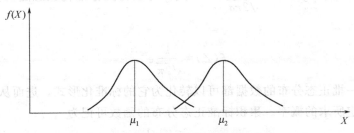

图 5-7　σ 相等而 μ 不等时的正态曲线

当 μ 相等而 σ 变小时，曲线变得狭高，即分布越集中于 μ 的附近；反之，σ 值增大时，曲线变得扁平，即分布越分散，见图 5-8。

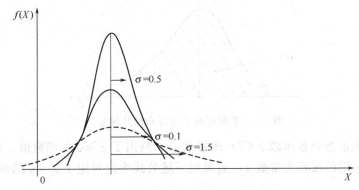

图 5-8　μ 相等而 σ 不等时的正态曲线

④ 正态曲线下的总面积等于 1。

5.3.2.3　正态分布的性质

正态分布的性质如下。

① 若 X 服从正态分布，则对任意的常数 a ($a \ne 0$)，b，有 $Z = aX + b$ 也服从正态分布。

② 若 X，Y 皆服从正态分布且相互独立，则对任意的常数 a，b (a，b 不全为 0)，有 $Z = aX + bY$ 也服从正态分布。

③ 若 X_1，X_2，…，X_n 皆服从正态分布，且相互独立，则对任意 n 个常数 a_1，a_2，…，a_n（不全为 0），有 $Z = a_1 X_1 + a_2 X_2 + \cdots + a_n X_n$ 也服从正态分布。

只要求出 Z 的数学期望 $E(Z)$ 和方差 $V(Z)$，就可以完全确定 Z 的分布。

5.3.2.4　标准正态分布

正态分布的概率计算很烦琐。为避免这种计算，可以编制一系列可以提供所求概率的表格。然而，参数 μ 和 σ 的组合是无限的，因此相应的表格数也是无限的。不过通过对数据标准化，只要编制一张标准正态分布表就可以了。因为利用公式，任何正态随机变量都可以被转化为标准化的随机变量 Z。

$$Z = \frac{X - \mu}{\sigma} \tag{5-21}$$

即 Z 值等于 X 与总体均值 μ 的差除以标准差 σ。

尽管随机变量 X 原有均值 μ、标准差 σ，经标准化后的随机变量 Z 的均值 $\mu = 1$，标准

差 $\sigma=1$。

将 $Z=\dfrac{X-\mu}{\sigma}$ 式代入 $f(X)=\dfrac{1}{\sqrt{2\pi}\sigma}e^{\frac{(x-\mu)^2}{2\sigma^2}}$ 式，可以得到标准化正态随机变量 Z 的概率密度函数是

$$f(Z)=\dfrac{1}{\sqrt{2\pi}}e^{-\frac{z^2}{2}}$$

据此，任何一批正态分布的数据都可以转化为它的标准化形式，进而从一个累积标准化正态分布表中确定所求的概率。累积标准正态分布的函数可记为

$$F(Z)=\int_{-\infty}^{z}\dfrac{1}{\sqrt{2\pi}}e^{\frac{t^2}{2}}$$

累积标准正态分布的几何意义见图 5-9。

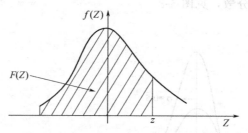

图 5-9　累积标准正态分布的几何意义

本书附有标准正态分布函数 $F(Z)$ 的数值表，列出了 $Z\geqslant 0$ 的函数值。由对称性，分布曲线与横轴所包围的面积为常数 1，故可用下述公式求出对应于 $Z<0$ 的函数值：

$$F(-Z)=1-F(Z)。$$

Z 轴上的任意两点 a，b（$a>b$）之间曲线下的面积为

$$\int_{a}^{b}\dfrac{1}{\sqrt{2\pi}}e^{\frac{z^2}{2}}\mathrm{d}z=F(b)-F(a)$$

【例 5.9】　"大学校园"是一家大学生网站。网站为吸引大学生，主页必须能迅速打开。由于主页设计和网络通畅程度不同，主页完全载入浏览器所用的时间（即主页下载时间）也不同。利用与 Web 服务器连接的家用电脑可以观察主页下载速度。以往的观察数据表明，该主页的平均下载时间为 7 秒，标准差 2 秒。大约 2/3 的下载时间在 5 秒至 9 秒之间，大约 95% 的下载时间在 3 秒至 11 秒之间。换句话说，主页下载时间的分布像一个钟形曲线，分布在均值 7 周围。试问：(1) 下载时间小于 9 秒的概率是多少？(2) 下载时间在 5 秒和 9 秒之间的概率是多少？

解：已知过去观察到的主页下载时间是正态分布，均值 $\mu=7$ 秒，标准差 $\sigma=2$ 秒。经过标准化转换，原始变量 X 的每个测量值都对应于一个标准化变量 Z 的测量值。这样耗时 9 秒的下载时间处在下载时间均值之上 1 个标准差的位置，因为

$$Z=\dfrac{9-7}{2}=+1$$

同时，耗时 1 秒的下载时间处在下载时间在均值之下 3 个标准差的位置上，因为

$$Z=\dfrac{1-7}{2}=-3$$

在这里，标准差成了测量单位。耗时 9 秒比平均下载时间 7 秒标准化慢 2 秒，相当于慢一个标准差；耗时 1 秒比平均下载时间快 6 秒相当于快 3 个标准差。

(1) 现在要知道该网站的主页下载时间小于 9 秒的概率。由于 9 高于均值一个标准差，故要确定下载时间小于 +1 个标准差的概率，即有 $P(X<9)=P(Z<1)$，查附表有 $P(Z<1)=0.8413$，可见，该主页下载时间小于 9 秒的概率为 84.13%。

(2) 从上一小题中已经确定下载时间小于 9 秒的概率是 0.8413。为求这里要知道的概率，必须先确定下载时间小于 5 秒的概率，然后将这一概率从 0.8413 中减去。因为：

$$Z=\frac{5-7}{2}=-1.00$$

即有
$$P(5<X<9)=P(-1<Z<1)=P(Z<1)-P(Z<-1)$$
$$=2P(Z<1)-1=2\times 0.8413-1=0.6826$$

即得到下载时间在 5 秒和 9 秒之间的概率为 0.6826。

这一结果十分重要，它可以推及一般情形，即对于任何的正态分布，若从中随机抽取一个单位，则被抽中单位将落在均值上下一个标准差范围之内的概率都是 0.6826。同理，被抽中单位落在均值上下两个标准差范围之内的概率为 95.45%，即主页下载时间有 95.45% 的可能性介于 3 秒到 11 秒之间；而被抽中单位落在均值上下三个标准差范围之内的概率为 99.73%，即主页下载时间有 99.73% 的可能性介于 1 秒到 13 秒之间。换言之，下载时间几乎不可能小于 1 秒或者大于 13 秒（或者说在 10000 次下载时间里只有 27 次）。这也就是为什么经常用 6σ（均值上下各三个标准差）来近似地表示正态分布数据范围的原因。

5.3.2.5　正态分布对二项分布的逼近

二项分布 $B(n,p)$ 当 n 很大，p 和 q 都不太小时，不能用泊松分布近似计算。当 p 越接近 0.5 或 n 越大，二项分布就趋向于正态分布。但 n 越大，概率的计算量就越大。在这种情况下，可用正态分布来帮助求二项分布的概率。通常是当以 np 和 nq 皆大于 5 时，就可以用正态分布来近似计算二项分布的概率。令 $\mu=np$，$\sigma^2=np(1-p)$，则服从二项分布的随机变量 X 就近似服从正态分布 $N(\mu,\sigma^2)$。

【例 5.10】　某空调厂估计其在前年生产销售的某种型号的空调机中已有 90% 需要主动上门保养维修。他们在下设的一些维修服务点随机抽查了 400 个维修记录，试问：

(1) 所售空调机需要上门保养维修数恰为 350 台的概率是多少？
(2) 所售空调机需要上门保养维修数不超过 350 台的概率是多少？

解：本例属于二项分布的问题，$p=0.90$，$n=400$。所以，上门保养维修数恰为 350 台的概率是

$$P(X=350)=C_{400}^{350}(0.9)^{350}(0.1)^{50}=0.0165$$

显然以上的计算过程是非常麻烦的，所以可考虑用正态分布来近似计算这个概率值。因为 $np=400\times 0.90=360$，$n(1-p)=400\times 0.10=40$，均大于 5，符合用正态分布来近似计算的条件。且 $\mu=np=360$，$\sigma^2=np(1-p)=400\times 0.90\times 0.10=36$，即随机变量 X 近似服从正态分布 N(360，62)。二项分布中 $P(X=350)$ 表示取值为 350 这个单一值的概率，然而在连续型的正态分布中取单一数值的概率为零。所以有必要将二项分布求概率的问题改变一下，使其成为求区间值的问题，即将 $P(X=350)$ 看成是求 $P(349.5\leqslant X\leqslant 350.5)$ 的概率，这种调整称为连续性校正。

这时，
$$P(349.5 \leqslant X \leqslant 350.5) = P\left(\frac{349.5-360}{6} \leqslant Z \leqslant \frac{350.5-360}{6}\right)$$
$$= P\left(\frac{350.5-360}{6}\right) - P\left(\frac{349.5-360}{6}\right)$$
$$= P(Z<-1.58) - P(Z<-1.75) = 0.017$$

计算结果与按二项分布公式计算的结果 0.0165 非常接近。

同样可求不超过 350 台的概率为
$$P(X \leqslant 350) = P(X \leqslant 350.5) = P\left(Z \leqslant \frac{350.5-360}{6}\right)$$
$$= P(-1.58) = 0.0571$$

5.3.3 X^2 分布

X^2（卡方）分布以及 t 分布和 F 分布都是从正态分布派生出来的，在统计学中占有重要的地位。

设随机变量 $x_1, x_2, \cdots, x_n$，皆服从 $N(0, 1)$，且相互独立，则随机变量 $\sum X_i^2$ 所服从的分布称为 X^2 分布，并记为 $X \sim X^2(n)$。其中，参数 n 称为自由度。自由度是指一个样本中各项随机变量的数值可以自由变动的项数。如样本有 n 个随机变量，每项数值都可以自由变动，则其自由度为 n；如 n 个随机变量的平均数已确定，则只有 $n-1$ 个随机变量的数量可以自由变动，而剩余的另一个随机变量的数值必然由该平均数与 $n-1$ 个随机变量的数值所决定，不能自由变动，则这时，z 个随机变量的自由度为 $n-1$。如一个样本中各项随机变量 $x_1, x_2, \cdots, x_n$ 之间存在着 k 个独立的线性约束条件时，则只有 $n-k$ 个自由度。上述 X^2 分布中的自由度为 n，表示 $\sum x$ 中独立随机变量的个数，也即平方和 $\sum X$ 中有 n 个随机变量项可以自由取值。X 的概率密度函数 $f(x)$ 曲线图形如图 5-10 所示。X^2 分布为不对称分布，一般为正偏分布，但随着其自由度 n 的增大，曲线逐渐趋向于对称，并趋于正态分布。

$X^2(n)$ 分布的数学期望 $\mu = n$，方差 $\sigma^2 = 2n$。

X^2 分布可用于方差估计与检验，以及非参数统计中拟合优度检验和独立性检验等。

5.3.4 t 分布

t 分布是由哥塞特（W. S. Gosset, 1876—1937）于 1908 年在一篇署名为"学生"的论文中首次提出的，因此又称为学生氏分布。

设随机变量 $X \sim N(0, 1)$，$Y \sim X^2(n)$，且 X 与 Y 相互独立，则随机变量 $T = \dfrac{X}{\sqrt{Y/n}}$ 的分布称为自由度为 n 的 t 分布，并记为 $T \sim t(n)$。

t 分布的曲线类似于标准正态分布的曲线，两者都是均值为零的对称的钟形曲线，取值范围也都在 $-\infty$ 与 $+\infty$ 之间。但是，t 分布的方差大于 1，与标准正态分布相比，t 分布的中心部分较低，两个尾部较高。自由度 n 越小，这些差别就越明显，随着自由度 n 的不断增大，t 分布越来越趋近于标准正态分布，并以其为极限。标准正态分布与 t 分布的比较见图 5-11。

t 分布 $t(n)$ 的数学期望和方差分别为
$$\mu = 0$$
$$\sigma^2 = \frac{n}{n-2} \qquad (n>2)$$

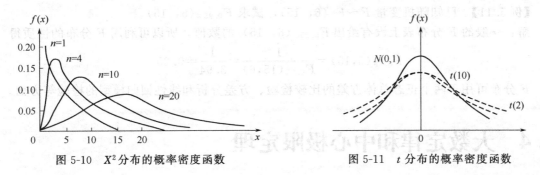

图 5-10 X^2 分布的概率密度函数　　　　图 5-11 t 分布的概率密度函数

t 分布可用于总体方差未知时正态总体均值的估计与检验，以及线性回归模型中回归系数的显著性检验等。

5.3.5 F 分布

设随机变量 $X \sim x^2(n)$，$Y \sim x^2(m)$ 且 X 与 Y 相互独立，则随机变量 $F = \dfrac{X/n}{Y/m}$ 的分布称为自由度为 (n, m) 的 F 分布，并记为 $F \sim F(n, m)$。F 的概率密度函数 $f(x)$ 的曲线图形见图 5-12。F 分布一般为正偏分布。

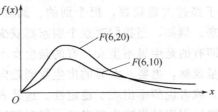

图 5-12　F 分布的概率密度函数

$F(n, m)$ 分布的数学期望和方差分别为

$$\mu = \frac{m}{m-2} \quad (m>2)$$

$$\sigma^2 = \frac{2m^2(n+m-2)}{n(m-2)^2(m-4)} \quad (m>4)$$

通常的 F 分布表只给出由右侧向左累加的概率，见图 5-13。α 是一个较小的正数，给定 α，可查得临界值 $F_\alpha(n, m)$。而 $F_{1-\alpha}(n, m)$ 不能直接查出，需用到 F 分布的一个重要性质，即

$$F_{1-\alpha}(n, m) = \frac{1}{F_\alpha(m, n)}$$

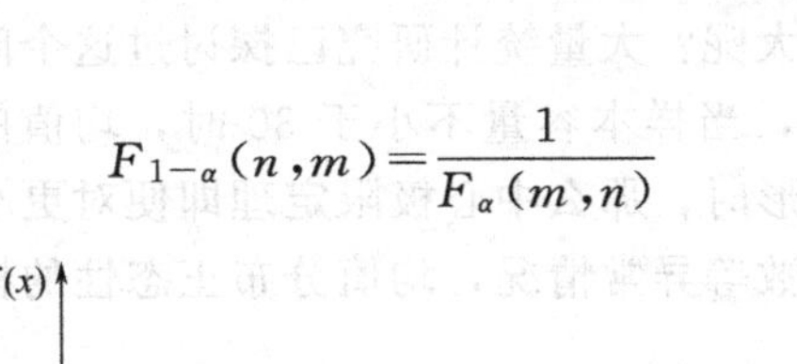

图 5-13　F 分布示意图

查 F 分布表得出 $F_\alpha(m, n)$，再计算其倒数即可求出 $F_{1-\alpha}(n, m)$。

【例 5.11】 已知随机变量 $F \sim F(6, 15)$，试求 $F_{0.95}(6, 15)$。

解：一般的 F 分布表上没有给出 $F_{0.95}(6, 15)$ 的数值，所以可利用 F 分布的性质得

$$F_{0.95}(6,15) = \frac{1}{F_{0.05}(15,6)} = \frac{1}{3.94} = 0.25$$

F 分布可用于两个正态总体方差的比较检验、方差分析和线性回归模型的检验等方面。

5.4　大数定律和中心极限定理

5.4.1　大数定律

我们知道，在同样条件下重复进行试验，随机事件发生的频率随着次数的增多而逐渐稳定并趋近于某个常数 P，这个 P 称为该随机事件的概率。可见频率的稳定性是定义概率的依据，至此，我们还没有在理论上对这种稳定性给以说明。此外，人们在科学实践中还认识到大量观测值的算术平均数也具有稳定性，即在相同条件下随着观察次数的增多，观测值的算术平均数逐渐稳定于某个常数。概率论中用来阐明大量随机现象平均结果的稳定性的一系列定理，统称为大数定律。

大数定律的本质意义在于经过大量观察，把个别的、偶然的差异性相互抵消，而必然的、集体的规律性便显示出来。例如，当我们观察个别家庭或少数家庭的婴儿出生时，生男生女的比例极为参差不齐，即有的是生男不生女，有的是生女不生男，有的是女多男少，有的是男多女少，然而经过大量观察，男婴、女婴的出生数则趋向均衡。也就是说，观察的次数愈多，离差的差距就愈小，或者说频率出现了稳定性。这就表明，同质的大量现象是具有规律的，尽管个别现象受偶然性因素的影响出现误差，但观察数量达到一定程度就呈现出规律性，这就是大数定律的作用。

5.4.2　中心极限定理

如果一个随机变量，它是由很多个相互独立的随机变量叠加而成，而其中每一个分量在总和中所起的作用都是不大的，那么作为总和的那个随机变量近似地服从正态分布，这就是中心极限定理的实际内容。

中心极限定理认为，不管总体的 X 服从何种分布形态，当样本容量 n（即每个样本中观察值的数目）增至足够大时，样本平均数的抽样分布都能够近似服从正态分布。这就是为什么正态分布在概率论中占有相当重要的位置的原因。

那么，多大的样本才够大呢？大量统计研究已探讨过这个问题。统计学家发现的一般规律是，对许多总体分布来说，当样本容量不小于 30 时，均值的抽样分布将会近似于正态。而若已知总体分布是接近钟形时，那么中心极限定理即便对更小的样本也成立。对于总体分布比较偏斜或有不止一个众数等异常情况，均值分布正态性的样本规模一定要大于 30。

5.5　Excel 应用

利用 Excel 的统计函数进行概率运算。

5.5.1　Excel 的统计函数

Excel 的粘贴函数 "fx" 中存有许多函数可以调用，其中的统计函数可以使复杂的统计

计算变得非常简单，这些统计函数除了能够单独运用于某一种特定的统计计算外，还可以通过各种运算符号把多个统计函数连接起来并粘贴到 Excel 工作表中编制成统计分析的程序，用于运算规模比较大、内容比较复杂的统计计算和分析。

5.5.2 二项分布概率的计算和图示

二项分布是离散型分布中的最重要的分布之一，有广泛的应用意义。但是，根据二项分布的概率计算公式进行概率的计算非常麻烦。我们可以应用一元二项分布函数在计算机的 Excel 文档里建立二项分布的概率表，方便日常的计算需要。下面以【例 5.5】的资料来说明二项分布概率表的建立及其具体操作方法。

① 打开 Excel 新工作簿，在工作表中设置二项分布概率表的构架（见图 5-14）。

	A	B	C	D	E	F
1						
2	x	P(X=k)	P(X<=k)	P(X<k)	P(X>k)	P(X>=k)
3	0					
4	1					
5	2					
6	3					
7	4					
8	5					
9	6					

图 5-14　设置二项分布概率表的构架

② 把光标点定在 B2 单元格中，然后点击"fx"函数调用按钮，在粘贴函数菜单的函数分类中选中"统计"，调用"BINOMDIST"（返回一元二项分布函数），点击"确定"，出现 BINOMDIST 函数公式菜单（见图 5-15）。

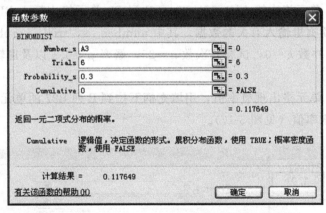

图 5-15　返回一元二项分布概率的对话框

在菜单的选项框里按照已知条件输入有关的数据。其中 number_s，trials，probability_s，cumulative 分别为关心事件数，试验总次数 k，概率 P 以及逻辑值 TRUE（累积函数）、FAISE（密度函数）。因为 A3 单元格是 $k=0$ 的密度函数，所以依次输入 A3，6，0.3，0（0 代表密度函数）。输入完成可以点击"确定"（见图 5-16），则在 B3 单元格中显示出 0.117649 的概率值。用填充柄可以在 B 列的 $k=1，2，3，\cdots$ 的其余单元格中显示出该二项分布的密度函数概率值。

③ 采用以上相同的方法在 C 列可以建立该二项分布 $x \leqslant k$（$k=0，1，2，\cdots$）的累积分

	A	B	C	D	E	F
1						
2	x	P(X=k)	P(X<=k)	P(X<k)	P(X>k)	P(X>=k)
3	0	0.117649	0.117649	0	0.882351	1
4	1	0.302526	0.420175	0.117649	0.579825	0.882351
5	2	0.324135	0.74431	0.420175	0.25569	0.579825
6	3	0.18522	0.92953	0.74431	0.07047	0.25569
7	4	0.059535	0.989065	0.92953	0.010935	0.07047
8	5	0.010206	0.999271	0.989065	0.000729	0.010935
9	6	0.000729	1	0.999271	0	0.000729

图 5-16 二项分布概率表计算结果

布概率值。不同的是逻辑值应选择 TRUE（1 代表累积函数）。

④ 在 D 列的 D3 单元格中输入"＝C3－B3"，得到 $x<k$（$k=0$，1，2，…）的概率值。在 E 列的 E3 单元格中输入"＝1－C3"，就可以得到 $x>k$（$k=0$，1，2，…）的概率值。在 F 列的 F3 单元格中输入"＝1－C3＋B3"，就可以得到 $x\leqslant k$（$k=0$，1，2，…）的概率值。

⑤ 至此，我们已经建立了二项分布的概率表，通过该表格就能进行二项分布概率的计算（见图 5-16）。

5.5.3 二项分布概率密度曲线的制作

为了比较清楚地观察二项分布的分布特征，我们可以用 Excel 的图表向导制作二项分布的分布曲线图，甚至还能够设置调整按钮通过样本容量 n 和特征值 P 的变化来分析研究二项分布和正态分布的关系。其具体操作方法如下。

① 打开 Excel 新工作簿，在工作表的 A 列输入关心事件出现次数 k 的 0～25 的数据，在工作表的 B 列 B1 单元格中输入 $P(X=k)$，B 列 B2 单元格中插入 BINOMDIST 函数公式，在函数公式选项框里输入有关的数据。其中 number_s, trials, probability_s, cumulative 分别为关心事件数 $k=0$，试验总次数 $n=25$，概率 $p=0.1$ 以及逻辑值 FALSE（密度函数）。

② 确定后，B2 单元格出现概率值，用填充柄下拉到 B 列 B27 的单元格，在 B 列出现完整的一组二项分布概率值（见图 5-17）。

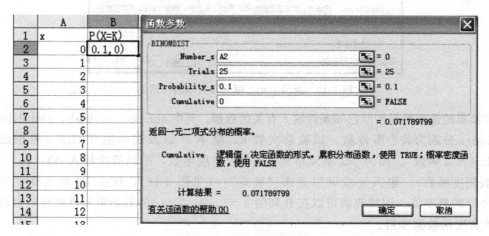

图 5-17 二项分布概率值

③ 选择二项分布的全部概率值，注意不要包括第一行的标志名称。

④ 点击工具栏的图表向导，在弹出的选项框标准类型中选择"折线图"（见图 5-18），在子图表类型的图案中选择不带点子的折线图案，按"确定"后，按照对话提示继续下去，最后点击完成，就能得到二项分布概率密度曲线图（见图 5-19）。

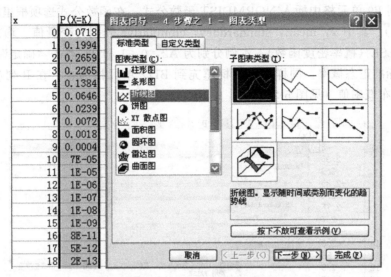

图 5-18　选择图表的折线图

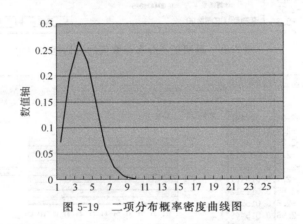

图 5-19　二项分布概率密度曲线图

⑤ 按照需要对二项分布概率密度曲线图进行格式化，修改后的二项分布概率密度曲线图还可以复制到其他的 Excel 工作表中，也可以复制到有关的 WORD 文件中去。

5.5.4　正态分布概率的计算和图示

我们可以应用正态分布 NORMDIST 函数在计算机的 Excel 文档里建立标准正态分布的概率表，方便日常的计算需要。下面举例说明标准正态分布概率表的建立及其具体操作方法。

Excel 的正态分布 NORMDIST 函数的语法为：NORMDIST（x，mean，standard dev，cumulative）。

① 打开 Excel 新工作簿，在工作表中设置正态分布概率表的构架。在工作表 A1 与 B1 单元格中分别输入标志 x 和 $P(x)$。

② 首先要在 A 列中输入服从标准正态分布的 x 值，通常采用比平均值低 3 倍标准差的

数量作为初始量,其每个变量之间的间隔增量可以设计为标准差的 5%。比如,要用均值为 0 和标准差为 1 来做一张正态分布曲线图表,应从 X1＝(0－3×1＝－3)开始,增量为 0.05(＝5%×1)。因此,在 A2 单元格中输入－3,在 A3 单元格中输入－2.95,然后用填充柄填充到 A122 单元格为止。

③ 在 B 列 B9 单元格中插入 NORMDIST 函数公式,在函数公式选项框里输入有关的数据(见图 5-20)。其中 x,mean,standarddev,cumulative 分别为变量值、均值、标准差以及逻辑值 FALSE(概率密度函数)。本例分别为 A2,0,1 和 0。点击"确定",则可以得到 $x=-3$ 时的标准正态概率,同样用填充柄填充到 B122 单元格为止。在 B 列出现完整的一组标准正态分布概率值(见图 5-21)。

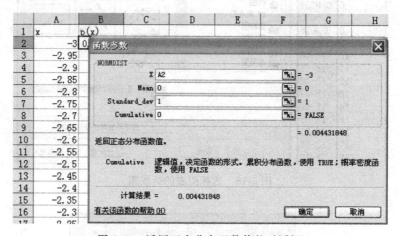

图 5-20　返回正态分布函数值的对话框

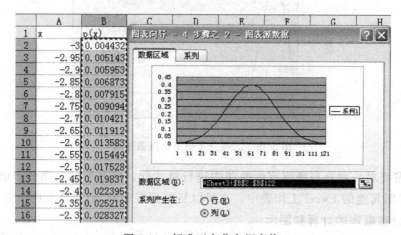

图 5-21　标准正态分布概率值

④ 选定标准正态分布的全部概率值,注意不要包括第一行的标志名称,然后通过工具栏的图表向导也可以得到标准正态分布的概率密度函数曲线图(见图 5-22)。

⑤ 按照需要也可以对标准正态分布概率密度函数曲线图进行格式化,修改后的标准正态分布概率密度函数曲线图还可以复制到其他的 Excel 工作表中,也可以复制到有关的 WORD 文件中去。

采用上述方法,根据 Excel 统计函数中的 POISSON 函数、TDIST 函数和 FDIST 函数分别可以制作泊松分布、学生氏 t 分布和 F 分布的分布概率表以及概率分布曲线图。这里不

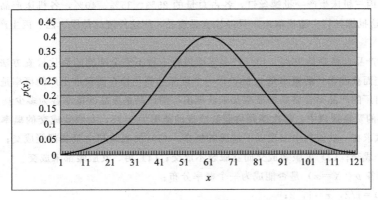

图 5-22 标准正态分布的概率密度函数曲线图

——作介绍了。

本章小结

本章学习了概率的基础知识，介绍了随机变量及其概率分布，说明了期望值、方差，以及一些重要的离散概率分布——二项分布、泊松分布和超几何分布的概念和应用。并介绍了正态分布等重要的连续分布。最后还介绍了大数定律和中心极限定理的基本思想，强调了正态分布在统计上的重要性。

思考与练习

1. 概率的三种主要涵义的区别是什么？
2. 事件互不相容与相互独立这两个概念有何不同？
3. 频率分布与概率分布有何区别和联系？
4. 超几何分布与二项分布有何区别和联系？
5. 试描述正态分布，说明它的主要特点。
6. 试用事件 A、B、C 表示下列事件：(1) 只有 A 发生；(2) 三个事件中至少有一个发生；(3) 三个事件都不发生；(4) 三个事件中恰好发生二个；(5) 三个事件中最多一个事件发生。
7. 某地新上市甲、乙、丙、丁四种股票。设事件 A 表示投资者"购买甲种股票"，B 表示"购买乙种股票"，C 表示"购买丙种股票"，D 表示"购买丁种股票"。试说明以下事件的含义：(1) AC；(2) A∪B；(3) Ā；(4) BC；(5) A∪B∪D。
8. 设某地有甲、乙两种杂志，该地成年人中有 20% 读甲杂志，16% 读乙杂志，8% 兼读甲和乙两种杂志。问成年人中百分之几至少读一种杂志？
9. 某一居民区有 500 户人家装有电话。某天晚上恰有 100 户家中无人，而在其余 400 户中，又有 120 户人家拒绝电话调查。如果随机地给这些家庭中的某一家打电话，试求出现以下几种情况的概率：(1) 电话打到无人的家庭；(2) 电话打到有人的家庭，但这家人却拒绝调查；(3) 电话打到可以接受调查的家庭。
10. 某射击小组共有 20 名射手，其中一级射手 4 人，二级射手 8 人，三级射手 7 人，四级射手 1 人，他们能通过选拔进入比赛的概率分别为 0.9、0.7、0.5、0.2，求任选一位射手能通过选拔进入比赛的概率。

11. 甲、乙、丙三机床生产一批螺丝钉，各占总量的 25%、35%、40%，各机床产品的废品率分别为 5%、4%、2%。这批螺丝钉中随机取出一只经检查是废品，问这件废品是甲、乙、丙生产的概率分别等于多少？

12. 某工厂的产品合格率是 96%。出厂产品需要进行一种不完全准确的简化检查方法，经试验知一个合格品经简化检查而获准出厂的概率是 0.98，而一个废品经简化检查而获准出厂的概率是 0.05。问用这种检查方法，获准出厂的产品是合格品的概率及未获准出厂的产品是废品的概率各为多少？

13. 出口服装的贸易谈判中，每次谈判男服装成交的概率为 0.35，女服装成交的概率为 0.50，两者为互相独立事件。试求在一次谈判中出现以下情况的概率：(1) 男服装和女服装都能成交；(2) 男、女服装两者中至少有一个成交；(3) 男服装成交而女服装不成交；(4) 男、女服装都未成交。

14. 判断下列各 $p(X=x)$ 是否能成为一个概率分布：

(1) $p(X=x)=1/2$, $x=1$, 2;

(2) $p(X=x)=1/3$, $x=1$, 2, 3;

(3) $p(X=x)=x/5$, $x=0$, 2, 3;

(4) $p(X=x)=(x-5)/10$, $x=0$, 5, 10, 15;

(5) $p(X=x)=x^2/10$, $x=-1$, 0, 3。

15. 某商店运来六台 25 英寸的彩色电视机，其中两台外壳有缺陷。一学校随机买了三台，设 X 是学校购买的电视机中外壳有缺陷的电视机数，试求：(1) X 的分布列；(2) $E(X)$。

16. 一张考卷中有 15 个单项选择题，每题有 4 个备选的答案，其中只有一个是正确答案。一考生随机地选择答案，试求：(1) 答对 5～10 题的概率；(2) 至少答对 9 题的概率；(3) 答对的期望数。

17. 某工厂生产的灯泡中有 2% 是次品。随机抽选 200 只灯泡，试求：(1) 至少有 5 只灯泡是次品的概率；(2) 平均的次品数。

18. 某城市一交叉路口每月平均发生 5 起交通事故。假定每月事故数服从泊松分布，在指定的一月内出现以下事故数的概率分别是多少：(1) 8 次或 8 次以上；(2) 不多于 2 次；(3) 在 3 次与 11 次之间（包括 3 次和 11 次）。

19. 某厂职工在一次操作测验中所得分数服从正态分布，平均值为 600，方差为 10000。试问：(1) 参加测验的职工中得分低于 300 者占多大比例？(2) 一职工参加这项测验，他的得分不低于 850 的概率是多大？(3) 得分在 450～700 之间的职工占多大比例？

第 6 章　参数估计与假设检验

[教学目标]

- 掌握点估计的方法。
- 掌握区间估计的方法。
- 掌握最基本的几种假设检验的方法。

[案例导读]

如果你毕业后在省消费者协会工作，工作中会遇到各种各样的消费者投诉，有新产品不合格的质疑、有缺斤少两的举报等，这些需要进行案件的调查。参数估计和假设检验就是解决这类问题的方法，是通过样本的参数去估计和推断总体情况，并检验其合理性。

南京消费者协会 2008 年第 XX 号案件调查结果

南京消费者协会 2008 年接到消费者投诉，某厂家生产的瓶装芝麻油分量不足，为此，南京消费者协会作了立案调查，对该厂生产被投诉的瓶装芝麻油，在市场上随机抽取了 25 瓶作为样本，包装上标明的净含量（净含量为 500mL）。25 瓶的抽样检测数据为（单位：mL）：498.1，497.1，496.1，502.2，503.4，499.1，500.0，503.3，503.1，502.5，502.3，501.0，495.9，496.2，498.5，496.2，498.5，497.2，498.7，499.7，499.5，496.6，503.7，501.5，496.5。做检测中得到 25 瓶芝麻油的平均净含量为 499.5mL，标准差为 2.63mL。根据统计数据对总体做一个推断和估计，并做差异显著性检验，结果表明：平均净含量 499.5mL 是由抽样误差造成的，没有充分的证据证明生产厂家的容量不足 500mL，即没有充分的证据证明厂家存在故意欺骗消费者的行为。

参数估计（parameter estimation）和假设检验（hypothesis testing）是统计学研究的重要方法，两者都是根据样本资料对总体的参数进行推断，参数估计是对总体参数给出估计量或估计区间来；假设检验是对提出的总体或总体参数的某一个陈述进行检验。

6.1　参数估计的概念

推断统计有两个作用：一是根据样本的信息推断总体的信息；二是根据过去的统计规律预测未来。这里主要是解决第一个问题，即探讨如何根据样本的信息推断总体的统计规律。参数估计是根据从总体中抽取的样本估计总体分布中包含的未知参数的方法，是推断统计的一种基本形式。常见的参数估计方法分为点估计（point estimate）和区间估计（interval estimate）。所谓点估计是以样本的某一函数值估计总体的未知参数；区间估计是用一个区间去估计总体的未知参数的所在范围,即把未知参数值估计在某两个界限之间。

> **想一想**
> ① 如果你在某市政府工作,负责全市流动人口调查,或者负责电视节目的收视率调查,那么你怎么样构思你的工作程序?
> ② 可以再次阅读提出的问题,开动脑筋想一想,并构思你的工作程序。

在现实中,调查人员很难获得关于调查对象全部的信息和资料,即使通过出动很大的人力、物力可以获得,也不够经济。现实中通常是从所要调查研究的对象全体中抽取一部分做观测或试验以获得部分调查对象的信息,如在全市各区中随机抽取若干个居民社区,调查流动人口,或调查收看电视节目的情况,然后通过样本对总体做推断,如果总体容量不大,且很容易就可以得到全部数据,则不需要做推断。由于是随机地抽取部分个体观测或者进行试验,依据有限的个体数据对总体做的推断不可能绝对准确,总是含有一定程度的不确定性,而不确定性用概率表示比较恰当。概率大,所做的推断就比较可靠;概率小,准确性就低。如何根据抽样的有限信息,对总体作推断,同时指出推断有多大可靠性是参数估计的基本问题。

6.1.1 点估计

点估计是什么?让我们回到前面所学过的概念:"所谓点估计是以样本的某一个函数值估计总体的未知参数"。点估计又称定值估计,是用样本的统计量直接估计和代表总体参数。例如,用样本平均数 $\bar{x}$ 直接估计总体平均数 $\bar{X}$,用样本成数 p 直接估计总体成数 P,用修正样本方差 S^2 直接估计总体方差 σ^2。

样本按照单位数的多少分为大样本和小样本,一般来说,样本数大于 30 ($n \geqslant 30$) 为大样本,样本数小于 30 ($n < 30$) 为小样本。对社会经济现象进行抽样调查时,多数采用大样本。从一个总体中可以抽取一个样本,也可以抽取多个样本。下面用例子说明总体、总体参数、估计量和估计值的关系(见表 6-1)。

表 6-1 总体、总体参数、估计量和估计值的关系

研究的总体	要估计的参数	用作估计量的样本统计量	估计值
全国的人口	去年的人均年消费水平	按 1% 的比例抽取人口,并调查其年的人均消费水平	人年均消费 5710 元
上海证券市场所有股票	平均市盈率	随机抽取 100 只股票,计算市盈率	市盈率 20 倍
某高校大学生	兼职比例	随机抽取 100 人,有兼职的学生比例	兼职学生比例为 41%

6.1.1.1 点估计的评价标准

用样本指标估计总体指标,我们总希望估计得好一些,那么应该满足以下几个要求。

(1) 无偏性 无偏性的直观意义是没有系统性误差。无偏性要求用样本指标估计总体指标时达到:抽样指标的平均数等于被估计的总体指标。我们回顾一下数理统计知识,可以得到证明:样本平均数的平均数等于总体平均数,即 $\tilde{\bar{x}} = \bar{X}$;样本成数的平均数等于总体成数,即 $\bar{p} = P$;所以多个样本平均数的平均数和样本成数的平均数是总体平均数和总体成数的无偏估计。

另外,根据数理统计知识还可以证明,样本方差 S^2 不是总体方差 σ^2 的无偏估计量,而样本修正方差 $S_{n-1}^2 = \dfrac{1}{n-1} \sum (x_i - \bar{x})^2$ 才是总体方差的无偏估计量。在样本含量不大时,应用 S_{n-1}^2 来估计 σ^2,这样更为准确,当 n 很大时,因为 $n-1 \approx N$,所以亦可用 S^2 来估计。

(2) 一致性　一致性要求用样本指标估计总体指标时要达到：当样本与未知的总量指标之间的绝对离差任意小时，可能性趋于实际必然性。数理统计证明样本平均数和样本成数都满足这个条件。

(3) 有效性　有效性要求样本指标估计总体指标时，作为估计量的方差比其他估计量的方差小。根据数理统计知识，已经证明了样本平均数更靠近总体平均数，平均说来它的离差比较小，同时样本成数也满足这个条件。

6.1.1.2　总体平均数及总体成数的点估计

用样本的平均数去直接估计总体平均数；用样本成数直接去估计总体成数。称谓总体平均数及总体成数的点估计。

【例 6.1】　如果你在中外合资的电子元件厂实习，正好该厂要对本月的一批某型号的 10 万只电子元件进行耐用性检查，并检测其合格率。你如何设计检测方案和结果报告？

检测方案：确定随机抽样的比例，该厂的惯例是千分之一，即需随机抽取 100 只元件。

检测耐用时数，得到以下数据：

889，1039，1045，1042，1055，1079，1085，1055，1079，1166，945，1029，1050，1035，1069，1075，1095，1060，1078，1149，939，1035，1039，1048，1065，1085，1085，1065，1099，1186，967，1048，1040，1045，1077，1095，1079，1070，1109，1179，987，1041，1045，1044，1085，1095，1075，1075，1108，1182，984，1049，1050，1047，1089，1065，1087，1085，1131，1175，993，1047，1021，1039，1095，1069，1075，1095，1144，1198，1020，1040，1033，1045，1091，1085，1085，1055，1147，1216，1033，1041，1046，1049，1069，1090，1095，1060，1139，1218，1046，1049，1049，1043，1075，1095，1075，1065，1143，1229

经计算样本平均数，可得

$$\bar{x} = 1072.75 \text{（小时）}$$

或者，可以采用频数分布表方法计算得出相应数据（见表 6-2）。

表 6-2　电子元件厂检测数据频数分布

耐用时数/小时	组中值/小时	元件数/个	耐用时数/小时	组中值/小时	元件数/个
900 以下	875	1	1100～1149	1125	9
900～949	925	2	1150～1199	1175	5
950～999	975	4	1200 以上	1225	3
1000～1049	1025	33	总计	—	100
1050～1099	1075	43			

经计算可得样本均值

$$\bar{x} = (875 \times 1 + 925 \times 2 + 975 \times 4 + \cdots)/100 = 1072.75 \text{（小时）}$$

根据大样本的统计值接近总体的概念，我们可以得出结论：本月某型号的电子元件平均耐用时数为 1072.75 小时。这就是总体平均数的点估计。工厂规定该型号的电子元件耐用时数达到 1000 小时以上为质量合格产品。从表 6-2 中我们得知 1000 小时以下的元件只有 7 只，即抽样合格率为 $P = 93 \div 100 \times 100\% = 93\%$ 所以可以认为该批元件的合格率为 93%，这就是总体成数的点估计。

又因为随机抽样的样本含量 $n = 100$，属于大样本，若要估计该批电子元件的标准差，则

$$S_{n-1} = \sqrt{\frac{\sum(x_i - \bar{x})^2}{n-1}}$$

$$= \sqrt{\frac{(889-1072.75)^2 + (1039-1072.75)^2 + \cdots + (1229-1072.75)^2}{100-1}}$$

$$= 56.08 \text{（小时）}$$

并且由于是大样本，所以总体标准差可以用样本标准差代替

$$\sigma = s = 56.08 \text{（小时）}$$

6.1.1.3 点估计的 Excel 计算

① 将数据输入工作表，在统计工具栏中选中"其他函数"，然后选择"STDEV"（见图 6-1）。

图 6-1 选择 STDEV

② 在数据输入区选框中，拖动鼠标选中 100 个数据（见图 6-2）。

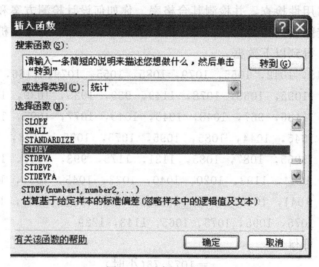

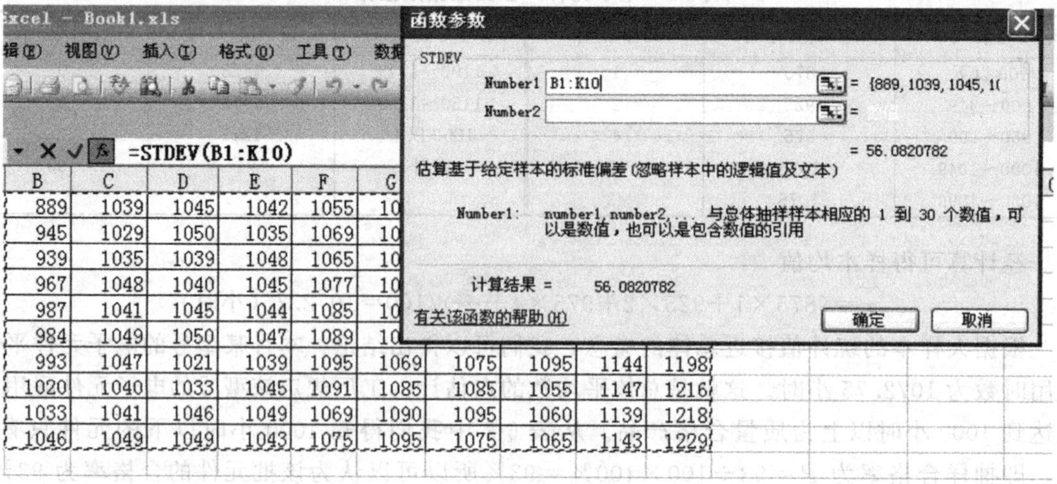

图 6-2 输入数据区域

③ 点击确定（见图 6-3），可以得到该批电子元件的标准差为 56.08 小时，这就是总体标准差的点估计。

B	C	D	E	F	G	H	I	J	K	L
889	1039	1045	1042	1055	1079	1085	1055	1079	1166	
945	1029	1050	1035	1069	1075	1095	1060	1078	1149	
939	1035	1039	1048	1065	1085	1085	1065	1099	1186	
967	1048	1040	1045	1077	1095	1079	1070	1109	1179	56.08208
987	1041	1045	1044	1085	1095	1075	1075	1108	1182	
984	1049	1050	1047	1089	1065	1087	1085	1131	1175	
993	1047	1021	1039	1095	1069	1075	1095	1144	1198	
1020	1040	1033	1045	1091	1085	1075	1055	1147	1216	
1033	1041	1046	1049	1069	1090	1095	1060	1139	1218	
1046	1049	1049	1043	1075	1095	1075	1065	1143	1229	

图 6-3　总体标准差计算结果截图

总体参数点估计方法的优点是简便、易行，所以常在实际工作中被采用，但也有不足之处，即这种估计没有表明被抽样估计的误差，更没有指出误差在一定范围内的概率保证程度是多大。要解决这个问题，就必须采用总体参数的区间估计方法。

6.1.2　区间估计

什么是区间估计？复习前面所学过的内容："区间估计是用一个区间去估计总体的未知参数的所在范围，即把未知参数值估计在某两个界限之间"。它是在一定的概率保证下，用样本统计量和抽样平均误差去推断总体参数的可能范围的估计方法。

例如，我们在抽取 200 名学生样本，调查学生平均月伙食消费水平时，得到样本的平均数为 650 元，在点估计中，我们可以讲该校学生平均月伙食费是 650 元，为了增加估计的把握性我们一般讲学生平均月伙食费在 650 左右，如果这"左右"的范围假设定在 50 元上下，也可以讲学生平均月伙食费在 600～700 元之间，这样描述就更加科学可靠了。

除此之外，区间估计还可以给出置信区间。置信区间是在用样本统计量估计总体参数时，用某一个区间范围的值作为总体参数的估计值，并说明总体参数落在这样一个区间的可能性（或称概率），我们称这一区间为置信区间；置信区间两端点的数值称为置信区间上限和置信区间下限；总体参数落在置信区间内的概率保证程度称为可靠程度。置信区间越小，说明估计的精度越高，但估计可靠性就越小；相反置信区间越大，估计可靠性就越大，但精度就越低。精度与置信度往往是相互矛盾的，要同时提高估计的置信水平和精度，就要增加样本的容量，一般情况下，在保证置信度的前提下，尽可能提高精确度。

6.1.2.1　总体均值的区间估计

（1）σ^2 已知时，总体均值的置信区间 $\left(\overline{x} - Z_{\alpha/2}\dfrac{\sigma}{\sqrt{n}},\ \overline{x} + Z_{\alpha/2}\dfrac{\sigma}{\sqrt{n}}\right)$；

（2）σ^2 未知时，总体均值的置信区间 $\left(\overline{x} - t_{\alpha/2}\dfrac{s_{n-1}}{\sqrt{n}},\ \overline{x} + t_{\alpha/2}\dfrac{s_{n-1}}{\sqrt{n}}\right)$。

【例 6.2】 让我们再用瓶装芝麻油案例来分析，从市场上随机抽取 25 瓶作为样本，测得其平均容量为 499.5mL，标准差为 2.63mL，试求该厂家生产的这种瓶装芝麻油的平均容量的置信水平为 99% 的置信区间（假定芝麻油的容量服从正态分布）。

解：以 X 表示瓶装芝麻油的平均容量，由已知可得，样本含量为 $n=25$，样本均值 $\overline{x}=499.5\text{mL}$，样本标准差为 $S=2.63$，置信水平为 $1-\alpha=0.99$。由于总体方差 σ^2 未知，此时考虑用样本方差 $s^2=\dfrac{\sum(x_i-\overline{X})^2}{n-1}$ 来代替 σ^2，即采用 $t=\dfrac{\overline{X}-\mu}{s/\sqrt{n}}$，查自由度为 $n-1=24$（双侧）的 t 分布表得分位数

$$t_{\frac{\alpha}{2}}(n-1)=t_{0.005}(24)=2.797$$

代入公式

$$\bar{x}-t_{\frac{\alpha}{2}}(n-1)\times\frac{s}{\sqrt{n}}, \qquad \bar{x}+t_{\frac{\alpha}{2}}(n-1)\times\frac{s}{\sqrt{n}}$$

可得

$$499.5-2.797\times\frac{2.63}{\sqrt{25}}=499.5-1.4712\approx498.03\,\mathrm{mL}$$

$$499.5+2.797\times\frac{2.63}{\sqrt{25}}=499.5+1.4712\approx500.97\,\mathrm{mL}$$

因为该芝麻油平均容量置信水平为 99% 的置信区间是（498.03, 500.97），由于该区间包含了 500mL，所以该厂家生产的瓶装芝麻油的容量符合其包装上的标准，不存在容量不足的欺骗消费者行为。

下面介绍区间估计的 Excel 应用。

① 将数据输入工作表；选择菜单"工具"→"数据分析"，打开"数据分析"对话框；选择"描述统计"，打开对话框（见图 6-4）。

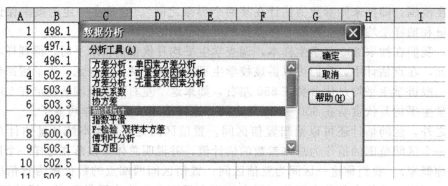

图 6-4 选择描述统计

② 点确定后，在数据输入区选框中，拖动鼠标选中数据，同时选择输出区域（C1）、平均数置信度（99%）（见图 6-5）。

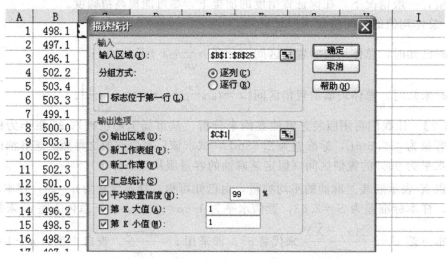

图 6-5 输入数据、输出区域、置信度

③ 选择确定，置信区间的计算是平均数（499.5）±置信度（1.471165）=（498.0288,

500.9712)（结果见图6-6）。

	A	B	C	D	E	F
1	1	498.1		列1		
2	2	497.1				
3	3	496.1	平均	499.5		
4	4	502.2	标准误差	0.525991		
5	5	503.4	中位数	499.1		
6	6	503.3	众数	497.1		
7	7	499.1	标准差	2.629956		
8	8	500.0	方差	6.916667	498.0288	500.9712
9	9	503.1	峰度	-1.38984		
10	10	502.5	偏度	0.237671		
11	11	502.3	区域	7.8		
12	12	501.0	最小值	495.9		
13	13	495.9	最大值	503.7		
14	14	496.1	求和	12487.5		
15	15	498.5	观测数	25		
16	16	498.2	最大(1)	503.7		
17	17	497.1	最小(1)	495.9		
18	18	497.2	置信度(99.0%)	1.471165		

图6-6 结果截图

上述讲的是样本均值与总体均值之间的区间估计，如果我们要比较超市各分店牛奶月销售的情况，可以将某市整个超市的月平均销售牛奶情况作为总体均值，将分店的月平均销售情况作为样本均值，进行比较，得出分店销售情况的好坏。

6.1.2.2 总体成数（比例）的大样本区间估计

总体比例（成数）的置信区间为 $\left(p-Z_{\alpha/2}\sqrt{\dfrac{p(1-p)}{n}},\ p+Z_{\alpha/2}\sqrt{\dfrac{p(1-p)}{n}}\right)$。根据样本比例的抽样分布定理，在大样本下，样本成数的分布趋近于均值为总体成数 P、方差为 $\dfrac{p(1-p)}{n}$ 的正态分布，$\dfrac{(p-P)}{\sqrt{p(1-p)/n}}$ 服从标准正态分布。因此，给定置信度（$1-\alpha$），查正态分布表得 $Z_{\alpha/2}$，样本比例的抽样极限误差为

$$Z_{\alpha/2}\sqrt{\dfrac{p(1-p)}{n}}$$

所以，总体成数 P 的置信度为 $1-\alpha$ 的置信区间为

$$\left(p-Z_{\alpha/2}\sqrt{\dfrac{p(1-p)}{n}},\ p+Z_{\alpha/2}\sqrt{\dfrac{p(1-p)}{n}}\right)$$

与总体成数相应的总量指标即总体某一部分单位总数 $N(P)$ 的置信区间则为

$$\left(N\left(p-Z_{\alpha/2}\sqrt{\dfrac{p(1-p)}{n}}\right),\ N\left(p+Z_{\alpha/2}\sqrt{\dfrac{p(1-p)}{n}}\right)\right)$$

【例6.3】 某工厂对一批产品的质量进行抽样检查，采用重复抽取样品200只，样本优质品率为85%，试计算当把握度为90%时优质品率的区间范围。

解：已知 $n=200$，$p=0.85$，$1-\alpha=0.90$，查正态分布表

$$Z_{\alpha/2}=Z_{0.95}=1.645$$

$$Z_{\alpha/2}\sqrt{\dfrac{p(1-p)}{n}}=1.645\times\sqrt{\dfrac{0.85\times0.15}{200}}=1.645\times0.0252=0.04145=4.15\%$$

总体优质品率 P 的置信度为90%的置信区间为

$$\left(p-Z_{\alpha/2}\sqrt{\dfrac{p(1-p)}{n}}=85\%-4.15\%=80.85\%,\ p+Z_{\alpha/2}\sqrt{\dfrac{p(1-p)}{n}}=85\%+4.15\%=89.15\%\right)$$

即总体优质品率的置信区间为（80.85%，89.15%）。

若这批产品共有 2000 只,则可进一步推算这批产品中优质品总数:

$$N\left(p - Z_{\alpha/2}\sqrt{\frac{p(1-p)}{n}}\right) = 2000 \times 80.85\% = 1617(只)$$

$$N\left(p + Z_{\alpha/2}\sqrt{\frac{p(1-p)}{n}}\right) = 2000 \times 89.15\% = 1783(只)$$

即 2000 只产品中优质品在 1617~1783 只之间,这一推断的可靠程度为 90%。

6.1.3 两正态总体均值之差的区间的估计

某些情况下,我们更加需要分析对比超市中某个商品两种品牌的销售情况,这就要进行两个正态总体均值之差的区间估计。

【例 6.4】 南京市某超市某日同时随机抽取了 7 家分店的 A 品牌盒装牛奶和 8 家分店的 B 品牌盒装牛奶的销售情况,具体数据如下:

A 品牌/个　64　93　32　62　65　56　52
B 品牌/个　63　72　92　61　40　52　49　58

求两种品牌牛奶的总体均值之差 95% 的置信区间。

解:假设 A 品牌牛奶、B 品牌牛奶的销售都服从正态分布,且得知两个品牌牛奶的总体方差相等,$\sigma_1^2 = \sigma_2^2 = \sigma^2$,则利用 Excel 计算,可得出(见图 6-7)

A 品牌奶样本含量(n)=7,B 品牌奶样本含量(m)=8

A 品牌奶样本平均值($\bar{x}$)=60.57(个),B 品牌奶样本平均值($\bar{y}$)=60.875(个)

A 品牌奶样本方差(s_1^2)=332.62,B 品牌奶样本方差(s_2^2)=251.55

	A	B	C	D	E	F	G	H
1	x	y						
2	64	63		列1			列1	
3	93	72						
4	32	92		平均	60.57143		平均	60.875
5	62	61		标准误差	6.893258		标准误差	5.607512
6	65	40		中位数	62		中位数	59.5
7	56	52		众数	#N/A		众数	#N/A
8	52	49		标准差	18.23785		标准差	15.86044
9		58		方差	332.619		方差	251.5536
10				峰度	2.102402		峰度	1.438682
11				偏度	0.391698		偏度	0.956992
12				区域	61		区域	52
13				最小值	32		最小值	40
14				最大值	93		最大值	92
15				求和	424		求和	487
16				观测数	7		观测数	8
17				最大(1)	93		最大(1)	92
18				最小(1)	32		最小(1)	40
19				置信度(95.0%)	16.86719		置信度(95.0%)	13.25966
20								
21				sp		t	x-y	
22				16.99907076		2.16	-0.303571429	
23								
24				19.0033667				
25								
26				-19.30693813			18.69979527	

图 6-7　A 品牌奶、B 品牌奶总体均值 Excel 计算表

由于两个品牌牛奶销量的正态总体方差相等,但 σ_1^2 和 σ_2^2 未知,而样本方差 s_1^2 和 s_2^2 分别是 σ_1^2 和 σ_2^2 的无偏估计,用公式

$$t = \frac{\bar{x} - \bar{y} - (\mu_1 - \mu_2)}{s_p\sqrt{\frac{1}{n} + \frac{1}{m}}} \tag{6-1}$$

来计算，式中

$$s_p = \sqrt{\frac{(n-1)s_1^2+(m-1)s_2^2}{n+m-2}}$$

两个正态总体均值之差 $\mu_1-\mu_2$ 的置信水平为 $1-\alpha$ 的（双侧）置信区间为

$$\left(\overline{x}-\overline{y}-t_{\frac{\alpha}{2}}(n+m-2)\times s_p\sqrt{\frac{1}{n}+\frac{1}{m}},\ \overline{x}-\overline{y}+t_{\frac{\alpha}{2}}(n+m-2)\times s_p\sqrt{\frac{1}{n}+\frac{1}{m}}\right)$$

$$s_p=\sqrt{\frac{(n-1)s_1^2+(m-1)s_2^2}{n+m-2}}=\sqrt{\frac{6\times 332.62+7\times 251.55}{7+8-2}}=16.999$$

查 t 分布表得

$$t_{0.025}(13)=2.16$$

$$\overline{x}-\overline{y}=-0.3$$

$$t_{\frac{\alpha}{2}}(n+m-2)\times s_p\sqrt{\frac{1}{n}+\frac{1}{m}}=2.16\times 16.999\times\sqrt{\frac{1}{7}+\frac{1}{8}}=19.0033667$$

$$\overline{x}-\overline{y}-19.0033667=(-0.3)-19.0033667=-19.30693813$$

$$\overline{x}-\overline{y}+19.0033667=(-0.3)+19.0033667=18.69979527$$

所以，$\mu_1-\mu_2$ 的置信区间是 $(-19.30693813,\ 18.69979527)$。

6.2 假设检验

假设检验是与参数估计同等重要的又一类统计推断问题，与参数估计的推断角度不同，假设检验就是先对总体参数值提出一个假设，然后利用样本资料信息，以一定的概率水平去判断这个假设是否成立。也就是说，做出假设后，利用样本计算出有关的检验统计量，再根据统计量抽样分布理论来判断样本资料对原假设是否有显著的支持性或排斥性，即在一定的概率下判断原假设是否合理，从而决定接受或否定原假设，所以，假设检验也称为显著性检验。

6.2.1 假设检验的原理简介

在概率知识中我们得知，必然事件的概率为 1，不可能事件的概率为 0，我们还常常把概率非常接近于 0 的小概率事件称为实际不可能事件。人们平时也总是这样去做出判断的。例如一个不会打篮球的人去投篮，让他投 100 次只投中 1 次，这样，他的投篮命中率只有 1%，也可以讲让他去投 1 次篮时，他能刚好投中的概率 $P=0.01$，是一个小概率事件，因此，当他投篮之前人们根据他投中的可能性很小就会判断："他投不进去"。假设检验所依据的原理是小概率原理：一般情况下，按照随机抽样的原则在一次试验中，小概率事件几乎是不会发生的，如果发生了，我们有理由怀疑原假设的真实性。

t 检验就是一种差异显著性检验，在总体方差 σ^2 未知，且样本含量小的情况下运用的，在进行检验之前，首先进行假设，假设两个样本，分别随机取自两个总体，而这两个总体的平均数、标准差都是相同的，或抽样样本来之于总体（如瓶装芝麻油在总体中抽样），这种假设称为检验的原假设。然后，对样本按公式计算一个统计量 t，并把算出的 t 值和 t 值表中的值进行比较，根据比较结果就可做出统计判断，如果算出的 t 值比查表得出的值大，就表示原假设成立的可能性很小，说明差异是抽样误差造成的概率很小，因此，应该认为两个总体是有差异的。如果算出的 t 值比查表得出的值小，就表示差异是抽样误差造成的概率很大,原假设应该成立。这就是 t 检验的基本思想。

6.2.2 总体均值的检验

样本 $x_1, x_2, \cdots, x_n$ 来自正态总体 $N(\mu, \sigma^2)$,其观察值为 $x_1, x_2, \cdots, x_n$,如果总体方差 σ^2 已知,可以用公式:$Z = \dfrac{\bar{x} - \mu_0}{\sigma/\sqrt{n}}$ 把具体的样本观察值代入公式,并给定显著水平 α,查标准正态分布表,即可得出检验结果,这里不作详细介绍。我们实际调查研究中,往往遇到最多的是不知道总体方差的情况,这时用 t 检验,其公式为

$$t = \frac{|\bar{x} - \mu_0|}{s_{\bar{x}}} \tag{6-2}$$

式中,$\bar{x}$ 为样本平均值,μ_0 为总体平均值,标准误差 $s_{\bar{x}} = \dfrac{s}{\sqrt{n}}$。

【例 6.5】 让我们再次回到瓶装芝麻油的例子来分析假设检验的基本原理。已知总体平均容量为 500mL(包装上标明);抽取样本 $n=25$;样本平均容量 $\bar{x}=499.5$mL;标准差 $S=2.63$mL。可否断定生产厂家有欺骗消费者行为(假定芝麻油容量服从正态分布)?

解: 提出原假设,总体平均容量为 500mL,即 $H_0 : \bar{X} = 500$,备择假设总体平均容量小于 500mL,即 $H_1 : \bar{X} < 500$。

分析: 样本平均容量 499.5mL,低于生产厂家标明的 500mL,其原因不外乎两种,一是抽样误差引起的(因随机抽样时,正好抽到较多瓶容量少的),如果样本平均数与总体平均数之差不大,未超出抽样误差的范围,则可以认为两者之差是抽样误差造成的,生产厂家不存在欺骗行为;二是由生产厂家有意识缺斤少两引起的,即生产厂家存在欺骗行为。

在本例中已知:平均数 $\bar{x} = 499.5$mL;标准差 $S=2.63$mL;样本含量 $n=25$。我们了解到,抽样误差范围是与置信水平相联系的,对于正态分布总体,若取置信水平为 99%,注意到实际的样本均值小于总体均值,因置信水平取 99%,所以 $(100-99)/100 = 0.01$;查 t 分布表单侧 0.01 自由度 $n-1=24$,得到 $t_{0.01} = 2.492$;

$$t = \frac{|\bar{x} - \bar{X}|}{S_{\bar{x}}} = \frac{|499.5 - 500|}{\frac{2.63}{\sqrt{25}}} = \frac{0.5}{0.526} = 0.9506$$

例 6.5 算出的 $t = 0.9506 < 2.492$,即小概率事件没有发生,所以,相同的概率大于 1%,$P > 0.01$,差异不显著。也就是说,对于一次抽样的结果,如果小概率事件发生了,即 $P < 0.01$,这是不合常理的,可认为原假设不成立,也就是讲整体的芝麻油容量小于 500mL。但对于例 6.5,由于这次抽样的结果 $\dfrac{|\bar{x} - \bar{X}|}{S_{\bar{x}}} = 0.9506 < t_{0.01} = 2.492$,小概率事件没有发生,即 $P > 0.01$,所以没有充分的理由认为总体平均数 $\bar{X} < 500$mL,故没有充分的证据证明生产厂家的容量不足 500mL,即没有充分的证据证明厂家存在故意欺骗消费者的行为。

> **想一想**
>
> 假定学校派你参加某县粮食局的一项调查水稻农药超标的任务,你接受任务后怎么做?开动脑筋,然后看看与下面的设计有什么不同,还有没有更好的设计?
>
> 工作步骤:
> ① 设定调查方案,抽查样品 >30 个,还是 <30 个;
> ② 配备工作人员、交通工具、检测仪器等;
> ③ 查阅国家有关规定,抽检试验,计算统计量;
> ④ 得出结论,写调查报告。

第 6 章 参数估计与假设检验

【例 6.6】 某县粮食局进行一项调查水稻农药超标的任务,假定抽取样本 8 个,测得其中六氯环己烷的平均值为 0.328mg/kg,标准差为 0.063mg/kg,样本服从正态分布。查国家卫生标准规定,粮食中六氯环己烷残留量 $\geqslant$ 0.3mg/kg,请你给出结论。

解:将测得统计量代入

$$t = \frac{|\bar{x} - \bar{X}|}{s/\sqrt{n}}$$

$$t = \frac{|\bar{x} - \bar{X}|}{s/\sqrt{n}} = \frac{0.328 - 0.3}{0.063/\sqrt{8}} = 1.2571$$

若取显著性水平 $\alpha = 0.05$,则由 $t(n-1)$ 分布表得到 $t(7)_{0.05} = 1.895$。

$t = 1.2571 < t$ 值表中 $t_{0.05} = 1.895$,即小概率事件没有发生,即 $P > 0.05$,概率大于 5%,不能拒绝原假设,也就是说我们没有足够的证据说明县里这批粮食中六氯环己烷残留量超标。

若抽样的样本含量增加到 18 个,按样本计算的平均数是 0.341mg/kg,标准差为 0.053mg/kg,样本同样服从正态分布,我们再看看结果会怎样?

$$t = \frac{|\bar{x} - \bar{X}|}{s/\sqrt{n}} = \frac{0.341 - 0.3}{0.053/\sqrt{18}} = 3.282$$

取显著性水平 $\alpha = 0.05$,则由 $t(n-1)$ 分布表得到 $t(17)_{0.05} = 1.740$。

$t = 3.282 > t$ 值表中 $t_{0.05} = 1.740$,即能拒绝原假设,小概率事件发生,即 $P < 0.05$,我们也就可以说明县里这批粮食中六氯环己烷残留量超标。

想一想

假如你的专业是管理学科,现在要做毕业论文,要对不同的改革措施进行研究,就必须比较各措施的结果,在科学研究中我们也常常遇到不同试验的结果分析比较,你会怎样去设计?

设计步骤简介:①查阅参考资料;②设计方案;③试验;④收集数据;⑤统计计算;⑥结果分析、结论与撰写论文。

这里我们用学校《高等数学》的教学方法改革为例,说明设计方案与两个正态总体均值之差的检验。

【例 6.7】 某高校为了提高《高等数学》学习成绩,在一年级进行了教学方法改革,步骤如下。

(1) 如全年级大面积的改革,如果出差错会造成很大损失,因此,方案设计时选择用一个教学班试点。

(2) 在土木专业的 125 人的教学班中,分成两个教学小组。一般分组方法有:①随机抽样分组;②按高考数学成绩分组;③按学号的单、双号分组。这里采用方法③进行分组,分别计算两组的高考成绩平均数,并作差异显著性检验,使两组均值相等或接近,无显著差异。

(3) 在同样的 160 学时中,试验组采用提高习题课比例的方法,另一组称为对照组,用原来的老方法。

(4) 结果:试验组 $n_1 = 60$ 人,对照组 $n_2 = 65$ 人,一学期后试验组考试平均成绩为 $\bar{x} = 89.6$ 分,方差为 $s_1^2 = 7.78$,对照组平均成绩为 $\bar{y} = 81.5$ 分,方为 $s_2^2 = 22.98$。问试验组与对照组的成绩有无显著差异($\alpha = 0.01$)?这就要学习对两个正态总体均值之差的检验,即样本 $x_1, x_2, \cdots, x_n$ 来自正态总体 N(μ_1, σ_1^2),$y_1, y_2, \cdots, y_n$ 来自正态总体 N(μ_2, σ_2^2)。

这里的总体不是指全年级学生的高等数学成绩，我们可以将两个小组看作是两个不同的总体，这里样本含量大于 30，考虑用 s^2 代替 σ^2，并采用 Z 检验

$$Z=\frac{\overline{x}-\overline{y}}{\sqrt{\dfrac{\sigma_1^2}{n_1}+\dfrac{\sigma_2^2}{n_2}}}=\frac{\overline{x}-\overline{y}}{\sqrt{\dfrac{s_1^2}{n_1}+\dfrac{s_2^2}{n_2}}} \tag{6-3}$$

代入数据，得

$$Z=\frac{\overline{x}-\overline{y}}{\sqrt{\dfrac{s_1^2}{n_1}+\dfrac{s_2^2}{n_2}}}=\frac{89.6-81.5}{\sqrt{\dfrac{7.78}{60}+\dfrac{22.98}{65}}}=11.65$$

下面介绍 Z 检验在 Excel 中的应用。选择工具栏中的“数据分析”、“描述统计”，计算出统计量，再求出 Z 值（见图 6-8）。

F20 =(D3-G3)/SQRT(D8/60+G8/65)

	A	B	C	D	E	F	G
1	90	80	列1			列2	
2	89.5	82.5					
3	90	86	平均	89.6		平均	81.5
4	92	78.5	标准误差	0.360046		标准误差	0.594648
5	90	89	中位数	89.5		中位数	81.5
6	94	88	众数	89		众数	86
7	86	85.5	标准差	2.788901		标准差	4.794202
8	78.5	89	方差	7.777966		方差	22.98438
9	89	89.5	峰度	3.357452		峰度	-0.62892
10	92	87.5	偏度	-0.81455		偏度	-0.17951
11	90	89	区域	17.5		区域	19.5
12	96	89.5	最小值	78.5		最小值	70
13	89	75.5	最大值	96		最大值	89.5
14	90.5	70	求和	5376		求和	5297.5
15	86.5	75	观测数	60		观测数	65
16	89	75	最大(1)	96		最大(1)	89.5
17	90.5	74.5	最小(1)	78.5		最小(1)	70
18	93.5	78	置信度(99.0%)	0.958354		置信度(99.0%)	1.578703
19	88.5	86					
20	91	85			Z=	11.65210094	

图 6-8 Z 检验在 Excel 中的计算

由标准正态分布表，得 $Z_{\alpha/2}=2.576$，计算出的 $Z=11.65>Z$ 值表中 2.576，即可以认为试验班的增加习题课比例的试验对考试成绩提高是非常有帮助的。

6.2.3 总体成数的检验

在大样本条件下，两个样本成数之差的抽样分布近似为正态分布，Z 近似服从标准正态分布，因此，两个总体成数之差的检验可采用 Z 检验

$$Z=\frac{p_1-p_2}{\sqrt{\dfrac{P(1-P)}{n_1}+\dfrac{P(1-P)}{n_2}}} \tag{6-4}$$

其中，联合概率估计值为 $P=\dfrac{n_1p_1+n_2p_2}{n_1+n_2}$，$p_1-p_2$ 标准差的估计值为 $\sqrt{\dfrac{P(1-P)}{n_1}+\dfrac{P(1-P)}{n_2}}$。

【例 6.8】 为了研究地势对小麦锈病发病率的影响，调查了低洼地麦田小麦 511 株，其中锈病株 462 株，还调查了高坡地麦田小麦 535 株，其中锈病株 423 株，若取显著性水平为 0.01，比较两块麦田小麦发病率是否有显著差异？

解：假设两块麦田锈病发病率无显著差异。

$$p_1=\frac{462}{511}=0.9041,\ p_2=\frac{423}{535}=0.7907$$

$$P = \frac{n_1 p_1 + n_2 p_2}{n_1 + n_2} = \frac{462 + 423}{511 + 535} = 0.8461$$

$$Z = \frac{p_1 - p_2}{\sqrt{\frac{P(1-P)}{n_1} + \frac{P(1-P)}{n_2}}} = \frac{0.9041 - 0.7907}{\sqrt{\frac{0.8461 \times 0.1539}{511} + \frac{0.8461 \times 0.1539}{535}}} = 5.0625$$

取 $\alpha = 0.01$，$Z_{0.005} = 2.576$，$Z = 5.0625 > Z_{0.005} = 2.576$，从而拒绝原无显著差异的假设，即认为两块麦田小麦锈病发病率有显著差异。

本章小结

　　点估计也称定值估计，它不考虑抽样误差，是直接以抽样得到的样本指标（平均数和成数）的实际值作为总体的指标（平均数和成数）的估计值的一种抽样估计方法。区间估计就是以一定的概率保证程度，估计出包含总体参数的一个区间，即根据样本指标和抽样平均误差估计总体指标的可能范围，它包括两个部分：一是可能范围的大小；二是总体指标落在这个可能范围内的概率。它能表明估计结果的精确程度和估计结果的置信水平，两者往往是相互矛盾的，若要加大置信水平（置信区间），就会降低精度；若精度要提高，则置信水平（置信区间）必然就减小。为了提高估计的准确性和可靠性，在调查设计时，我们尽可能加大抽取的样本含量。

　　本章还主要介绍 t 检验、Z 检验的例子以及相应的 Excel 应用。假设检验的基本原理是：根据问题的要求建立原假设（H_0）和备择假设（H_1）。选择一个合适的统计公式计算 t 或者 Z，在给定的显著性水平 α 值（0.05，0.01）后，用样本计算出 t 值、Z 值并与给定的 α 值的 $t(Z)$ 临界值作比较，计算 t 值 $> t_{0.05}$（$t_{0.01}$）值，或者 Z 值 $> z_{0.05}$（$z_{0.01}$），则拒绝原假设，证明差异显著，否则接受原假设，差异不显著。

思考与练习

一、单项选择题

1. 抽样调查的目的在于（　　）。
　　A. 了解总体的基本情况　　　　　　　　B. 用样本指标估计总体指标
　　C. 对样本进行全面调查　　　　　　　　D. 了解样本的基本情况
2. 在抽样调查中，抽样误差是（　　）。
　　A. 可避免且可控制　　B. 可以避免的　　C. 不可避免但可控制　　D. 不可避免且无法控制
3. 抽样误差是指（　　）。
　　A. 计算过程中产生的误差　　　　　　　B. 调查过程中产生的系统误差
　　C. 调查过程中产生的登记性误差　　　　D. 调查过程中产生的随机误差
4. 在其他条件不变的情况下，抽样样本数越多，则（　　）。
　　A. 系统误差越大　　B. 抽样误差越大　　C. 系统误差越小　　D. 抽样误差越小
5. 要提高抽样调查的精确度，可采用的方法有（　　）。
　　A. 增加样本数量　　B. 减少样本数量　　C. 改善抽样的方法　　D. 改善抽样的组织方式
6. 简单随机抽样（　　）。

A. 适用于总体各单位均匀分布的总体
B. 是各种抽样组织形式中最基本、最简单的一种形式
C. 最符合随机原则
D. 适用数量很大的总体

7. 在其他条件不变的情况下，抽样误差与置信度的关系是（   ）。
   A. 误差越小，置信度越大   B. 误差变小，置信度不变
   C. 误差越大，置信度越大   D. 成正比关系

8. 对总体参数提出某种假设，然后利用样本信息判断假设是否成立的过程称为（   ）。
   A. 假设检验   B. 参数估计   C. 双侧检验   D. 单侧检验

9. 在假设检验中，原假设与备择假设（   ）。
   A. 都有可能被接受   B. 都有可能不被接受
   C. 只有一个被接受而必有一个不被接受   D. 原假设一定被接受，备择假设不一定被接受

10. 在假设检验中，不能拒绝原假设意味着（   ）。
    A. 原假设肯定是正确的   B. 原假设肯定是错误的
    C. 没有证据证明原假设是正确的   D. 没有证据证明原假设是错误的

二、判断题

1. 样本含量是指从一个总体中可能抽取的样本个数。（   ）
2. 在总体方差一定的条件下，样本单位数越多，则抽样平均误差越大。（   ）
3. 总体均值不清楚的情况下，若抽取的样本含量大（$n>30$），可用样本平均数来直接代替总体均值。（   ）
4. 抽样误差是指调查中产生的系统性误差。（   ）
5. 社会经济调查中，参数估计所需的样本容量，一般为大样本。（   ）
6. 样本方差 $s^2 = \dfrac{\sum (x_i - \overline{X})^2}{n-1}$ 是正态总体方差的无偏估计。（   ）

三、计算题

1. 红星化工厂有 1500 名工人，用简单随机抽样的方法抽出 50 名工人作为样本，调查其工资水平，资料如下表所示：

月平均工资/元	1024	1034	1040	1050	1060	1080	1200	1260
人数/人	4	6	9	10	8	6	4	3

根据上述资料：
（1）计算样本平均数和标准差；
（2）以 95% 的概率估计该厂工人的月平均工资和工资总额的区间。

2. 某养鱼专业户购买了 10000 尾鱼苗，经过三个月养殖后，随机在鱼塘中撒了一网，捕了 32 尾鱼，测得它们的长度分别为：26.0，25.2，22.0，26.9，24.4，26.3，25.6，22.9，25.3，25.8，25.5，22.5，24.5，25.1，26.0，22.5，24.3，25.4，23.0，22.6，24.9，25.1，25.3，22.4，27.2，24.8，23.9，24.8，26.1，22.9，25.4，24.9

假设鱼苗长度为随机变量 X，服从正态分布，试求鱼塘内鱼苗的平均长度的 95% 置信区间。

3. 某出国留学咨询公司在本市开设（A、B）2 个咨询点，10 天中，每天成功办理业务数分别为：

A	3	4	3	5	5	7	6	4	5	7
B	5	6	4	4	3	5	4	4	3	4

试由这些数据判断哪个咨询点的业务好，并说出其判断理由。

4. 某研究生班甲、乙 2 门课程考试成正态分布，随机抽出 9 位同学的成绩如下：

甲	96	92	85	83	80	70	66	62	50
乙	82	70	92	73	66	63	61	52	53

求甲、乙2门课程95%的均值的区间估计。

5. 随机从某工厂加工的螺丝钉中抽取了35个产品，测得丝纹部分长度（单位：cm）为：

2.14	2.1	2.13	2.15	2.1X	2.13	2.12	2.1X	2.1
2.15	2.16	2.18	2.19	2.1X	2.12	2.17	2.19	2.1X
2.11	2.12	2.1X	2.15	2.16	2.1X	2.19	2.18	2.17
2.1X	2.11	2.12	2.14	2.1X	2.16	2.15	2.1X	2.19

其中 X 请用同学自己学号的尾数代替，设丝纹部分长度服从正态分布，方差未知，试求丝纹部分长度均值的置信水平为 0.95 的置信区间。

6. 已知某次高等数学竞赛的成绩服从正态分布，现从竞赛的学生中随机抽取 30 名学生，其成绩如下：56，7X，80，76，91，75，63，61，64，6X，90，88，56，8X，59，6X，69，70，7X，78，78，75，76，74，6X，68，69，67，65，63

其中 X 请用同学自己学号的尾数代替，试分别求高等数学竞赛平均成绩的 0.95，0.99 的置信区间。

7. 已知某制药厂生产的小儿咳嗽糖浆容量 X 服从正态分布，现从产品中随机抽取了 30 瓶，得到如下数据：101.44，101.34，101.72，101.04，101.48，102.22，101.17，101.58，101.87，101.88，101.98，101.68，101.84，101.XX，101.62，101.96，101.88，101.29，101.73，101.12，101.72，101.58，101.26，101.56，101.XX，101.59，101.XX，101.19，101.XX，101.27

其中 X 请用同学自己学号的后 2 位尾数代替，试求产品均值的置信水平为 0.95 的置信区间。

8. 我国出口茶叶的标准规定是每袋净重500g，根据以往经验，标准差是5g，现在某茶叶公司生产供出口用的这种茶叶，从中抽取 100 袋检验，其平均重量为502g，假定茶叶重量服从正态分布，按显著性水平 $\alpha=0.05$，问这批茶叶是否符合出口标准，即净重确定为500g？

9. 假定某化工原料在处理前和处理后取样得到的含脂率（单位：%）如下表：

处理前	0.14x	0.138	0.143	0.14x	0.144	0.137
处理后	0.135	0.14x	0.142	0.136	0.138	0.14x

数据中尾数有 x，请用同学自己学号的尾数代替。假定处理前后含脂率都服从正态分布，问处理后与处理前含脂均值有无显著差异。

10. 设有三台机器，用来生产规格相同的铝合金薄板。每台机器取 5 块薄板样品，测量薄板的厚度精确到千分之一厘米。得到的测量结果（单位：cm）如下：

机器 1	机器 2	机器 3
0.236	0.257	0.258
0.238	0.253	0.264
0.248	0.255	0.259
0.245	0.254	0.267
0.243	0.261	0.262

试分析可否认为三台机器生产得到的铝合金薄板厚度没有差异（$\alpha=0.05$）？

11. 有甲、乙两个生产小组，甲组平均每个工人的日产量为36件，标准差为9.6件，乙组工人日产量资料如下：

日产量件数/个	工人数/人
10~20	15
20~30	38
30~40	34
40~50	13

试求：(1) 乙组平均每个工人的日产量和标准差；

(2) 比例甲、乙两生产小组哪个组的日产量差异程度大？

12. 某香皂是由混合材料制成的，其设计是按照每一批材料能生产 120 块香皂，如超出或少于此标准的产量则不符合要求。某一含有 10 批材料的样本，它们生产的香皂数目分别为：108，118，120，122，119，113，124，122，120，123。请用 0.05 的显著水平检验样本是否符合每批所生产平均香皂数目为 120 块的材料。

第7章 方差分析

[教学目标]

- 了解方差分析的基本概念、功能。
- 掌握单因素方差分析的概念、数据结构、分析步骤。
- 了解方差分析的多重比较方法的应用。
- 了解无交互作用和有交互作用的双因素方差分析的概念和应用方法。

[案例导读]

如果你是市场营销专业学生,在某公司的实习过程中,遇到公司正在策划某商品的促销,需比较同一商品的若干种促销手段有什么差别,哪一种促销手段更加有效?产生的利润更高?公司领导让你参加策划小组做研究试验,你会怎么构思?用前面学过的假设检验的方法能达到目的吗?

让我们学习下面的方差分析知识,可更好地帮你解决问题。

2008年某市某超市促销手段设计与试验结果

某市某超市要想了解商品销售量与促销方案及销售分店地点是否有关系,设计了在五个分店、分别采用了四种促销方案,经过一个月的试验,收集到下面的销售数据(表7-1)。

表7-1 某超市五个分店、四个促销方案数据表

方案	分店一	分店二	分店三	分店四	分店五
方案一	103	105	92	97	99
方案二	110	115	114	93	106
方案三	91	97	85	81	88
方案四	100	84	96	94	98

经过统计分析,促销方案对销售量有影响;而分店地点对销售量的影响不显著。

前面假设检验中我们讨论了对一个总体及两个总体的均值进行显著性检验,而往往我们会遇到多个总体的均值的显著性检验问题,如果用假设检验的方法是可以完成的,但必须进行两两之间多次的检验。这样做工作效率太低,方差分析是数理统计中用于两个以上均值之间的差异显著性检验的方法。

本章将介绍方差分析中单因素方差分析、双因素方差分析的具体方法和实际中的应用,同时介绍方差分析的多重比较方法,以 Excel 计算为主,对实际例子进行统计分析。

7.1 方差分析的概念

方差分析（anova）又称变异数分析或 F 检验，用于两个及两个以上样本均值差别的显著性检验。在前面提到的某超市促销商品中，随机抽取的销售量均值当然不可能恰好相等，而均值之间的差异可能是两种原因造成：①随机误差，是由于抽样误差及各种不可避免的偶然影响而造成的；②条件误差，是由于各促销方案的效果不同而造成的。下面我们就可以利用方差分析来进行计算，实际操作中可用"方差分析表"来计算（见表7-2）。

表 7-2 方差分析计算表

来源	离差平方和	自由度	方差	F	P
组间	SSA	$r-1$	MSA=SSA/$(r-1)$	MSA/MSE	
组内	SSE	$n-r$	MSE=SSE/$(n-r)$		
总计	SST	$n-1$			

如果各方案的效果并无显著差异，即不存在条件误差，而只存在随机误差，就可认为这3个样本是来自同一个总体，这时方差分析计算出的组内方差和组间方差都是方差 σ^2 的估计值，由于有随机误差的影响，组内方差（方案内部的方差）和组间方差（方案之间的方差）的比值（F 值）虽然不会正好等于1，但 F 值不会距1很远。如果不同方案的效果有差异，即存在条件误差，那么，由于组内方差不仅有随机误差造成的影响，同时还有条件误差的影响，因此组间方差的值就会比组内方差大很多，F 值就会比1大很多。

用方差分析法进行多个均值的差异显著性检验时和假设检验一样，首先要作出假设，即假设各样本的均值来自相同的总体：$\mu_0=\mu_1=\mu_2=\mu_3$。如果不拒绝原假设，则不能认为有显著差别；如果拒绝原假设，则意味着有显著差别。应该注意的是，拒绝原假设时，只是表明至少有两个总体均值存在差异，并不意味着所有的均值都存在差异。

我们通过组间方差和组内方差计算 F 值，把算出的 F 值与 F 值表中的 $F_{0.05}$ 的临界值作比较，当算出的 F 值>$F_{0.05}$ 临界值时，则 $P<0.05$，应拒绝原假设，可认为各样本的均值并非来自相同的总体，这时我们就可下结论说：不同的促销方案效果是有差别的。

7.2 单因素方差分析

如果方差分析只针对一个因素进行，则称为单因素方差分析，如前文提到的促销方案对销售量的影响，就是针对"促销方案"这一因素进行的方差分析。

7.2.1 单因素方差分析的表格计算

【例7.1】 某超市针对某商品设计了："送双倍积分"、"送小礼品"、"送15%的折扣"的三种促销方案。选该商品原来销售量大致相同的三个分店，并设计了一个月时间的促销活动。活动结束后，分别随机抽取的三个分店15天的销售量数据。下面将各分店的销售量与该分店前1个月的日平均销售量之差的数据列于表中（见表7-3）。

表 7-3 某超市的三个促销方案以及三个方案的差别对比

序号	送双倍积分	送小礼品	送 15% 折扣
1	43	89	94
2	29	−10	47
3	4	35	21
4	−28	61	38
5	11	51	99
6	66	18	74
7	50	26	−20
8	−17	43	20
9	64	55	82
10	15	−3	62
11	31	92	52
12	−23	45	116
13	−31	22	36
14	39	48	28
15	−35	39	61

解：某超市的三个促销方案以及三个方案的差别对比计算如表 7-4 所示。

表 7-4 某超市的三个促销方案以及三个方案的差别对比计算

序号	送双倍积分	送小礼品	送 15% 折扣		
1	43	89	94		
2	29	−10	47		
3	4	35	21		
4	−28	61	38		
5	11	51	99		
6	66	18	74		
7	50	26	−20		
8	−17	43	20		
9	64	55	82		
10	15	−3	62		
11	31	92	52		
12	−23	45	116		
13	−31	22	36		
14	39	48	28		
15	−35	39	61		
$\sum x$	218	611	810	$\sum X = \sum\sum x =$	1639
$\sum x^2$	20274	36249	61536	$\sum X^2 = \sum\sum x^2 =$	118059
n	15	15	15	$N = \sum n =$	45

表 7-4 中，$\sum x$ 是各方案组内每天销售量与前一个月的日平均销售量之差的总和，即
$$43+29+\cdots=218, \quad 89+(-10)+\cdots=611,\cdots, \quad 94+47+\cdots=810$$
$\sum x^2$ 是各方案组内每天销售量与前一个月的日平均销售量之差的平方之和，即
$$43^2+29^2+\cdots=20274, \quad 89^2+(-10)^2+\cdots=36249,\cdots, \quad 94^2+47^2+\cdots=61536$$
$\sum X$ 是各 $\sum x$ 之和，即 $218+611+810=1639$。

$\sum X^2$ 是各 $\sum x^2$ 之和，即 $20274+36249+61536=118059$。

N 是 n 之和，即 $15+15+15=45$。

将计算出的数据代入方差分析表计算（见表 7-5）。

表 7-5　方差分析计算表

来源	离差平方和	自由度	方差	F	P
组间	12100.31	2	6050.16	5.49	<0.01
组内	46262.67	42	1101.49		
总计	58362.98	44			

① 将算出的数据代入总离差平方和（SST）、组间离差平方和（SSA）、组内离差平方和（SSE）计算公式：

$$\text{SST}=\sum(x-\overline{X})^2=\sum X^2-\frac{(\sum x)^2}{N}=118059-\frac{(1639)^2}{45}=58362.98$$

$$\text{SSA}=\sum\frac{(\sum x)^2}{n}-\frac{(\sum X)^2}{N}=\frac{(218)^2+(611)^2+(810)^2}{15}-\frac{(1639)^2}{45}=12100.31$$

$$\text{SSE}=\text{SST}-\text{SSA}=58362.98-12100.31=46262.67$$

② 自由度计算。
$$\text{总自由度}=n-1=45-1=44$$
$$\text{组间自由度}=\text{组数}-1=r-1=3-1=2$$
$$\text{组内自由度}=\text{总自由度}-\text{组间自由度}=n-r=44-2=42$$

③ 方差计算。
$$\text{组间方差}=\frac{\text{组间离差平方和}}{\text{组间自由度}}=\frac{12100.31}{2}=6050.16$$
$$\text{组内方差}=\frac{\text{组内离差平方和}}{\text{组内自由度}}=\frac{46262.67}{42}=1101.49$$
$$F=\frac{\text{组间方差}}{\text{组内方差}}=\frac{6050.16}{1101.49}=5.49$$

④ 查表。按组间自由度=2，组内自由度=42，查 F 值表内 $f_1=2$，$f_2=42$ 纵横相交处，可见 $F_{0.05}=3.22$　$F_{0.01}=5.15$。

本例算出 $F=5.49>5.15$，所以 $P<0.01$，因此，方差分析的结论是：三种促销方案均值之间的差异有非常显著的意义。从而证明了因促销手段的不同造成了销售量的明显不同。

7.2.2　单因素方差分析的用 Excel 计算

如果例 7.1 用 Excel 进行计算就更为方便。

(1) 将数据输入工作表；选择菜单"工具"→"数据分析"，打开"数据分析"对话框；选择"方差分析：单因素方差分析"，并确定（见图 7-1。）

(2) 正确填写相关信息，这里 α 选定为 0.01 水平（见图 7-2）。

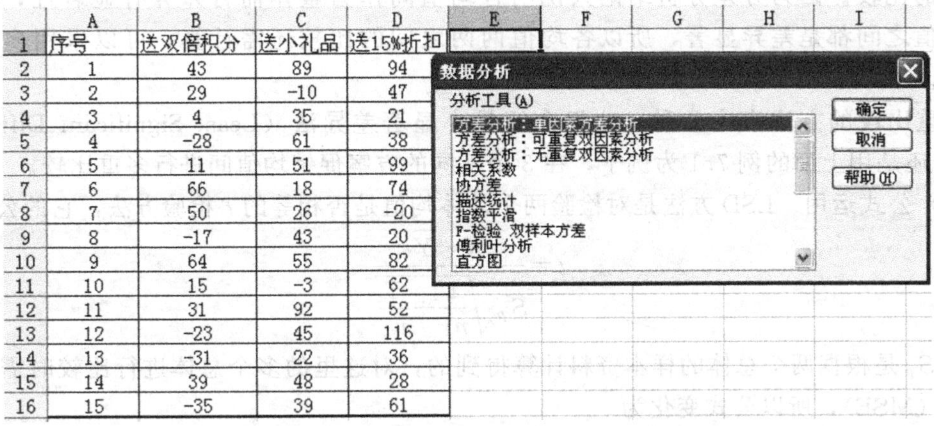

图 7-1 选择方差：单因素方差分析工具

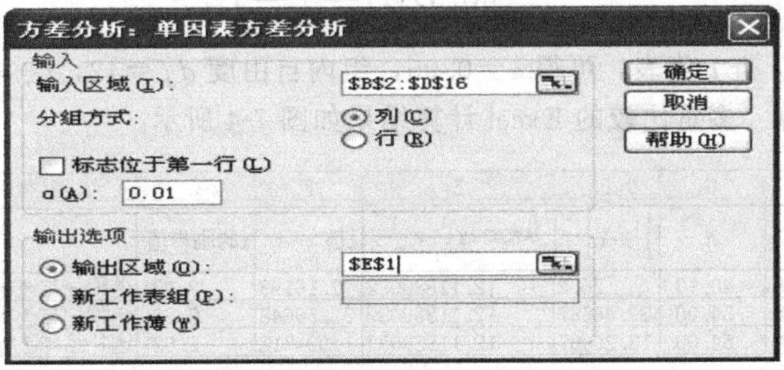

图 7-2 填写输入区域、输出区域、选择 α 水平

（3）进行单因素方差分析，其分析结果如图 7-3 所示。

	A	B	C	D	E	F	G	H	I	J	K
1	序号	送双倍积分	送小礼品	送15%折扣	方差分析：单因素方差分析						
2	1	43	89	94							
3	2	29	-10	47	SUMMARY						
4	3	4	35	21	组	观测数	求和	平均	方差		
5	4	-28	61	38	列 1	15	218	14.53333	1221.838		
6	5	11	51	99	列 2	15	611	40.73333	811.4952		
7	6	66	18	74	列 3	15	810	54	1271.143		
8	7	50	26	-20							
9	8	-17	43	20							
10	9	64	55	82	方差分析						
11	10	15	-3	62	差异源	SS	df	MS	F	P-value	F crit
12	11	31	92	52	组间	12100.31	2	6050.156	5.492691	0.007603	5.149139
13	12	-23	45	116	组内	46262.67	42	1101.492			
14	13	-31	22	36							
15	14	39	48	28	总计	58362.98	44				
16	15	-35	39	61							

图 7-3 单因素方差分析结果

图 7-3 中，差异源中"F"对应的是 5.492691。"F-crit"对应的是"F"查表的临界值；差异源中"P-value"对应的是事件的概率大小，这里只有千分之七，属小概率事件。

7.2.3 均值之间的多重比较

如果经过方差分析后，各均值间差异不显著（即 $P>0.05$），就无需再作进一步计算，但当各均值之间差异显著时（如上例中方差分析结果 $P<0.01$）则要进一步作各均

值之间的比较。因为方差分析结论只说明各均值间作为整体而言差异有显著性，并不说明各均值之间都是差异显著，所以各均值两两之间的比较还需计算，可以采用多重比较的方法。

多重比较的方法有十几种，这里介绍最小显著差异法（Least Significant Difference, LSD）。还是用上面的例 7.1 为例子，在 3 个不同的方案促销均值间进行多重比较。

(1) 公式运用　LSD 方法是对检验两个总体均值是否相等的 t 检验方法，它的公式为

$$t = \frac{\overline{X} - \overline{Y}}{S_p \sqrt{\frac{1}{n_1} + \frac{1}{n_2}}} \quad (7-1)$$

公式中 S_p 是根据两个总体的样本资料计算得到的，对这里的多个总体进行比较时需要用组内方差（MSE），所以公式变化为

$$t = \frac{\overline{X} - \overline{Y}}{\sqrt{MSD \times \left(\frac{1}{n_1} + \frac{1}{n_2}\right)}} \quad (7-2)$$

(2) 查 t 值表　查 t 值表，可得 $\alpha = 0.05$，组内自由度 $df = 42$，$t_{0.025}(42) = 2.021$。

(3) Excel 计算　多重比较的 Excel 计算结果如图 7-4 所示。

A	B	C	D	E	F	G	H
	$\overline{X}$	$\overline{Y}$	X-Y	$\sqrt{MSD \times (\frac{1}{n_1} + \frac{1}{n_2})}$	t值	t的临界值	
	14.53	40.73	26.2	12.11880082	2.16193	2.021	送积分与送礼品有显著差异
	14.53	54.00	39.46667	12.11880082	3.256648	2.021	送积分与送折扣有显著差异
	40.73	54.00	13.26667	12.11880082	1.094718	2.021	送礼品与送折扣没有显著差异

图 7-4　多重比较的 Excel 计算截图

如上表中 H 栏内所示，送积分与送礼品有显著差异；送积分与送折扣有显著差异；送礼品与送折扣没有显著差异。

7.3　双因素方差分析

双因素方差分析有两种类型，一种是无交互作用的双因素方差分析，它假定两个因素的影响是相互独立的，不存在相互关系；另一种是有交互作用的双因素方差分析，它假定两个因素是有相互关系。下面分别用两个例题介绍无交互作用和有交互作用的双因素方差分析。

7.3.1　无交互作用的双因素方差分析

单因素方差分析案例中，我们举了超市商品促销的例子，说明了促销方案不同对销售量的影响。我们再仔细分析一下，这 3 个促销方案是分别在 3 个分店做促销的，分店的地点是否会因居民购买力不同而影响分店的销售量呢？这里就出现同时影响销售量的两个因素了，一是促销方案，二是分店地点。因这两个因素没有直接的联系，我们解决这类问题就称为无交互作用的双因素方差分析。

7.3.2　无交互作用的双因素方差分析的 Excel 计算

双因素方差分析的计算工作量很大，如果我们利用 Excel 工具来计算，可以大大减少工作量，这里以案例导读中的数据为例进行计算。

① 将数据输入 Excel 表中，选择菜单“工具”中的“数据分析”，打开对话框并选择“方差分析：无重复双因素方差分析”（见图 7-5）。

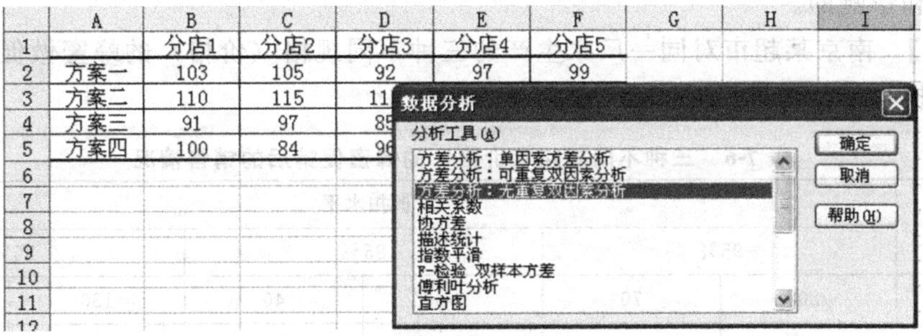

图 7-5　Excel 方差分析：无重复因素分析表

② 正确填写输入区域、显著水平、输出区域等信息，并确定（见图 7-6）。

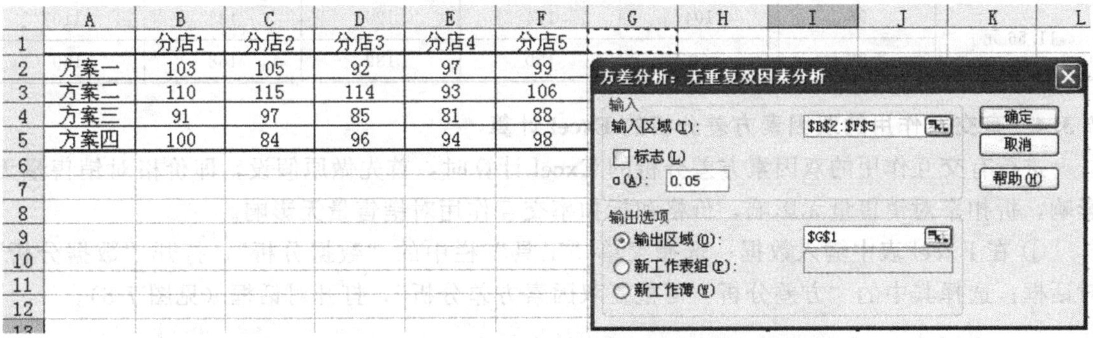

图 7-6　填写输入区域、显著水平标志、输出区域数据

③ 输出结果如图 7-7 所示。

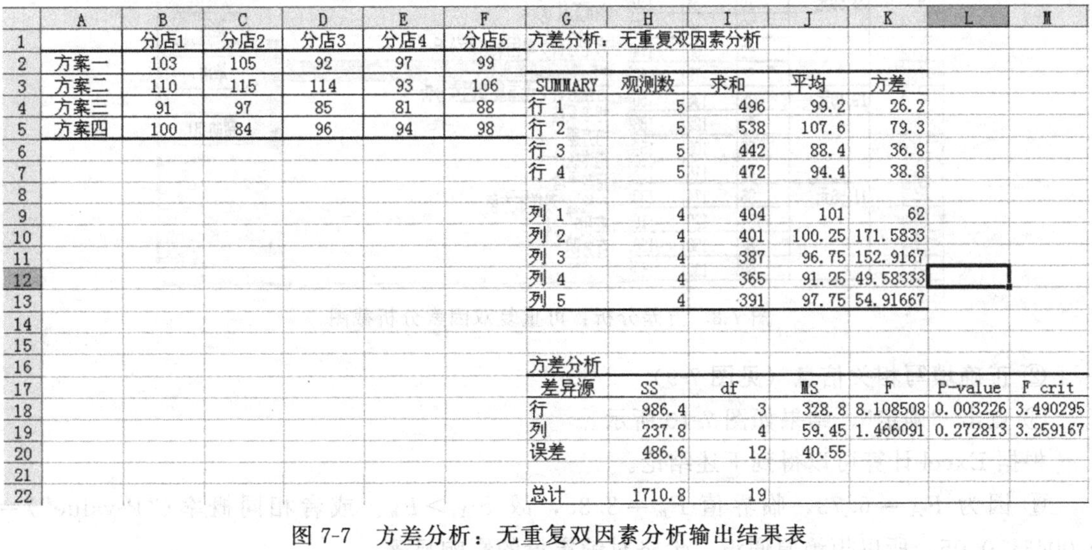

	分店1	分店2	分店3	分店4	分店5
方案一	103	105	92	97	99
方案二	110	115	114	93	106
方案三	91	97	85	81	88
方案四	100	84	96	94	98

方差分析：无重复双因素分析

SUMMARY	观测数	求和	平均	方差
行 1	5	496	99.2	26.2
行 2	5	538	107.6	79.3
行 3	5	442	88.4	36.8
行 4	5	472	94.4	38.8
列 1	4	404	101	62
列 2	4	401	100.25	171.5833
列 3	4	387	96.75	152.9167
列 4	4	365	91.25	49.58333
列 5	4	391	97.75	54.91667

方差分析

差异源	SS	df	MS	F	P-value	F crit
行	986.4	3	328.8	8.108508	0.003226	3.490295
列	237.8	4	59.45	1.466091	0.272813	3.259167
误差	486.6	12	40.55			
总计	1710.8	19				

图 7-7　方差分析：无重复双因素分析输出结果表

从上述结果中我们可以见到“差异源”行的“F”值 8.1085＞F 值的临界值（“F crit”）3.4903，即促销方案对销售量有影响；而“差异源”列的“F”值 1.466＜F 值的临界值（“F crit”）3.2592，即分店地点对销售量的影响不显著。

7.3.3 有交互作用的双因素方差分析

下面的例子是有交互作用的双因素方差分析，举出了商品价格与商品折扣2个因素，是互相有牵连和影响的。

【例7.2】 南京某超市对同一厂家生产的三种不同规格（价格）的蜂蜜做促销，设定了三种不同的折扣，其销售情况如表7-6所示。

表7-6 三种不同规格（价格）的蜂蜜促销后的销售情况

规格价格	折扣水平					
	95%		85%		75%	
28.59元	20	70	34	40	130	155
	82	58	80	75	174	180
19.10元	25	70	136	122	150	188
	58	45	106	115	159	126
11.56元	96	104	174	120	138	110
	82	60	150	139	168	160

7.3.4 有交互作用的双因素方差分析的 Excel 计算

进行有交互作用的双因素方差分析的 Excel 计算时，首先做原假设，即价格对销售量无影响，折扣率对销售量无影响，价格和折扣率交互作用对销售量无影响。

① 在 Excel 表中输入数据；选择菜单"工具"栏中的"数据分析"，打开"数据分析"对话框；选择其中的"方差分析：可重复双因素方差分析"，打开对话框（见图7-8）。

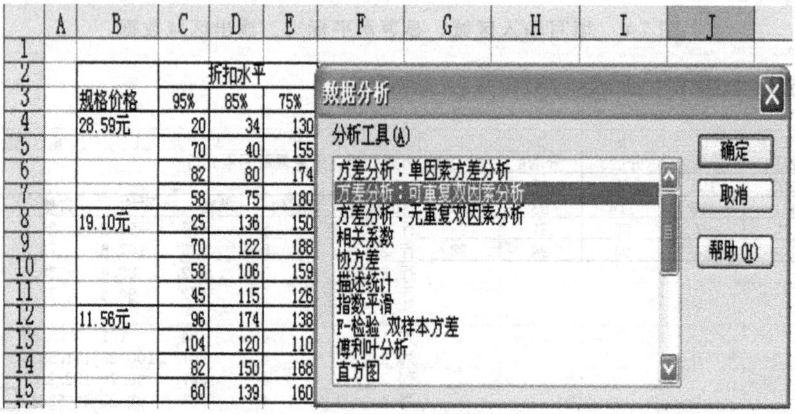

图7-8 方差分析：可重复双因素分析截图

② 正确填写相关信息（见图7-9）。

③ 点击"确定"，结果如图7-10所示。

根据 Excel 计算可以得到下述结论。

① 因为 $F_A = 6.73$，临界值 $F_\alpha = 3.35$，故 $F_A > F_\alpha$。或者相同概率（"P-value"）= 0.0043 < 0.05，所以拒绝原假设，价格对销售量的影响显著。

② 因为 $F_B = 47.25$，临界值 $F_\alpha = 3.35$，$F_B > F_\alpha$。或者相同概率（"P-value"）= 0.0000 < 0.05，所以拒绝原假设，折扣对销售量的影响显著。

③ 因为 $F_{AB} = 6.55$，临界值 $F_\alpha = 2.73$，$F_{AB} > F_\alpha$。或者相同概率（"P-value"）=

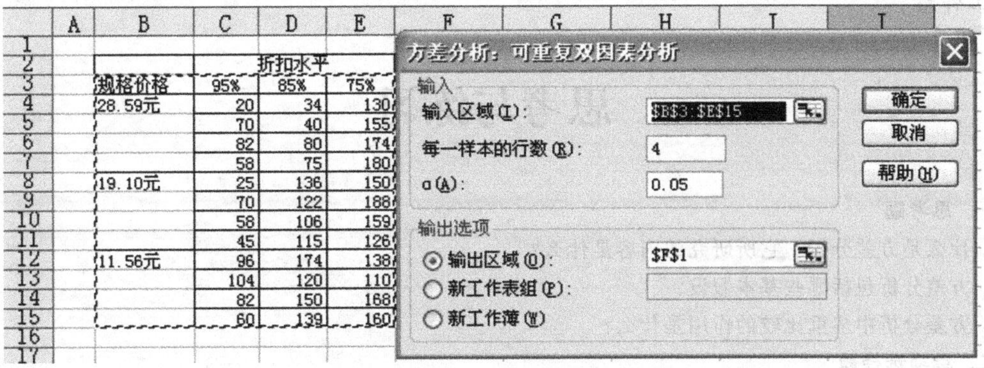

图 7-9　填写输入区域、显著水平标志、输出区域数据

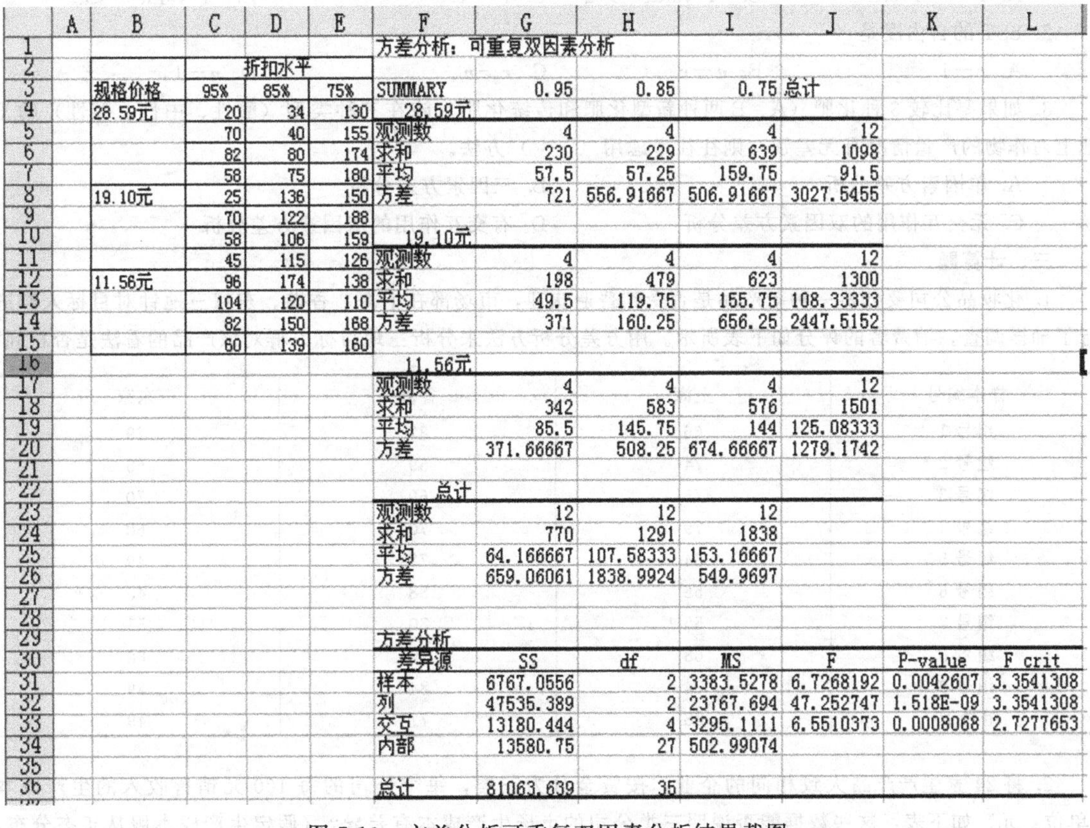

	A	B	C	D	E	F	G	H	I	J	K	L
1						方差分析：可重复双因素分析						
2			折扣水平									
3		规格价格	95%	85%	75%	SUMMARY	0.95	0.85	0.75	总计		
4		28.59元	20	34	130	28.59元						
5			70	40	155	观测数	4	4	4	12		
6			82	80	174	求和	230	229	639	1098		
7			58	75	180	平均	57.5	57.25	159.75	91.5		
8		19.10元	25	136	150	方差	721	556.91667	506.91667	3027.5455		
9			70	122	188							
10			58	106	159	19.10元						
11			45	115	126	观测数	4	4	4	12		
12		11.56元	96	174	138	求和	198	479	623	1300		
13			104	120	110	平均	49.5	119.75	155.75	108.33333		
14			82	150	168	方差	371	160.25	656.25	2447.5152		
15			60	139	160							
16						11.56元						
17						观测数	4	4	4	12		
18						求和	342	583	576	1501		
19						平均	85.5	145.75	144	125.08333		
20						方差	371.66667	508.25	674.66667	1279.1742		
21												
22						总计						
23						观测数	12	12	12			
24						求和	770	1291	1838			
25						平均	64.166667	107.58333	153.16667			
26						方差	659.06061	1838.9924	549.9697			
27												
28												
29						方差分析						
30						差异源	SS	df	MS	F	P-value	F crit
31						样本	6767.0556	2	3383.5278	6.7268192	0.0042607	3.3541308
32						列	47535.389	2	23767.694	47.252747	1.518E-09	3.3541308
33						交互	13180.444	4	3295.1111	6.5510373	0.0008068	2.7277653
34						内部	13580.75	27	502.99074			
35												
36						总计	81063.639	35				

图 7-10　方差分析可重复双因素分析结果截图

0.0008<0.05，所以拒绝原假设，价格与折扣的交互对销售量的影响显著。

本章小结

方差分析是检验多个总体均值是否相等的一种统计方法，根据所分类的自变量的多少，可分为单因素方差分析和双因素方差分析，双因素方差分析中又分为无交互作用和有交互作用的双因素方差分析。此外，本章着重介绍了方差分析的 Excel 应用，可以极大地减少人工计算工作量。

思考与练习

一、思考题

1. 什么是方差分析？它所研究的内容是什么？
2. 方差分析包括哪些基本假设？
3. 方差分析中多重比较的作用是什么？

二、单项选择题

1. 如果要拒绝原假设，则下列式子（   ）必须成立。
   A. $F<$ "F crit"   B. "P-value" $>\alpha$ C. $F=1$ D. "P-value" $<\alpha$
2. SST 的自由度是（   ）
   A. $r-1$ B. $n-r$ C. $r-n$ D. $n-1$
3. 如果要比较 3 种化肥（A、B两种新型化肥和传统化肥）施在三种类型（酸性、中性、碱性）的土地上对作物的产量情况有无差别，则往往考虑用（   ）方法。
   A. 单因素方差分析   B. 三因素方差分析
   C. 无交互作用的双因素方差分析   D. 有交互作用的双因素方差分析

三、计算题

1. 化妆品公司要分析一种新产品是否受到普遍欢迎，市场部在上海、香港、东京三地针对目标人群进行了抽样调查，消费者的评分如下表所示。用方差分析方法来分析三地目标人群对该产品的看法是否相同？

样本编号	上海	香港	东京
组号 1	66	87	79
组号 2	74	59	65
组号 3	75	69	70
组号 4	79	70	60
组号 5	84	78	49
组号 6	56	88	45
组号 7	55	80	51
组号 8	68	72	68
组号 9	74	84	59
组号 10	88	77	49

2. 将 24 家生产产品大致相同的企业，按资金分为三类，每个公司的每 100 元销售收入的生产成本（单位：元）如下表，这些数据能否说明三类公司的市场生产成本有差异？（假定生产成本服从正态分布，且方差相同，$\alpha=0.05$）。

20万～30万元资金	30万～50万元资金	50万元资金以上
69	75	77
72	76	80
70	72	75
76	70	86
72	80	74
72	68	86
66	80	80
72	74	83

3. 某肝病防治研究所对 31 名自愿者进行某项生理指标测试，结果如下表，这三类人的该项生理指标有差别吗？如果有差别，请进行多重比较分析。（假定该生理指标服从正态分布，且方差相同，$\alpha=0.05$）。

肝病患者	1.8	1.4	1.5	2.1	1.9	1.7	1.8	1.9	1.8	1.8	2.1
疑似者	2.3	2.1	2.1	2.6	2.5	2.3	2.4	2.4	2.1		
非患者	2.9	3.2	2.7	2.8	2.7	3.1	3.4	3.1	3.4	3.3	3.5

4. 为了解三种不同配比的饲料对仔猪影响的差异，对三种不同品种的猪各选三头进行试验，分别测得其三个月间体重增加量如下表所示，问不同饲料与不同品种对猪的生长有无显著性差异。（假定其体重增加量服从正态分布，且方差相同，$\alpha=0.05$。）

体重增量		因素 B		
		B1	B2	B3
因素 A	A1	30	31	32
	A2	31	36	32
	A3	27	29	28

5. 沿海某港口集装箱码头每周工作 7 天，每天分早、中、晚班工作，表中给出了一周的各班装卸效率（单位：%）的统计数据，请说明三班装卸效率是否存在显著差异。

早班	中班	晚班
24	39	30
27	37	29
25	41	32
23	38	31
23	40	30
25	41	32

第8章 相关与回归分析

[教学目标]

- 如何判别相关关系。
- 回归分析的基本假定。
- 一元线性回归分析的内容

[案例导读]

你在省旅游局进行毕业实习,省旅游局接了一项国家课题,要对今后五年的旅游业作规划,领导让你参加课题的调研。你有把握完成任务吗?这里就用到下面要学习的相关分析和回归分析知识。

旅游人数与旅游业消费收入之间的关系

随着我国经济的不断发展,人民的生活不断提高,从居民的旅游人数和旅游业消费收入可以发现人们生活水平得到明显改善,从 1994 年的国内旅游 524 万人次到 2004 年的 1102 万人次,旅游业收入从 1023.51 亿元增加到 2004 年的 4710.7 亿元(见表 8-1)。

表 8-1 我国 1994~2004 年旅游发展数据

年度	旅游人数/百万人次	旅游收入/亿元
1994	524	1023.51
1995	629	1375.7
1996	639.5	1638.38
1997	644	2112.7
1998	695	2391.18
1999	719	2831.92
2000	744	3175.54
2001	784	3522.37
2002	878	3878.36
2003	870	3442.27
2004	1102	4710.7

相关与回归分析是现代统计学中非常重要的内容,它在自然科学、管理科学和社会经济领域有着广泛的应用,经济管理类相关专业学生掌握好本章内容对今后工作有很大帮助。本章我们要研究 11 年间,旅游人次和旅游业收入的增加是否相关?相关程度有多大?五年后要使旅游业年收入上升到 6000 亿元的指标,大约需要吸引多少百万人次参加旅游?等等的问题。

8.1 相关关系的概念和分类

8.1.1 相关关系的概念

一切客观事物都是相互联系、相互制约的。客观现象之间的相互联系可以通过一定的数量关系反映出来,当我们用变量来反映这些现象的特征时,便表现为变量之间的依存关系,变量间的依存关系可以分为两种。

(1) 函数关系 它指变量之间保持着一种确定的、严格的依存关系,即当一个变量取某一数值时,另一个变量就必然有一个确定的值与之对应。如计算圆的周长一定是 $y=2\pi r$,当半径 r 取 3 时,周长一定是 $2\times 3.1416\times 3=18.8496$;当 r 取值为 4 时,周长一定是 25.1328。这里半径是自变量,圆周长 y 是因变量,π 是常量。

(2) 相关关系 它指当一个变量发生变化时,另一个变量也会随之发生变化,但变量之间的变化不能用函数来精确表达,它保持着一种不确定的依存关系。如人的身高与体重的关系,一般是相关关系,体重随着身高的增加而增加,但不能讲身高 175cm 时体重就一定是多少,同一身高的人可以有不同的体重,同一体重的人又表现出不同的身高,变量间的这种不严格的依存关系就构成了相关与回归分析的对象。

8.1.2 相关关系的分类

(1) 按相关方向不同可分为正相关和负相关 如新产品的销售量与新产品广告投入的相关中,产品销售量随着广告投入的加大而增长,是正相关;商品的利润随着单位成本的降低而增加就是负相关。

(2) 按相关形式不同可分为线性相关和非线性相关 线性相关又称直线相关,是指一个变量变动时,另一个变量也随之发生大致均等的变动,从图形上看,其观察点的分布近似地表现为一条直线。如人均消费水平与人均收入水平通常呈线性关系。而在工人加班与产量的相关上,表现出在一定的范围内,随着加班的增大,产量会增加,但一旦超过限度,产量反而会下降,这就是一种非线性的相关关系。

(3) 按相关程度不同可分为完全相关、不完全相关和不相关 完全相关就是函数关系,如销售额与销售量之间的正比例函数关系是完全相关的关系;而股票的行情与气温的高低就是完全不相关(又称零相关)的关系;介于完全相关关系与零相关之间的不完全相关关系,是现实中相关关系的主要表现形式,也是我们统计方法中主要研究的对象。

(4) 按研究变量的多少可分为单相关、复相关和偏相关 两个变量之间的相关称为单相关,如广告费支出与产品销售额之间的相关。一个变量与两个或两个以上的变量及其他变量之间的相关称为复相关。如商品销售额与居民收入、商品价格之间的相关关系。在两个及两个以上的相关关系中,当假定其他变量不变时,其中两个变量的相关关系称为偏相关关系,如假定在商品价格不变的情况下,该商品的需求量与消费者收入水平的相关关系就是偏相关关系。

相关关系各类型的图形如图 8-1 所示。

8.1.3 散点图与回归直线

为了研究两个变量之间的关系,首先要测得一批原始数据,然后把这些数据在直角坐标图上作成散点图,从图上可以看出散点的分布趋势。

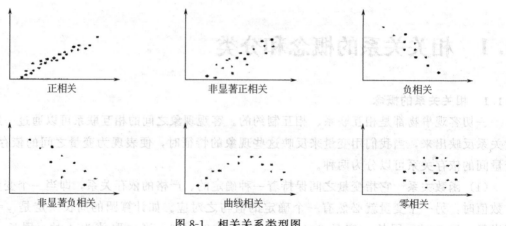

图 8-1 相关关系类型图

> **想一想**
> 如果案例导读中的课题的前期调研工作交给你,你会怎么做?看看下面的工作思路是否与你相同?
> ① 去国家统计局网站上查询相关数据(见表 8-1);
> ② 进行数据资料的分析整理;
> ③ 准备坐标图,作散点图,看看分布的大致趋势。

下面我们就根据案例导读中提供的数据做散点图。

首先画一个直角坐标图,如图 8-2 所示横轴(X)按旅游人次,纵轴(Y)按旅游收入,把 11 年的数据在图上标成 11 个"◆",可以看出这 11 个"◆"大致成一条直线关系。但是,X 与 Y 之间又不是确定性的函数关系,只能说 X、Y 之间存在着相关关系(见图 8-2)。

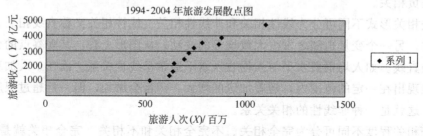

图 8-2 旅游发展散点图

在一个平面上可以画无数条直线,用哪一条直线来代表 X、Y 之间的关系呢?这可以根据最小二乘法原理算出一条线,使这条线到所有的散点的距离平方和为最小,这条线就叫做 Y 对 X 的回归直线,它的方程 $\hat{Y}=a+bX$ 称为一元回归方程(见后面章节)。

(1)相关系数的计算及其检验 用散点图计算相关系数近似值的方法如下。

① 取一张坐标纸,画上直角坐标,X 轴为旅游人次,Y 轴为旅游收入。

② 从数据中查出最大值、最小值,以便决定 X、Y 轴上的分划,并分别标上单位。

③ 按人次、收入值在坐标上找到相应的点用"◆"标出。

④ 在图上画一条平行于纵轴直线使它的左右两边的"◆"数相等,再画出一条平行于横轴的直线,使它上下两边的"◆"数相等,这两条线将图上的散点分成四个区域 $N1$、$N2$、$N3$、$N4$(见图 8-3)。

⑤ 分别数出各区中的"◆"个数,本例中 $N1=5$,$N2=0$,$N3=5$,$N4=0$。在做平行

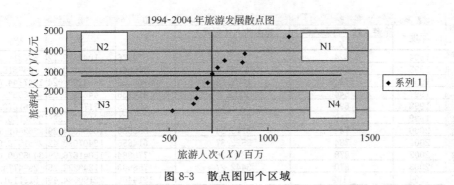

图 8-3 散点图四个区域

线时压去的"·"不计算在内。

⑥ 按公式求 r 的近似值

$$r\approx\sin\left(\frac{N1+N3}{N1+N2+N3+N4}-\frac{1}{2}\right)\times 180°=\sin\left(\frac{5+5}{5+0+5+0}-\frac{1}{2}\right)\times 180°=\sin 90°=1$$

我们通过作图算出旅游人次与旅游收入的相关系数，但是对算出的相关系数还必须进行检验，因为从统计样本算出的相关系数也是有抽样误差的，在总体相关系数 $\rho=0$ 的总体里随机抽样也能抽到 $|r|=0$ 的样本，所以，算出了样本的相关系数后还不能肯定 X、Y 之间一定相关，需要进行统计检验。

⑦ 通常查相关系数可靠度表，查 $n-2=11-2=9$ 的一栏可得 $P_{0.01}=0.833$。因为算出的 $r\approx 1>0.833$，所以说 $P<0.01$，表明旅游人次与旅游收入之间的正相关是可靠的。

检验相关系数时一定要注意：$P<0.05$ 是说 X 与 Y 不相关的可能性小于 5%，$P<0.01$ 是说 X 与 Y 不相关的可能性小于 1%，所以查表后不论 $P<0.05$ 还是 $P<0.01$ 都只能说 X 与 Y 是相关的，当 $P>0.05$ 时，因为 X 与 Y 不相关的可能性大于 5%，一般就认为 X 与 Y 之间不相关了。决不能错误地把查表得到的 $P<0.05$ 说成相关，把 $P<0.01$ 说成高度相关。因为 X 与 Y 的相关程度如何不是由查表决定的，而是要看 r 的绝对值大小，r 的绝对值越接近 1，相关程度越高，r 的绝对值越接近 0，相关程度越低，一般我们把 $|r|>0.8$ 称为高度相关，$|r|=0.5\sim 0.8$ 称为显著相关，$|r|=0.3\sim 0.5$ 称为低度相关，$|r|<0.3$ 称为不相关。

（2）相关系数的公式计算　其计算公式为

$$r=\frac{n\sum xy-\sum x\sum y}{\sqrt{n\sum x^2-(\sum x)^2}\sqrt{n\sum y^2-(\sum y)^2}} \tag{8-1}$$

根据旅游人次与旅游收入的数据，计算相关系数。利用 Excel 计算出公式中所需数据（见图 8-4）。

$$r=\frac{11\times 24223284.2-8228.5\times 30102.63}{\sqrt{11\times 6404279.25-(8228.5)^2}\sqrt{11\times 95398164.44-(30102.63)^2}}$$

$$=\frac{18756635.25}{1654.95\times 11967.10}$$

$$=0.947$$

（3）相关系数的检验　计算出的相关系数 $r=0.947$ 相对于 0 来说已经相当大了，但不要忘记这个数据是仅仅基于样本点计算出来的，它可能是正好抽取到相关系数值大的这些数据，因此，相关系数需要经过正式的假设检验，才能做出比较可靠、科学的判断和结论。

假设总体变量 (X,Y) 服从正态分布，样本来自总体，检验的公式为：

	A	B	C	D	E	F
1	年度	旅游人数（百万人次）	旅游收入（亿元）	X²	y²	xy
2		X	Y			
3	1994	524	1023.51	274576	1047572.72	536319.24
4	1995	629	1375.7	395641	1892550.49	865315.3
5	1996	639.5	1638.38	408960.25	2684289.024	1047744.01
6	1997	644	2112.7	414736	4463501.29	1360578.8
7	1998	695	2391.18	483025	5717741.792	1661870.1
8	1999	719	2831.92	516961	8019770.886	2036150.48
9	2000	744	3175.54	553536	10084054.29	2362601.76
10	2001	784	3522.37	614656	12407090.42	2761538.08
11	2002	878	3878.36	770884	15041676.29	3405200.08
12	2003	870	3442.27	756900	11849222.75	2994774.9
13	2004	1102	4710.7	1214404	22190694.49	5191191.4
14	合计	8228.5	30102.63	6404279.25	95398164.44	24223284.2

图 8-4　Excel 计算出公式中所需数据截图

$$t = \frac{r\sqrt{n-2}}{\sqrt{1-r^2}} \tag{8-2}$$

代入数据，得

$$t = \frac{0.947 \times \sqrt{11-2}}{\sqrt{1-0.947^2}} = \frac{2.841}{0.3212} = 8.845$$

选显著性水平为 $\alpha=0.05$，查表得到临界值 $t_{\alpha/2}(11-2)=2.262$。计算出的 t 值为 $8.845 > 2.262$，所以否定原假设，表明相关系数 $r=0.947$ 是可信的。这里我们可以做出结论，我国旅游收入与旅游人次是高度相关的。

8.2　一元线性回归方程

　　一元线性回归（linear regression）是描述两个变量之间相互联系的最简单的回归模型（regression model）。一元线性回归虽然简单，但通过一元线性回归模型的建立，我们可以了解回归分析方法的基本统计思想以及应用原理，在研究两个变量 X、Y 之间关系时，一般的顺序是先计算相关系数，当经过检验，表明 X、Y 间确实存在相关关系时，才进一步计算一元回归方程。如果 X、Y 间相关程度很低，计算出的回归方程也没有什么实际意义。其计算公式为

$$\hat{Y} = a + bX \tag{8-3}$$

式中　$\hat{Y}$——因变量（dependent variable）；
　　　X——自变量（independent variable）；
　　　a，b——回归系数（regression coefficient），

$$b = \frac{n\sum xy - \sum x \sum y}{n\sum x^2 - (\sum x)^2}; \quad a = \overline{Y} - b\overline{X} = \frac{\sum y}{n} - b\frac{\sum x}{n}$$

8.2.1　一元回归方程的计算

　　上面我们已经用我国旅游业的案例计算过相关系数 $r=0.947$ 和检验指标 $t=8.845$；并证明相关系数的可信性。这里我们不再重复计算，下面根据前面的计算结果来进行一元回归方程的计算。

① 计算回归方程系数

$$b = \frac{n\sum xy - \sum x \sum y}{n\sum x^2 - (\sum x)^2} = \frac{11 \times 24223284.2 - 8228.5 \times 30102.63}{11 \times 6404279.25 - 8228.5^2} = \frac{18756635.25}{2738859.5} = 6.8483$$

$$a = \bar{Y} - b\bar{X} = \frac{\sum y}{n} - b\frac{\sum x}{n} = \frac{30102.63}{11} - 6.8483 \times \frac{8228.5}{11} = -2386.27$$

至此，我们求得了一元回归方程：$\hat{Y} = -2386.27 + 6.8483X$。

接下来进行回归系数的 t 检验。t 检验公式为

$$t = \frac{b}{s}$$

其中，标准差 $s = \dfrac{s_{xy}}{\sqrt{\sum (x-\bar{x})^2}}$，根据公式

$$s_{xy} = \sqrt{\frac{\sum y^2 - a\sum y - b\sum xy}{n-2}}$$

代入得

$$s_{xy} = \sqrt{\frac{95398164.44 - (-2386.27 \times 30102.63) - 6.8483 \times 24223284.2}{11-2}}$$
$$= 386.27$$

因此 $s = \dfrac{s_{xy}}{\sqrt{\sum(x-\bar{x})^2}} = \dfrac{386.27}{\sqrt{615778189.5}} = 0.0156$

所以 $t = \dfrac{b}{s} = \dfrac{6.8483}{0.0156} = 438.99$

$\alpha = 0.05$，$t_{0.025}(11-2) = 2.262$，因为 $|t| = 438.99 > 2.262$，所以拒绝原假设。

一元回归方程在一定程度上揭示了两个相关变量 X、Y 之间的内在规律，但回归方程的效果如何？用它来做预测时的精度如何？可以用方差分析进行检验。

② 一元回归方程的方差检验表（如表 8-2）。

表 8-2 一元回归方程的方差检验表

来源	离差平方和	自由度	方差	F
回归	SSR	1	MSR=SSR/1	
残差	SSE	$n-2$	MSE=SSE/$(n-2)$	F=MSR/MSE
总计	SST	$n-1$		

其中：

$$\text{回归离差平方和(SSR)} = \sum(\hat{y}-\bar{y})^2$$

$$\text{残差离差平方和(SSE)} = \sum(y-\hat{y})^2$$

$$\text{总离差平方和(SST)} = \text{SSR} + \text{SSE}$$

③ 用 Excel 计算检验回归方程统计量（见表 8-3）。

④ 将统计量代入公式计算方差。

$\text{MSR} = \text{SSR}/1 = \sum(\hat{y}-\bar{y})^2 = 11677304.99$

$\text{MSE} = \text{SSE}/(n-2) = \sum(y-\hat{y})^2/(n-2) = 1341791.65/(11-2) = 149087.96$

$F = \text{MSR}/\text{MSE} = 11677304.99/149087.96 = 78.3249$

设定检验水平 $\alpha = 0.05$，$F_{0.05}(1, 9) = 5.12$，因为 $F = 78.3249 > 5.12$，可以说明总体回归系数有效，精度可靠。

表 8-3 Excel 计算检验回归方程统计量

年度	旅游人数/百万人次 X	旅游收入/亿元 Y	X^2	y^2	xy	$\hat{y}$
1994	524	1023.51	274576	1047572.72	536319.24	1202.2392
1995	629	1375.7	395641	18925550.49	865315.3	1921.3107
1996	639.5	1638.38	408960	2684289.02	1047744.01	1993.21785
1997	644	2112.7	414736	4463501.29	1360578.8	2024.0352
1998	695	2391.18	483025	5717741.79	1661870.1	2373.2985
1999	719	2831.92	516961	8019770.89	2036150.48	2537.6577
2000	744	3175.54	553536	10084054.3	2362601.76	2708.8652
2001	784	3522.37	614656	12407090.4	2761538.08	2982.7972
2002	878	3878.36	770884	15041676.3	3405200.08	3626.5374
2003	870	3442.27	756900	11849222.8	2994774.9	3571.751
2004	1102	4710.7	1214404	22190694.5	5191191.4	5160.5566
合计	8228.5	30102.63	6404279	95398164.4	24223284.2	30102.2666
均值	748.045455	2736.603				

年度	$(\hat{y}-\bar{y})^2$	$(y-\bar{y})^2$	$(y-\hat{y})^2$	$(x-\bar{x})^2$
1994	2354263.065	2934677.35	31944.12693	5935920.25
1995	664696.6427	1852048.81	297691.036	57752400.25
1996	552617.0209	1206087.17	125909.8998	57592921
1997	507748.5942	389251.21	7861.446759	57524640.25
1998	131987.9799	119314.976	319.7480422	56753622.25
1999	39578.03873	9085.9024	86590.3012	56392590.25
2000	769.219131	192668.324	217785.369	56017740.25
2001	60613.06129	617434.493	291138.8065	55420580.25
2002	791988.5759	1303615.9	63414.62187	54029850.25
2003	697477.1928	497970.149	16765.32936	54147522.25
2004	5875565.599	3897070.81	202370.9606	50787002.25
合计	11677304.99	13019225.1	1341791.646	615778189.5
均值				

8.2.2 用 Excel 计算一元回归方程

下面介绍如何用 Excel 计算一元回归方程。

① 输入数据,选择"工具"中的"数据分析",打开对话框后,选择"回归"点击"确定"(见图 8-5)。

② 按要求填写信息,置信度选 95%,并点"确定"(见图 8-6)。

③ 结果如图 8-7 所示。

这里 $F=78.3258$ 与我们手工公式计算得到的 78.3249 有误差,主要是由于手工计算中小数点后保留尾数造成的。同时我们可以得到相关系数 0.947068 ("Multiple")、可决系数

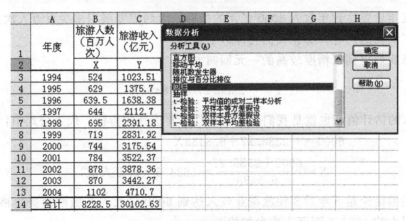

图 8-5 数据分析、回归截图

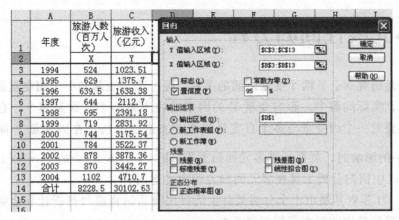

图 8-6 输入数据、置信度、输出区域

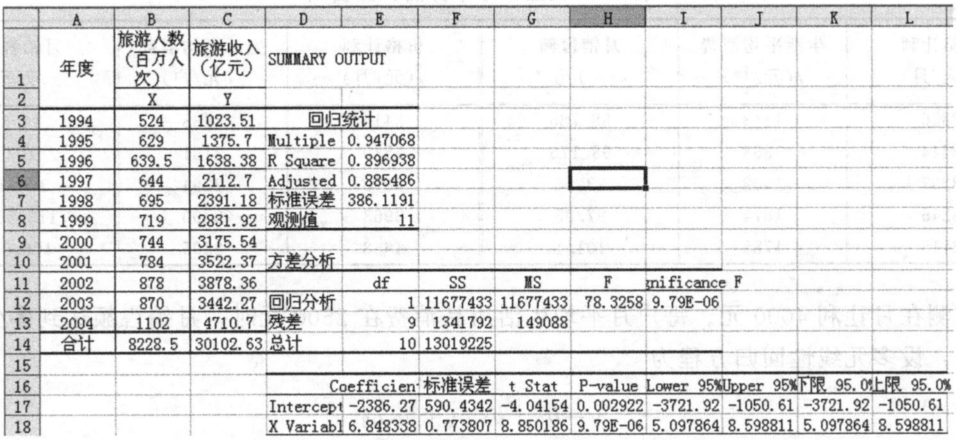

图 8-7 结果输出截图

0.896938（"R Square"）、回归系数的 t 检验结果（"t Stat"）等参数，这里不一一介绍了。

让我们再次回顾案例导读部分，到目前已经通过具体计算验证了研究课题的两个结论：

（1）旅游人次与旅游收入是有相关关系的；

（2）旅游人次与旅游收入是高度相关的。

那么，五年后要达到年收入 6000 亿元的指标，大约需要吸引多少百万人次参加旅游呢？如果你理解了前面的内容，那让我们再深入下去吧。

通过计算我们得到了精度较高的一元回归方程：

$$\hat{Y} = -2386.27 + 6.8483X$$

$\hat{Y}$ 是旅游收入的估计值，也就是我们五年后年收入要达到的指标。代入公式中：

$$6000 = -2386.27 + 6.8483X$$

$$X = \frac{6000 + 2386.27}{6.8483} = 1224.5 \text{（百万人次）}$$

到这里，我们的结论是五年后要使旅游业收入达到 6000 亿元，在旅游消费价格不变的情况下，就要吸引大约 1224.5 百万人次参加旅游。

8.3 多元线性回归方程

一元回归是研究 X、Y 两个变量之间的关系，是一个自变量与一个因变量的简单线性回归模型。但是，实际问题中，影响变量 Y 的因素往往不是一个，而是多个，有时还非常复杂，因此有必要对一个因变量与多个自变量联系起来进行分析，在因变量 Y 同时受到多个因素 $x_1, x_2, \cdots$ 的影响时，就要计算多元回归方程：$\hat{Y} = b_0 + b_1 x_1 + b_2 x_2 + \cdots + b_j x_j$。下面主要介绍 Excel 中回归分析工具在多元回归方程中的运用。

【例 8.1】江苏省某超市十个分店某月生活日用商品销售额与打折让利金额以及周边居民家庭月平均消费费用的调查资料如表 8-4。

表 8-4 某超市十个分店调查资料

价格让利 /(元/月)	生活平均消费 /(元/户)	月销售额 /万元	价格让利 /(元/月)	生活平均消费 /(元/户)	月销售额 /万元
2356	1143	88.785	3414	1938	96.6
2444	1368	98.175	3530	2151	102
3207	1602	93.54	3870	2394	108.6
3246	1674	97.05	3963	2700	113.565
3115	1785	101.1	4668	2895	106.02

估测在月让利 4000 元、每户月平均生活用品消费在 2500 元时，月销售额达到多少？

解：设多元线性回归方程为

$$y = b_0 + b_1 x_1 + b_2 x_2$$

式中，y 为月销售额（万元），x_1 为月让利（元），x_2 为每户平均生活用品消费（元），b_0、b_1、b_2 为多元线性回归系数。

① 输入数据、打开"工具"栏，在"数据分析"中选择"回归"，并点击"确定"（见图 8-8）。

② 正确填写数据区和相应信息，并点击"确定"（见图 8-9）。

③ 计算结果如图 8-10 所示。

第 8 章 相关与回归分析

	A	B	C	D
1				
2		价格让利（元）/月	生活平均消费（元）/户	月销售额
3		2356	1143	88
4		2444	1368	98
5		3207	1602	93
6		3246	1674	97
7		3115	1785	10
8		3414	1938	9
9		3530	2151	9
10		3870	2394	108.6
11		3963	2700	113.565
12		4668	2895	106.02

图 8-8　数据分析回归分析

	A	B	C	D
1				
2		价格让利（元）/月	生活平均消费（元）/户	月销售额(万元)
3		2356	1143	88.785
4		2444	1368	98.175
5		3207	1602	93.54
6		3246	1674	97.05
7		3115	1785	101.1
8		3414	1938	96.6
9		3530	2151	102
10		3870	2394	108.6
11		3963	2700	113.565
12		4668	2895	106.02

图 8-9　输入数据、置信度、输出区域

SUMMARY OUTPUT

回归统计	
Multiple R	0.9496351
R Square	0.9018069
Adjusted R S	0.8737517
标准误差	2.6152219
观测值	10

方差分析

	df	SS	MS	F	gnificance F
回归分析	2	439.6909533	219.8454767	32.14403891	0.0002967
残差	7	47.87569916	6.839385594		
总计	9	487.5666525			

	Coefficient	标准误差	t Stat	P-value	下限 95.0%	上限 95.0%
Intercept	94.012544	6.038580319	15.56865011	1.09028E-06	79.733571	108.29152
X Variable 1	-0.014741	0.004816431	-3.060525561	0.018309888	-0.02613	-0.003352
X Variable 2	0.0286891	0.00586306	4.893194289	0.00176679	0.0148252	0.042553

图 8-10　计算结果截图

根据分析表所提供的数据可得二元线性回归方程是

$$y = 94.0125 - 0.0147x_1 + 0.0287x_2$$

F 值为 32.144，相对应概率为 0.0003，即若 $\alpha = 0.05$，则拒绝原假设，方程有意义。同时 t 检验结果中：$t_{b_1} = -3.0605$，对应概率为 0.0183；$t_{b_2} = 4.8932$，对应概率为

0.0018，即若 $\alpha=0.05$，两个 t 检验都是拒绝原假设的，即回归系数 b_1 和 b_2 是有意义的。

可以估测在月让利 4000 元、每户月平均生活用品消费在 2500 元时，月销售额达到：

$$y=94.0125-0.0147\times4000+0.0287\times2500=106.96（万元）$$

【例 8.2】 在平炉炼钢中，由于矿石与炉气的氧化作用，铁水的总含碳量在不断降低，冶炼初期，一炉钢的总含碳量 y 与所加的两种矿石 x_1、x_2 的量以及熔化时间（x_3）有关，为研究它们之间的关系，现测得 16 组数据如表 8-5 所示。

表 8-5 平炉炼钢数据

x_1	x_2	x_3	y	x_1	x_2	x_3	y
2	18	50	4.33	9	6	39	2.71
12	3	43	5.55	12	7	47	5.13
6	5	39	3.88	5	12	37	4.45
0	23	55	4.95	0	20	45	4.52
3	14	51	5.66	4	14	36	2.38
16	0	48	3.22	5	8	100	5.44
9	0	40	4.68	4	10	45	4.71
0	17	47	2.61	3	17	64	5.36

试就此数据给出 y 对 x_1、x_2、x_3 的回归方程，并求出 σ^2 的估计值，同时对多元回归方程做检验。

解：① 在 Excel 中输入数据。

② 在菜单中选择"工具"中"数据分析"项，并选择"回归分析工具"，点击"确定"（见图 8-11）。

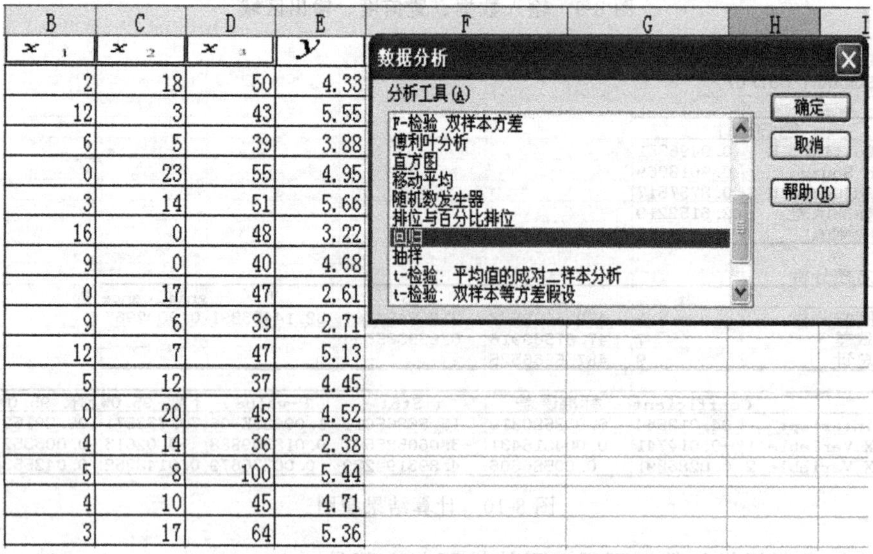

图 8-11 选择回归分析工具截图

③ 正确填写数据信息，并点击"确定"（见图 8-12）。

④ 得到回归分析结果，如图 8-13 所示。

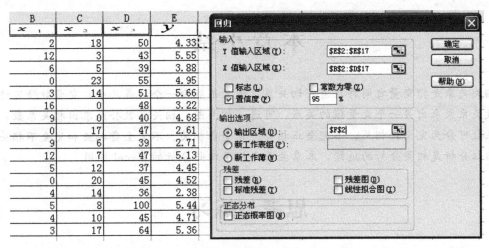

图 8-12　输入数据、置信度、输出区域

```
SUMMARY OUTPUT

        回归统计
Multiple R          0.458998507
R Square            0.21067963
Adjusted R Square   0.013349537
标准误差             1.079197328
观测值               16

方差分析
              df        SS         MS        F          Significance F
回归分析        3    3.730373   1.243458   1.067651    0.399237987
残差           12    13.976     1.164667
总计           15    17.70638

              Coefficients  标准误差    t Stat     P-value    下限 95.0%     上限 95.0%
Intercept     2.291723329   1.901478   1.205232   0.251343   -1.851243047   6.4346877
X Variable 1  0.038511201   0.1272     0.302762   0.767255   -0.238632865   0.3156553
X Variable 2  0.021751385   0.084746   0.256666   0.801784   -0.162894119   0.2063969
X Variable 3  0.032648465   0.01839    1.775325   0.101189   -0.007420196   0.0727171
```

图 8-13　回归分析结果截图

从上述计算结果中可以得到以下结论。

(1) 从 Coeffcients 中，我们可以得到回归方程：

$$\hat{y} = 2.2917 + 0.0385 x_1 + 0.02175 x_2 + 0.03265 x_3$$

(2) 从方差分析表中得到残差方差的估计：$\hat{\sigma}^2 = 1.1647$。

(3) 从方差分析表中得到 F 值 = 1.067651，"Significance F"为 0.399237987，说明当 $\alpha = 0.05$ 时其相对应的概率是 39.9237987%，这个概率我们就只能接受原假设，因此可以认为回归效果并不显著。

(4) 从回归方程的 t 检验数据（"t Stat"）一栏中，我们得到的数值是：1.205232、0.302762、0.256666、1.775325。相对应的概率（"P-value"）为 25.1343%、76.7255%、80.1784%、10.1189%，证明 t 检验没有通过，不能拒绝原假设，因此，认为回归效果并不显著。

(5) 根据以上分析可知该回归方程效果不显著，不可用。

本章小结

相关关系是指变量之间存在着密切关系，但又不能由一个（或几个）变量数值通过精确的函数关系式求出另一个变量值的关系，可通过相关图、相关系数公式求出相关系数，根据相关系数可分为完全正相关、不完全正相关、完全负相关、不完全负相关和完全不相关。

回归分析是相关分析的延续，本章主要介绍了回归分析的 Excel 应用。

思考与练习

一、单项选择题

1. 变量 x 与 y 之间的负相关是指（　　）。
   A. x 数值增大时 y 也随之增大
   B. x 数值减少时 y 也随之减少
   C. x 数值增大（或减少）时 y 随之减少（或增大）
   D. y 的取值几乎不受 x 取值的影响

2. 如果变量 x 与 y 之间的相关系数 $R=1$，则说明两个变量之间是（　　）。
   A. 完全不相关　　B. 完全正相关　　C. 完全正线性相关　　D. 高度相关

3. 对整个多元线性回归方程的显著性检验，应采用（　　）。
   A. Z 检验　　B. t 检验　　C. F 检验　　D. 其他检验

二、计算题

1. 根据下表中 Y 与 X 两个变量的样本数据，建立 Y 与 X 的一元线性回归方程。

X	41.36	52.7	61.2	70.9	82.8	96.7	62.7	89.6	95.6
Y	39.2	47.8	54.2	62.3	71.3	82.3	55.9	76.9	81.3

2. 进行某化工厂某种原料含量（x）和产品收益（y）的相关试验。下表为 16 次试验所得的数据，试求 y 对 x 的回归方程。

x	1	2	3	5	7	10	11	13	14	15	17	18	20	22	25	27
y	10	15	20	28	30	40	40	40	60	55	60	60	65	80	80	85

3. 某矿山采煤的单位成本 y 与采煤量 x 有关，其数据如下，试求 x 与 y 之间的线性回归方程。

x/千吨	289	298	310	322	327	329	329	331	350
y/元	43.50	42.90	42.10	39.60	39.10	38.50	36.00	38.00	37.00

4. 某公司 8 个所属企业的产品销售资料如下：

企业编号	产品销售额/万元	销售利润/万元	企业编号	产品销售额/万元	销售利润/万元
1	170	8.1	5	480	26.5
2	220	12.5	6	650	40
3	390	18	7	850	64
4	430	22	8	1000	69

(1) 画出相关图,并判断销售额与销售利润之间的相关方向;
(2) 计算相关系数,指出产品销售额和利润之间的相关方向和相关程度;
(3) 确定自变量和因变量,求出直线回归方程;
(4) 计算估计标准误差 S;
(5) 对方程中回归系数的经济意义作出解释;
(6) 在 95% 的概率保证下,求当销售额为 1200 万元利润额的置信区间。

5. 某公司的 10 家下属企业的产量与生产费用之间关系如下:

产量/万件	40	42	48	55	65	79	88	100	120	140
单位生产费用/元	150	140	138	135	120	110	105	98	88	78

(1) 画出相关图,并判断产量与单位生产费用之间的相关方向;
(2) 计算相关系数,指出产量与生产费用之间的相关方向和相关程度;
(3) 确定自变量和因变量,求解直线回归方程;
(4) 计算估计标准误差 S;
(5) 对相关系数进行检验(显著性水平取 0.05);
(6) 对回归系数进行检验(显著性水平取 0.05);
(7) 在 95% 的概率保证下,求当产量为 130 万件时单位生产费用的置信区间。

第9章 时间序列分析

[教学目标]

- 了解时间序列的概念,种类,编制。
- 熟练掌握时间序列水平指标的计算方法及应用条件。
- 熟练掌握时间序列速度指标的计算及应用条件。
- 掌握时间序列长期趋势的测定方法及应用条件。
- 掌握时间序列季节变动的测定方法及应用条件。

[案例导读]

你及家人或者亲友炒股吗?你能看懂股市行情吗?

你知道股票价格行情和走势有统计规律可循吗?学习了下面的内容,相信你会掌握很多有关股市的知识。

在现实的社会经济生活中,人们为了掌握社会经济现象随时间的发展规律,经常会按时间顺序去记录研究对象的数据,反映经济现象的重要指标除了国内生产总值(GDP)、居民消费者价格指数(CPI)外,股票市场价格的变动也是备受关注的重要指标。受各种经济和非经济因素的影响,股票的价格总是处于频繁变动之中。不论是股票投资者,证券经营企业,还是政府主管部门,都在密切关注股票市场价格的变动情况,都在分析股票市场价格变动的趋势。

对股票价格的走势进行分析,就是利用丰富的统计资料,收集一定时间的股票价格数据,利用时间序列分析法,回归分析法,趋势分析法,预测股票价格的变动趋势,从而做出自己的投资决定。

例如,上海证券交易所的上证指数从1990年12月至2001年12月的变动情况如下图所示)。

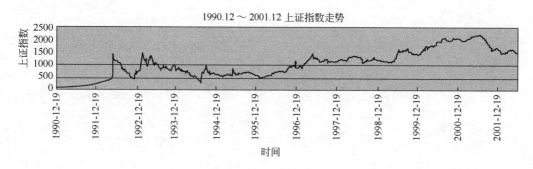

再如,上海证券交易所的上证指数从2010年4月到2011年5月的数据(见下表)和随时间的走势图(见下图)。

日期	开盘	收盘	涨跌额	涨跌幅	最低	最高	成交量/手	成交金额/万元
累计:	2010-04-01 至	2011-05-04	−4.59	−0.16%	2319.74	3186.72	291226752	3436013568
2010-4-30	3111.94	2870.61	−238.49	−7.67%	2820.95	3181.66	22974464	287540832
2010-5-31	2821.35	2592.15	−278.46	−9.70%	2481.97	2862.55	16699483	186442752
2010-6-30	2577.76	2398.37	−193.78	−7.48%	2382.36	2598.9	12257012	129572536
2010-7-30	2393.95	2637.5	239.13	9.97%	2319.74	2656.41	19074740	174955568
2010-8-31	2635.81	2638.8	1.29	0.05%	2564.84	2701.93	24094882	247438640
2010-9-30	2641.05	2655.66	16.86	0.64%	2573.63	2704.93	20452610	234974848
2010-10-29	2681.25	2978.83	323.18	12.17%	2677.99	3073.38	29701494	368420928
2010-11-30	2986.89	2820.18	−158.65	−5.33%	2758.92	3186.72	35340020	457896992
2010-12-31	2810.54	2808.08	−12.1	−0.43%	2721.48	2939.05	21196634	264707248
2011-1-31	2825.33	2790.69	−17.38	−0.62%	2661.45	2868	17282730	202414864
2011-2-28	2795.07	2905.05	114.36	4.10%	2760.18	2944.41	17564912	216362144
2011-3-31	2906.28	2928.11	23.06	0.79%	2850.95	3012.04	29410334	369712576
2011-4-29	2932.48	2911.51	−16.6	−0.57%	2871.01	3067.46	23098600	272767424
2011-5-4	2911.51	2866.02	−45.49	−1.56%	2860.07	2933.46	2078838	22806468

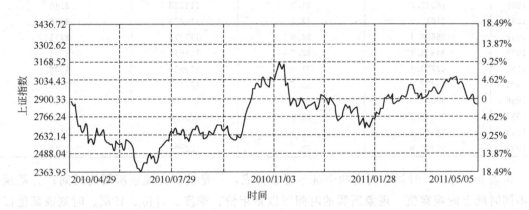

通过对股票市场价格变动系列数据的观测，希望从以下几个方面对股票市场价格变动的规律有更深入的认识。

(1) 股票市场价格变动的总体趋势是上升还是下降？
(2) 股票市场价格变动程度的空间有多大？
(3) 能否从股票市场价格变动的规律预测其变动的可能趋势？

很明显，如果能够对股票市场价格变动的数量规律有深刻的认识，这对股票投资者、经营者和管理者都是很有意义的。比如，股票价格的偏向性特征指股票价格总体上具有不断向上增长的长期历史趋势，这是基金长期投资能够赢利的重要理论依据。

按时间顺序观测的系列数据，表现了现象发展变动的过程，包含了丰富的信息。科学地分析这些信息，有利于认识事物发展变化的规律性，而不恰当的分析方式很可能得出错误的结论。显然，需要有一些专门研究时间顺序观测的系列数据的分析方法，这就是统计学中的时间序列分析。时间序列分析的目的是分析过去，认识规律，预测未来。时间序列分析是统计学中发展得很快的一个领域，现代时间序列分析已成为统计学的一个专门研究领域，涉及随机过程等更为专业的问题，本章只讨论常规的时间序列分析方法。

9.1 时间序列的概念和种类

9.1.1 时间序列的概念

时间序列分析，指从时间的发展变化角度，研究客观事物在不同时间的发展状况，探索其随时间推移的演变趋势和规律，揭示其数量变化和时间的关系，预测客观事物在未来时间上可能达到的数量和规模。我们把某一社会经济现象的统计指标在不同时间上的数据值按时间的先后顺序加以排列形成的序列称为时间序列或时间数列，又称动态序列。例如，国内生产总值，被公认为是衡量国家经济状况的最佳指标。它不但可反映一个国家的经济表现，更可以反映一国的国力与财富。如表 9-1 所示是我国 1990～1999 年国内生产总值等数据的时间序列表。

表 9-1 中国国内生产总值等数据的时间序列表

年份/年	国内生产总值/亿元	第三产业占 GDP 比重/%	年底总人口/万人	职工平均工资/元
1990	18547.9	31.3	114333	2140
1991	21617.9	33.4	115823	2340
1992	26638.1	34.3	117171	2711
1993	34634.4	32.7	118517	3371
1994	46759.4	31.9	119850	4538
1995	58478.1	30.7	121121	5500
1996	67884.6	30.1	122889	6210
1997	74462.6	30.9	123626	6470
1998	78345.2	32.1	124810	7479
1999	81910.9	33.0	125909	8346

由表 9-1 可见，时间序列由两个基本要素构成：一是被研究现象所属的时间；二是现象在不同时间上的观察值。现象所属的时间可以是年份、季度、月份、日期、时刻或其他任何时间形式，而现象的观察值则根据表现形式不同分为绝对数、相对数和平均数三种。

研究时间序列具有重要的意义：一是可以描述社会经济现象随时间的发展现状；二是研究社会经济现象的发展速度、发展变化的规律和未来趋势，对经济现象进行预测分析；三是通过时间序列可以将不同国家或地区的同类现象进行比较分析。

由此可见，时间序列分析的主要内容包括：根据时间序列计算各种分析指标，描述现象所处的状态；总结时间序列规律和趋势，并依此对现象的未来进行预测分析。

9.1.2 时间序列的种类

根据时间序列中统计指标的表现形式不同，可分为总量指标时间序列、相对指标时间序列、平均指标时间序列三种。

9.1.2.1 总量指标时间序列

总量指标时间序列又称绝对数时间数列，是指将反映现象总规模，总水平的某一总量指标在各个时间上的观察数值按时间先后顺序排列而成的序列。总量指标时间序列反映了社会经济现象总量在各个时期或时点上的总量水平及其发展变化过程，是计算与分析相对指标时间数和平均指标时间序列的基础。

总量指标时间序列按其指标所反映时间状况的不同，又分为时期序列（见表9-1第2栏）和时点序列（见表9-1第4栏）两种类型。

(1) 时期序列　时期序列是由时期指标构成的序列，即序列中的指标值反映某现象在一段时间内发展过程的总量。时期序列具有如下特点。

① 可加性，序列中各个指标数值可以相加。序列中各个指标值反映了现象在一定时期内发展变化的总量，各个指标值可以相加为更长时期的总量。

② 数值大小与时间长短有直接关系。一般来讲，时期越长指标数值就愈大，反之就愈小。

③ 资料取得是连续登记的。时期序列中的每一个指标数值，通常都是通过连续不断的登记取得的。

(2) 时点序列　所谓时点序列是指由时点指标构成的序列，即序列中的每一指标值反映某现象在某一时刻（时点）上的总量。如人口总量、商品库存额、员工总人数序列等都是时点序列。时点序列具有以下特点。

① 不可加性，序列中各个指标值不具有可加性，相加无意义。

② 序列中每个指标值的大小与其时间间隔的长短没有直接联系。

③ 时点序列中每个指标数值的取得是一次调查登记的结果。

9.1.2.2　相对指标时间序列

相对指标时间序列又称相对数时间序列，是指将反映现象发展变化的一系列同类相对指标数值，按照时间先后顺序排列而成的时间序列。它是用来反映社会经济现象之间数量对比关系或相互联系的发展变化过程及其规律（见表9-1的第3栏）。

由于不同时间的相对数时间序列相对指标数值的基数不同，因此，相对数时间序列中的各项指标数值不能直接相加。

9.1.2.3　平均指标时间序列

平均指标时间序列又称平均数时间序列，是指将反映现象发展变化的一系列同类平均指标数值，按时间先后顺序排列而形成的动态序列，以反映社会经济现象一般水平的发展变化过程和趋势。

由于平均指标有静态平均指标和动态平均指标之分，所以，平均指标时间序列也有静态平均指标时间序列和动态平均指标时间序列之分，同相对数时间序列一样，静态平均指标时间序列中的各个指标数值也不能直接相加。

9.1.3　时间序列的编制原则

编制时间序列的目的，是为了进行时间序列分析，因而，保证序列中各项观察值具有可比性，是编制时间序列的基本原则。

(1) 指标数值所属时间可比　即要求各项观察值所属时间的一致性。对时期序列而言，由于各观察值的大小与所属时期的长短直接相关，因此，各观察值所属时间的长短应该一致，否则不便于对比分析。对于时点序列，虽然两时点间间隔长短与观察值无明显关系，但为了更好地反映现象的发展变化状况，两时间的间隔也应尽可能相等。

(2) 指标数值总体范围可比　指标所属总体范围、空间范围要相同，如地区范围，分组范围，隶属范围等。当时间序列中某些观察值的总体范围不一致时，必须进行适当调整，否则前后期的指标数值不能直接对比。

(3) 指标数值经济内容可比　指标的经济内容是由其理论内涵决定的，随着社会经济条件的变化,有些指标的经济内容也发生了相应的变化。对于名称相同而经济内容不一致的指标,务必使各时间上的观察值内涵一致,否则也不具备可比性。

(4) 指标数值的计算方法、计算价格和计量单位可比 对于指标名称总体范围和经济内容都相同的指标其计算方法不同也会导致数值上的差异。例如,国内生产总值,按照生产法、支出法、分配法计算的结果就有差异。因此,同一时间序列中,各个时期(时点)指标值应采用统一的计算方法。

> **想一想**
> 如表 9-2 所示是 2004~2008 年我国进出口贸易的几个基本指标的发展情况,你通过学习,能指出哪个是时期序列?哪个是时点序列吗?

表 9-2 我国进出口贸易的部分基本指标发展情况

时间/年	2004	2005	2006	2007	2008
货物进出口总额/亿元	95539.1	116922	140971	166740	179922
外资企业年底登记户数/户	242284	260000	274863	286232	434937

9.2 时间序列的水平指标

对时间序列进行分析最常用的方法有指标分析法与构成因素分析法两种。

时间序列指标分析法,是指通过计算一系列时间序列分析指标,可分为时间序列的水平指标和速度指标两类,其中水平指标包括发展水平、平均发展水平、增减量、平均增减量等,速度指标包括发展速度、平均发展速度、增减速度、平均增减速度等,用来揭示现象的发展变化程度。

时间序列构成因素分析法,是将时间序列看作是由长期趋势、季节变动、循环变动和不规则变动几种因素共同所构成,通过对这些因素的分解分析,从而揭示现象随时间变化而演变的规律,并在揭示这些规律的基础上,假定事物今后的发展趋势遵循这些规律,从而对事物的未来发展做出预测。

时间序列的水平指标,是指经济现象在某一时期或时点上的发展水平和增长水平,通常包括发展水平、平均发展水平、增长量、平均增长量四类。

9.2.1 发展水平

在时间序列中,发展水平是指时间序列中的每一项具体指标数值,它反映了某种社会经济现象在某一时间上所达到的一种数量状态,也是计算各项动态分析指标的基础。发展水平一般是时期或时点总量指标,如销售额、期末库存额等;也可以是相对指标或平均指标。表示为 $a_0, a_1, a_2, a_3, \cdots, a_{n-1}, a_n$。

根据发展水平在时间序列中所处的位置不同,可分为最初发展水平 a_0,中间发展水平 a_i 和最末发展水平 a_n。当时间序列中两个时期的指标数值进行对比时,用作对比基础时期的指标数值称为基期水平;所要计算研究的那个时期的指标数值称为报告期水平。报告期水平和基期水平不是固定不变的,它根据研究目的的不同和时间的变更而改变,现在的报告水平可能是将来的基期水平。

想一想

某公司在过去 12 个月中产品销售量的时间序列如表 9-3 所示。你能说出在这个时间序列中的最初水平、最末水平、报告期水平吗？

表 9-3　某公司 12 个月产品销售量统计

月份/月	1	2	3	4	5	6	7	8	9	10	11	12
销售量/万件	105	135	120	105	90	120	150	145	120	80	100	115

9.2.2　平均发展水平

平均发展水平，又称序时平均数或动态平均数。描述的是现象在一段时间内所达到的一般水平，是把时间序列中各个不同时期或时点上的发展水平加以平均而得到的平均数。由于在不同时间序列中观察值的表现形式不同，因此计算序时平均数时，要视资料的表现形式，采用不同的计算方法。

9.2.2.1　由绝对数时间序列计算序时平均数

绝对数时间序列序时平均数的计算方法是最基本的，它是计算相对数或平均数时间序列序时平均数的基础。绝对数时间序列有时期序列和时点序列之分，由于两种指标的性质不同，在计算序时平均数时，所采用的计算方法也有所不同。

(1) 由时期序列计算序时平均数　由时期序列计算序时平均数比较简单，因为它的各项指标能直接相加，可采用简单算术平均法，即将序列中各项指标数值之和除以时期项数。其计算公式如下

$$\bar{a} = \frac{\sum a}{n} \tag{9-1}$$

式中，$\bar{a}$ 为序时平均数；n 为观察值的个数。

【例 9.1】　求如表 9-4 所示某企业 2009 年商品销售额的全年各月平均销售额。

表 9-4　某企业 2009 年各月商品销售额

月份/月	1	2	3	4	5	6	7	8	9	10	11	12
销售额/万元	300	400	380	440	480	520	540	600	660	760	700	820

解：由公式 $\bar{a} = \sum a/n$ 得出全年月平均销售额如下。

$$\bar{a} = (300 + 400 + \cdots + 820)/12 = 550 (万元)$$

或者按季度平均：

$$\bar{a} = \frac{(300+400+380)/3 + (440+480+520)/3 + (540+600+660)/3 + (760+700+820)/3}{4}$$

$$= \frac{360 + 480 + 600 + 760}{4} = 550 （万元）$$

(2) 由时点序列计算序时平均数　由时点序列计算序时平均数的方法比较复杂，而且随着掌握资料的详细情况不同而有所区别。时点序列有连续时点序列和间断时点序列之分，而间断时点序列又有间隔相等与间隔不等之别，因此，其序时平均数的计算方法略有不同，现分述如下。

① 连续时点序列计算序时平均数。

Ⅰ 间隔相等且完整的连续时点序列。社会经济统计中按日连续登记的资料，可采用简单

算术平均法计算其序时平均数。即用各个时点数值之和除以时点个数（即天数）。其计算公式为：$\bar{a}=\sum a/n$。

【例 9.2】 某公司某年 6 月份银行存款余额资料如表 9-5 所示。计算该公司 6 月份的日平均存款余额。

表 9-5　公司某年 6 月的银行存款余额

日期/日	1～10	11～20	21～30
存款余额/万元	160	156	162

解：根据公式得 $\bar{a}=\sum a/n=(160+156+162)/3=159.33$ 万元

Ⅱ 间隔不等的连续时点序列。如果被研究现象不是逐日变动的，而是每隔一段时间变动一次，此时用每一指标值的持续天数为权数，对其时点水平加权，采用加权算术平均数的方法计算序时平均数。计算公式如下

$$\bar{a}=\frac{\sum af}{\sum f} \tag{9-2}$$

【例 9.3】 求如表 9-6 所示某企业 2007 年 4 月上旬职工日平均出勤人数。

表 9-6　某企业 2007 年 4 月上旬职工出勤人数

日期/日	1～3	4～5	6～7	8	9～10
职工出勤人数/人	250	262	258	266	272

解：该企业平均每日出勤人数根据公式得

$$\bar{a}=\frac{\sum af}{\sum f}=\frac{250\times 3+262\times 2+258\times 2+266\times 1+272\times 2}{3+2+2+1+2}=260（人）$$

② 间断时点序列计算序时平均数。

Ⅰ 间隔相等的间断时点序列。如果掌握了间隔相等的不连续的每期期初（期末）资料，则需要先计算各相邻两期发展水平的平均数，然后再对这些平均数用简单算术平均法求得序时平均数。计算公式为

$$\bar{a}=\frac{\dfrac{a_1+a_2}{2}+\dfrac{a_2+a_3}{2}+\cdots+\dfrac{a_{n-1}+a_n}{2}}{n-1}=\frac{\dfrac{1}{2}a_1+a_2+a_3+\cdots+a_{n-1}+\dfrac{1}{2}a_n}{n-1} \tag{9-3}$$

该公式形式上为首末两项观测值折半，因此又称为首末折半法。

【例 9.4】 某商业企业 2008 年 3～6 月某种商品的库存量如表 9-7 所示，试求该商品 3～6 月月平均库存量。

表 9-7　某商业企业 2008 年 3～6 月某商品库存量

日期	3月末	4月末	5月末	6月末
库存量/百件	66	72	64	68

解：该企业商品 3～6 月平均库存量为：

$$\bar{a}=\frac{\dfrac{66+72}{2}+\dfrac{72+64}{2}+\dfrac{64+68}{2}}{3}=\frac{\dfrac{66}{2}+72+64+\dfrac{68}{2}}{3}=67.67（百件）$$

Ⅱ 间隔不等的间断时点序列。其序时平均数的计算也可以先将相邻两个时期发展水平进行平均，由于各间隔不相等，所以可用各间隔时间为权数，再应用加权算术平均法计算序

时平均数。其计算公式如下

$$\bar{a}=\frac{\frac{(a_1+a_2)}{2}f_1+\frac{(a_2+a_3)}{2}f_2+\cdots+\frac{(a_{n-1}+a_n)}{2}f_{n-1}}{f_1+f_2+\cdots+f_{n-1}} \quad (9\text{-}4)$$

【例 9.5】 某证券公司 10 年员工人数统计如表 9-8 所示,计算该证券公司年平均员工人数。

表 9-8 某证券公司年末员工总数统计

年份/年	2000	2003	2007	2010
年末员工总数/百人	29	35	50	45

解:代入公式得某证券公司平均每年人数为

$$\bar{a}=\frac{\frac{29+35}{2}\times 3+\frac{35+50}{2}\times 4+\frac{50+45}{2}\times 3}{10}$$

$$=39.35(\text{百人})=3935(\text{人})$$

9.2.2.2 由相对数时间序列或静态平均数时间序列计算序时平均数

由于相对数或平均数是由两个有联系的绝对数对比求得,所以,要根据时间序列的分子和分母资料,分别计算分子、分母两个绝对数时间的序时平均数,再将这两个序时平均数对比求得。其基本计算公式表示为

$$\bar{c}=\frac{\bar{a}}{\bar{b}} \quad (9\text{-}5)$$

式中 $\bar{c}$——相对指标或平均指标动态序列的序时平均数;

$\bar{a}$——分子序列的序时平均数;

$\bar{b}$——分母序列的序时平均数。

对于由两个时期数对比形成的相对数或静态平均数时间序列,若掌握形成相对数或静态平均数时间序列的分子和分母的完备资料,则用两个简单算术平均数计算即可。其计算公式如下

$$\bar{c}=\frac{\bar{a}}{\bar{b}}=\frac{\frac{\sum a}{n}}{\frac{\sum b}{n}}=\frac{\sum a}{\sum b} \quad (9\text{-}6)$$

【例 9.6】 计算某企业 2008 年 1~3 月份资料如表 9-9 所示。求:①第一季度月平均流动资金周转次数;②月平均销售利润率。

表 9-9 某企业 2008 年 1~3 月份统计资料 单位:万元

月 份	一月	二月	三月	四月
商品销售收入	118	120	137	—
月初流动资金余额	60	65	68	72
利润额	10	11	15	—

解:① 该企业 1~3 月份平均流动资金周转次数

$$\bar{c}=\frac{\bar{a}}{\bar{b}}=\frac{\frac{118+120+137}{3}}{\frac{60/2+65+68+72/2}{4-1}}=\frac{\frac{375}{3}}{\frac{199}{3}}=1.88(\text{次})$$

② 月平均销售利润率

$$\bar{c} = \frac{\bar{a}}{\bar{b}} = \frac{\dfrac{10+11+15}{3}}{\dfrac{118+120+137}{3}} = 9.6\%$$

想一想

计算时点序列平均数时，分母是 $n-1$，例如：某高新区 2009 年第一季度月初的人数为：1 月 20000 人；2 月 22000 人；3 月 28000 人；4 月 32000 人。计算第一季度月平均人数时，4 月初的人数要不要用？为什么？

9.2.3 增长量和平均增长量

9.2.3.1 增长量

增长量是报告期水平与基期水平之差，用以说明现象在一定时期内增减的绝对数量。当报告期水平大于基期水平时，结果为正值，表示现象发展的水平增加；当报告期水平小于基期水平时，结果为负值，表示现象发展的水平减少。按照所选择基期的不同，增长量又可分为逐期增长量和累计增长量。

（1）逐期增长量　逐期增长量是报告期水平与其前一期水平之差，说明本期较上期增长绝对数量，表示为

$$a_i - a_{i-1} \quad (i=1,2,\cdots,n)$$

（2）累计增长量　累计增长量是报告期水平与某一固定基期水平之差，说明报告期与某一固定时期相比增减的绝对数量，表示为

$$a_i - a_0 \quad (i=1,2,\cdots,n)$$

逐期增长量与累计增长量之间存在如下关系：各逐期增长量之和等于相应时期的累计增长量；两相邻时期累计增长量之差等于相应时期的逐期增长量。

【例 9.7】 2003～2009 年我国社会消费品零售总额资料如表 9-10 所示，计算消费品零售总额的历年逐期增长量和累计增长量。

表 9-10　2003～2009 年我国社会消费品零售总额　　　　　　　　单位：亿元

年度	总额	逐期增长量	累计增长量
2003	52516.30	—	
2004	59501.00	6984.70	6984.70
2005	67176.60	7675.60	14660.30
2006	76410.00	9233.40	23893.70
2007	89210.00	12800.00	36693.70
2008	108487.70	19277.70	55971.40
2009	132678.40	24190.70	80162.10

在实际统计分析工作中，对于受季节因素影响较明显的社会经济指标，也经常计算发展水平比去年同期发展水平的增减量，这个指标叫年距增长量或同比增长量，其计算公式为

$$年距增长量 = 本期发展水平 - 上一年同期发展水平$$

9.2.3.2 平均增长量

平均增长量是逐期增长量的平均数，用于描述现象在观察期内平均每期增减的绝对数量，其计算公式为

$$\text{平均增长量} = \frac{\sum(a_i - a_{i-1})}{n} = \frac{a_n - a_0}{n} \tag{9-7}$$

式中，n 为逐期增减量个数。

【例 9.8】 计算消费品零售总额的平均增长量，以表 9-10 所示资料为例。

解：消费品零售总额的平均增长量 $= \dfrac{6984.7 + 7675.6 + 9233.4 + 12800 + 19277.7 + 24190.7}{6}$

$= 13360.35$（亿元）

或 消费品零售总额的平均增长量 $= \dfrac{80162.1}{6} = 13360.35$（亿元）

9.3 时间序列的速度指标

时间序列的速度指标包括发展速度、增长速度、平均发展速度、平均增长速度四类。

9.3.1 发展速度和增长速度

9.3.1.1 发展速度

发展速度是指反映社会经济现象发展变化程度的动态相对指标，是报告期发展水平与基期发展水平之比，计算结果一般用倍数或百分数表示。若计算结果大于百分之百（或大于 1）则表示为上升速度；若计算结果小于百分之百（或小于 1）则表示为下降速度。

发展速度根据采用的基期不同，可以分为环比发展速度、定基发展速度和年距发展速度。

(1) 环比发展速度 环比发展速度是报告期水平与前一时期水平之比

$$\frac{a_1}{a_0}, \frac{a_2}{a_1}, \cdots, \frac{a_n}{a_{n-1}}$$

(2) 定基发展速度。定基发展又称总发展速度，是报告期水平与某一个固定时期水平之比

$$\frac{a_1}{a_0}, \frac{a_2}{a_0}, \cdots, \frac{a_n}{a_0}$$

环比发展速度与定基发展速度之间存在着重要的数量关系，即观察期内各个环比发展速度的连乘积等于相应时期的定基发展速度；两个相邻时期的定基发展速度之比等于相应时期的环比发展速度，其关系式表示为

$$\frac{a_1}{a_0} \times \frac{a_2}{a_1} \times \frac{a_3}{a_2} \times \cdots \times \frac{a_n}{a_{n-1}} = \frac{a_n}{a_0} \quad \frac{a_i}{a_0} \div \frac{a_{i-1}}{a_0} = \frac{a_i}{a_{i-1}}$$

(3) 年距同比发展速度 是用本期发展水平与去年同期发展水平之比，消除季节因素影响，以反映现象本期的发展水平较去年同期发展水平变动的相对程度。其计算公式表示为

年距同比发展速度 = 报告期发展水平 / 上一年同期发展水平 × 100%

9.3.1.2 增长速度

增长速度又称增长率，是根据增长量与基期水平对比求得，也可用发展速度减 1 求得，其计算公式如下

$$\text{增长速度} = \frac{\text{增长量}}{\text{基期水平}} = \frac{\text{报告期水平} - \text{基期水平}}{\text{基期水平}} \tag{9-8}$$

或 $$\text{增长速度} = \text{发展速度} - 1(\text{或} 100\%) \quad (9\text{-}9)$$

增长速度和发展速度各自说明不同的问题。发展速度说明报告期水平较基期发展到多少；而增长速度说明报告期水平较基期增减多少（扣除了基数）。当发展速度大于1时，增长速度为正值，表示现象的增长程度；当发展速度小于1时，增长速度为负值，表示现象的降低程度，此时称为降低速度。

增长速度与发展速度类似，由于采用对比的基期不同，也分为环比增长速度和定基增长速度两种。

(1) 环比增长速度 环比增长速度是逐期增长量与前一时期水平之比，其计算公式表示为

$$\text{环比增长速度} = \frac{a_i - a_{i-1}}{a_{i-1}} = \frac{a_i}{a_{i-1}} - 1 \quad (i = 1, 2, \cdots, n) \quad (9\text{-}10)$$

(2) 定基增长速度 定基增长速度是报告期累积增长量与某一固定时期水平之比，其计算公式表示为

$$\text{定基增长速度} = \frac{a_i - a_0}{a_0} = \frac{a_i}{a_0} - 1 \quad (i = 1, 2, \cdots, n) \quad (9\text{-}11)$$

定基增长速度与环比增长速度之间的换算关系，定基增长速度和环比增长速度都是发展速度的派生指标，两者之间不能直接换算。如果要进行换算，则首先要将环比增长速度加1变成环比发展速度，再将各期环比发展速度连乘积，得到定基发展速度，最后用定基发展速度减1即为定基增长速度。

【例9.9】 以表9-10中的我国社会消费品零售总额为例，计算出相应指标，结果见表9-11。

表 9-11 2003～2009 年我国社会消费品零售总额统计

年度	总额/亿元	环比发展速度/%	定基发展速度/%	环比增长速度/%	定基增长速度/%
2003	52516.30	—	—	—	—
2004	59501.00	113.38	113.30	13.30	13.30
2005	67176.60	112.90	127.90	12.90	27.90
2006	76410.00	113.74	145.50	13.74	45.50
2007	89210.00	116.75	169.87	16.75	69.87
2008	108487.70	121.61	206.58	21.61	106.58
2009	132678.40	122.30	252.65	22.30	152.65

想一想

某学校的学生数年年增长，2008年比2007年增长10%，2007年比2006年增长6%，2006年比2005年增长3%，求三年来学校学生增长的总速度。

9.3.2 平均发展速度和平均增长速度

社会经济现象的发展受许多因素的影响，使得现象各期的发展速度和增长速度在数量上存在着一定的差别。要说明现象在更长时期内平均每期发展变化的程度和平均每期增长变化的程度，则需要计算平均发展速度和平均增长速度指标。

9.3.2.1 平均发展速度和平均增长速度的计算

平均发展速度在实际工作中起着举足轻重的作用，是反映国民经济发展变化，进行国民

经济宏观调控的重要指标，也经常用来对比不同阶段、不同时期、不同国家或地区同类现象发展变化的情况，还可作为各种推算和预测的依据。

平均增长速度一般通过平均发展速度减 1 来计算。下面主要介绍平均发展速度的计算，在实际统计工作中，计算平均发展速度有几何平均法和方程式法两种方法。

(1) 几何平均法又称水平法　是根据各期的环比发展速度采用几何平均法来计算平均发展速度，其计算公式如下

$$\bar{x} = \sqrt[n]{\frac{a_1}{a_0} \times \frac{a_2}{a_1} \times \cdots \times \frac{a_n}{a_{n-1}}} = \sqrt[n]{\frac{a_n}{a_0}} \tag{9-12}$$

从水平法计算平均发展速度的公式中可以看出，$\bar{x}$ 实际上只与序列的最初观察值 a_0 和最末观察值 a_n 有关，而与其他各项观察值无关，因此也可以直接由定基发展速度计算。

【例 9.10】以表 9-11 资料为例，我国社会消费品零售总额 2003～2009 年各年的环比发展速度分别为 113.38%，112.90%，113.74%，116.75%，121.61%，122.30%，试计算社会消费品零售总额的年平均发展速度。

解：社会消费品零售总额的年平均发展速度 $= \sqrt[n]{\prod x_i}$
$= \sqrt[6]{113.38\% \times 112.90\% \times 113.74\% \times 116.75\% \times 121.61\% \times 122.30\%}$
$= 116.7\%$

或　　　社会消费品零售总额的年发展速度 $= \sqrt[6]{\frac{a_n}{a_0}} = \sqrt[6]{252.65\%} = 116.7\%$

由此可知，我国社会消费品零售总额的年平均发展速度为 116.7%。

【例 9.11】接上例，若照此平均速度发展，那么到 2015 年我国社会消费品零售总额将达多少亿元？

解：预测 2015 年，以 2009 年为基期，$a_0 = 132678.40$ 亿元，$n = 6$，$\bar{x} = 116.70\%$，则

$$a_{2015} = a_0 (\bar{x})^n = 132678.4 \times (116.7)^6 = 335211.98 (\text{亿元})$$

即：我国社会消费品的零售总额按照 2003～2009 年的平均发展速度，到 2015 年将达到 335211.98 亿元的总量水平。

(2) 方程式法又称累计法　这种方法的特点是：从最初水平 a_0 出发，各期按平均发展速度 $\bar{x}$ 发展，n 期后的各期水平之和，应和各期实际水平之和相等。公式为

$$\bar{x} + (\bar{x})^2 + \cdots + (\bar{x})^n = \frac{\sum a_i}{a_0} \tag{9-13}$$

上述公式是关于 $\bar{x}$ 的一个高次方程，解这个高次方程所得的正根，就是所求的平均发展速度。但求解此高次方程是比较复杂的，在实际工作中为简便起见，通常都是根据事先编制的"平均发展速度查对表"直接查表得出。

平均增长速度是各期环比增长速度的序时平均数，用以说明现象在一段时期内逐期平均增长变化的程度。要计算平均增长速度，必须先计算平均发展速度，然后用平均发展速度减"1"（或 100%）计算求得，其计算公式为

$$\text{平均增长速度} = \text{平均发展速度} - 1(\text{或}\ 100\%) \tag{9-14}$$

当平均发展速度大于 1 时，平均增长速度为正值，表明现象在某一较长时期内逐期平均递增的程度；当平均发展速度小于 1 时，平均增长速度为负值，表明现象在某一较长时期内逐期平均递减的程度。

【例 9.12】我们再看表 9-11 的资料，按例 9.10 计算的平均发展速度，求平均增长

速度。

解：2003～2009年我国社会消费品零售总额的年平均增长速度为

$$年平均增长速度 = 116.70\% - 100\% = 16.7\%$$

9.3.2.2 速度指标分析应注意的问题

(1) 速度指标与水平指标相结合运用　高速度可能掩盖低水平，低速度都有可能是高水平，只有两者结合，才能全面深入地了解真实的情况，做出合理的结论。

(2) 总平均速度与各期速度结合运用　因为社会经济现象的不确定性，其发展速度并不是稳定的。比如某销售部门的利润分别为20万元、30万元、15万元、12万元、50万元，其变化方向不是一直增加或减少，在这种情况下，需要分段的平均速度，各期的平均速度来说明。

> **想一想**
> (1) 假定有两个生产条件基本相同的企业，请对两个企业的经营业绩进行分析评析，资料如表9-12所示。
> (2) 通常说：高水平难以高速度，而低水平却可以高速度。你能理解这是为什么吗？

表9-12　甲、乙两个企业有关资料

年份	甲企业		乙企业	
	利润额/万元	增长率/%	利润额/万元	增长率/%
2006	500	—	60	—
2007	600	20	84	40

9.4　时间序列的变动分析

9.4.1　时间序列的影响因素构成分析

社会经济现象随时间的变化所呈现出来的变动形态，是多种因素综合影响的结果。统计分析的任务就是对构成时间序列的各种因素加以分解和测定，用数学模型来对时间序列进行定性分析基础上的定量分析，以便对未来的状况作出判断和预测。一般情况下，时间序列的影响因素有长期趋势、季节变动、循环变动，不规则变动四种。

(1) 长期趋势（T）　长期趋势是指社会经济现象在较长的时期内，由于受决定性的基本因素的作用，使其发展变化表现出随时间逐渐呈上升或下降变动的趋势。例如，国民生产总值、人均纯收入、国家财富的指标都随时间呈现上升趋势；高新技术在生产中的应用使产品的单位成本，原材料消耗等呈现下降趋势。总之，认识和掌握现象的长期趋势，可以把握事物发展变化的基本特点。

(2) 季节变动（S）　季节变动是指社会经济现象受自然（如季节变化）或社会因素等因素的影响而发生的有规律的周期性波动。例如，海边旅游在夏季呈现高峰期、商场的假日经济等都是随季节变动。季节变动的周期通常在一年之内。

(3) 循环变动（C）　循环变动又称波浪式变动，其现象受多种不同因素的影响，在较长时间内发生周期性的起伏波动的变动趋势。循环变动也是一种周期性的变动，但这种周期长短不一，如经济危机。一般来说，循环变动的周期往往比一年时间要长。

（4）不规则变动（I） 是指现象由于受偶然性因素或不明原因引起的非周期性、非趋势性的随机变动趋势。由于是无法解释的因素引起的现象波动，所以一般不表现出明显的规律性。

针对这四种因素的相互作用构成事物在一定时期内的变动。我们可以建立适合的模型，来反映这四个因素对时间序列的共同影响，即加法模型和乘法模型。

（1）加法模型 加法模型是假定四种变动因素是互相独立的，则时间序列各期发展水平是各个影响因素相加的总和。其计算公式为

$$Y_t = T + S + C + I \tag{9-15}$$

在加法模型中，构成时间序列的各个因素均是绝对量的形式，分别作为影响时间序列的一个组成部分。

（2）乘法模型 乘法模型是假定四种变动因素存在着某种相互影响关系，互不独立。因此，时间序列长期发展水平是各个影响因素相乘积。表现为

$$Y_t = T \times S \times C \times I \tag{9-16}$$

在乘法模型中，T 是绝对量，而 S，C，I 均是以相对量的形式影响时间序列值，表现为对长期趋势的一个影响比例，从理论上来说，这种模型更趋于合理。本章重点介绍长期趋势和季节变动的分析和测定。

> **想一想**
>
> 下面五种情况下，你能从时间长短、波动周期和形成原因三个方面判断说明这些现象属于动态序列构成因素中的哪一个？
> ① 春节期间铁路、航空的交通。
> ② 旅游景点的游客人数，周末达到高峰。
> ③ 耐用消费品如电视，冰箱等周期性更新导致需求量的变化。
> ④ 我国国内生产总值从长时间来看是不断增加的。
> ⑤ 由于瘦肉精造成对猪肉需求量的减少。

9.4.2 长期趋势的测定方法

长期趋势是指现象在较长时间内持续发展变化的一种趋势或状态，通过对时间序列长期趋势变动的分析，掌握现象变动的规律性，并对其发展趋势做出预测。测定长期趋势的方法主要有时距扩大法、移动平均法和数学模型法三种。

9.4.2.1 时距扩大法

时距扩大法是通过扩大时间的距离将原序列中的指标数值加以合并平滑，以消除或减弱其他因素引起的波动。

【例 9.13】 某外贸企业为了合理地组织销售，需了解订单的变化情况，如表 9-13 和图 9-1 所示是 2009 年各月的外销订单金额。

表 9-13 2009 年各月外销订单金额

月份	1	2	3	4	5	6	7	8	9	10	11	12
销售额/万元	62	67	58	56	72	66	84	65	78	71	87	80

由折线图可以看出，外贸订单金额每个月的波动趋势不太明显，若扩大时间间隔，求得每个季度的平均月外销订单金额，得出新序列，如表 9-14 和图 9-2 所示。

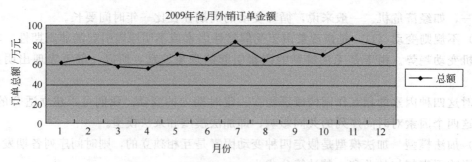

图 9-1　2009 年各月外销订单金额折线图

表 9-14　2009 年各季度外销订单金额

季度	1	2	3	4
总额/万元	187	194	227	238
平均月总额/万元	62.33	64.67	75.67	79.33

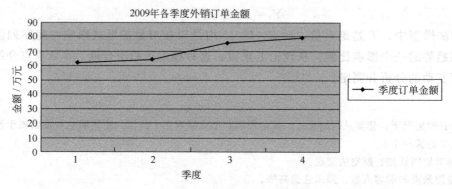

图 9-2　2009 年各季度外销订单金额折线图

可见新序列的长期趋势呈现出了较明显的逐渐上升，但是时距扩大法的缺点也很明显，使时间序列的项数减少，不利于进行长期趋势的分析，同时，还可能掩盖现象在不同时期发展变化的差异。

时距扩大法一般来说只能用于时间序列的修匀，不能用来预测。

9.4.2.2　移动平均法

移动平均法也是时间序列的一种修匀方法，是对时距扩大法的改良，该方法的基本思想和原理是，将原来的时间序列的时距扩大，并按一定的间隔长度逐期移动，分别计算出一系列平均数，形成新的时间序列，若能同时考虑移动平均的项数和周期性波动的周期长度，则可以消除原序列中的季节变动的影响，减弱变动和不规则变动的影响。

【例 9.14】Kim 经营了一家饮料店 5 年后，一直想扩大经营，开办连锁店，因此他需要对饮料店的未来发展做计划，这里有他 5 年来每季度销售收入的资料（见表 9-15）。针对这些数据，为 Kim 准备一份预测和建议的分析报告。

表 9-15　饮料店 5 年来的销售收入情况　　　　　　　　单位：万元

年度	第一年				第二年				第三年				第四年				第五年			
季度	1	2	3	4	1	2	3	4	1	2	3	4	1	2	3	4	1	2	3	4
销售额	6	15	10	4	10	18	15	7	14	26	23	12	19	28	25	18	22	34	28	21

解： 先将表中的数据做一个折线图（见图 9-3）。

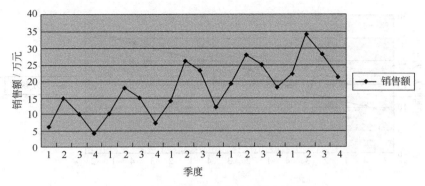

图 9-3 饮料店销售收入季度折线图

通过 5 年数据的折线图来看，Kim 的饮料店销售是受季节变动影响的，可以先用移动平均法消除季节变动、循环变动和不规则变动的影响，显现出长期趋势，如果长期趋势是上升的，则说明饮料的市场需求是增加的，办连锁是可行的。反之，则不需要扩大经营。

对数据资料进行四项移动平均，从 Excel 数据分析工具菜单里，找到数据分析对话框中选中"移动平均"，并单击确定。根据对话框的提示输入被分析的数据可以得到移动平均后的新序列，见表中第四列，因为偶数项移动平均所得到的数据和时间不对齐，还要进行二次移正，即再对新数列进行二次移正，这样得到了一个和时间相对应的新的时间序列（见表 9-16）。

表 9-16 饮料店五年季度销售收入移动平均　　　　　　　　单位：万元

年度	季度	销售额	四项移动平均	二次移正
第1年	一	6		
	二	15	8.75	
	三	10	9.75	9.25
	四	4	10.5	10.125
第2年	一	10	11.75	11.125
	二	18	12.5	12.125
	三	15	13.5	13
	四	7	15.5	14.5
第3年	一	14	17.5	16.5
	二	26	18.75	18.125
	三	23	20	19.375
	四	12	20.5	20.25
第4年	一	19	21	20.75
	二	28	22.5	21.75
	三	25	23.25	22.875
	四	18	24.75	24
第5年	一	22	25.5	25.125
	二	34	26.25	25.875
	三	28		
	四	21		

再根据移动平均后的时间序列，用 Excel 做出图 9-4，可以看出新的序列呈现出一个增

长的长期趋势，因此初步判断，扩大经营的计划可以进行。

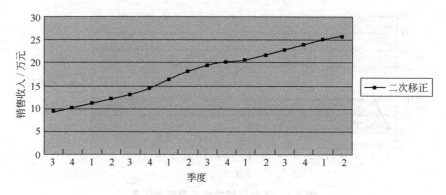

图 9-4　饮料店销售收入移动平均趋势图

采用移动平均法确定长期趋势，其优点是能较充分地利用原数列的各项数据，处理简单，容易理解，和时距扩大法相比，能保留更多的数据，新序列项数比原序列少的项数可以用公式计算：

$$新序列项数＝原序列项数－移动平均时期项数＋1$$

在使用移动平均法确定长期趋势时要注意：第一，采用移动平均测定长期趋势，移动的项数很关键，季节变动明显时，需考虑更好地消除季节变动的项数；第二，当移动的项数为奇数项时，所得的移动平均数对齐中间项，和中间时间对齐，一次可得长期趋势，当移动的项数为偶数时，所得的移动平均数则对应原序列移动平均时间的中间项，必须再进行二次移动平均，使新序列各项下移半期，使所得移动平均数和时间项对齐；第三，移动平均法只适用于直线型序列的修匀。

想一想

设计一个时间序列或就以上例题的资料，分别对序列进行三项、四项、五项移动平均，并对比几种不同项数移动平均的结果，可得出什么结论？

9.4.2.3　测定长期趋势的数学模型

对时间序列长期趋势的测定可以用建立数学模型的方法，根据序列的发展变化特点，建立线性趋势和非线性趋势模型。应用数学模型法，首先要判断长期趋势的形态，有两种判断方法：一种是散点图法，即在以时间为横轴，指标数值为纵轴的直角坐标系中作时间序列数值的散点图，根据散点的分布规律来确定时间序列的模型，以便选择合适的数学模型；另一种是指标法，即通过计算时间序列的动态分析指标来确定时间序列的类型，其判别条件是，若时间序列的逐期增减量大致相等，则可判定现象具有直线型的长期趋势，若时间序列的二级增减量（即逐期增减量的逐期增减量）大致相等，则现象具有抛物线性的长期趋势，若时间序列的各期环比发展速度大致相等，则现象具有指数曲线型的长期趋势。

依照相关与回归的分析和方法，把时间序列中的时间 t 和现象数值 y 看成一对相关的变量，判断其相关的类型并建立合适的回归模型来判断其长期趋势。最常见的长期趋势模型是直线趋势，本章主要介绍用最小平方法建立直线趋势模型。直线趋势方程为

$$\hat{y}_t = a + bt \tag{9-17}$$

式中 $\hat{y}_t$——时间序列中实际观察值 y_t 的趋势值；

t——时间在横坐标轴上的标号（一般按照自然数序号）；

a——趋势直线在 y 轴上的截距，经济意义为当 $t=0$ 时 $\hat{y}_t$ 的初始值；

b——趋势直线的斜率，经济意义为 t 变动一个单位时趋势值 $\hat{y}_t$ 的平均变动数量。

求出 a、b 则模型建立。根据第 8 章相关与回归中最小二乘法的原理，即：$\sum(y-\hat{y}_t)^2 =$ 最小值，利用求偏导数的方法，得到联立方程组

$$\begin{cases} \sum y = na + b\sum t \\ \sum ty = a\sum t + b\sum t^2 \end{cases}$$

解方程组得

$$\begin{cases} b = \dfrac{n\sum ty - \sum t \sum y}{n\sum t^2 - (\sum t)^2} & (9\text{-}18) \\ a = \dfrac{1}{n}(\sum y - b\sum t) = \dfrac{\sum y}{n} - b\dfrac{\sum t}{n} = \bar{y} - b\bar{t} & (9\text{-}19) \end{cases}$$

【例 9.15】 参照上例中的数据和散点图，还可以用建立数学模型的方法来测定饮料店的长期趋势，并根据模型进行预测，制定未来发展计划。

解：$b = \dfrac{n\sum ty - \sum t\sum y}{n\sum t^2 - (\sum t)^2} = \dfrac{20\times 4424 - 210\times 355}{20\times 2870 - 210^2} = \dfrac{13930}{13300} = 1.047368$

$$a = \dfrac{\sum y}{n} - b\dfrac{\sum t}{n} = \dfrac{355}{20} - 1.047368 \times \dfrac{210}{20} = 6.75263$$

可知，线性趋势方程为

$$\hat{y}_t = 6.75263 + 1.047368t$$

用 Excel 处理依然很方便，在 Excel 工作表中，在"工具"的"数据分析"中点击"回归"，在对话框中按照提示输入相应的数据等，点击"确定"即得回归结果（见图 9-5）。

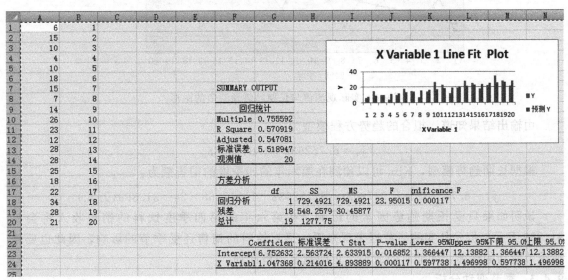

图 9-5 回归计算结果截图

各时期的预测值及实际观测值和预测值之间的残差等数据如下（见表 9-17），可转化图

形（见图 9-6）。

表 9-17　实际观测值与预测值残差表

观测值	预测 Y	残差	标准残差
1	7.8	−1.8	−0.33509
2	8.847368	6.152632	1.145369
3	9.894737	0.105263	0.019596
4	10.94211	−6.94211	−1.29234
5	11.98947	−1.98947	−0.37036
6	13.03684	4.963158	0.923937
7	14.08421	0.915789	0.170483
8	15.13158	−8.13158	−1.51377
9	16.17895	−2.17895	−0.40563
10	17.22632	8.773684	1.633301
11	18.27368	4.726316	0.879847
12	19.32105	−7.32105	−1.36288
13	20.36842	−1.36842	−0.25474
14	21.41579	6.584211	1.225711
15	22.46316	2.536842	0.472256
16	23.51053	−5.51053	−1.02583
17	24.55789	−2.55789	−0.47618
18	25.60526	8.394737	1.562757
19	26.65263	1.347368	0.250825
20	27.7	−6.7	−1.24727

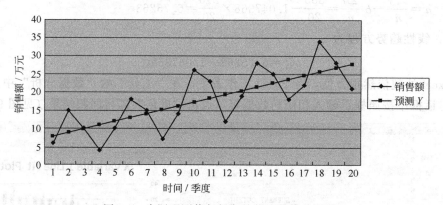

图 9-6　实际观测值与长期趋势预测值的图形

由输出结果知道，拟合的趋势方程模型为：

$$\hat{y}_t = 6.752632 + 1.047368t$$

根据长期趋势模型，Kim 可以预测在第六年的四季度的销售额为：

$$\hat{y}_t = 6.752632 + 1.047368t = 6.752632 + 1.047368 \times 24 = 31.889(万元)$$

说明如果只受长期趋势因素的影响，在第六年的第四季度饮料的销售收入将会是 31.889 万元。但是从实测值数据表现来看，显然饮料的销售还受季节的影响，因此也要把握季节变动的规律，才能有的放矢，正确制定销售计划。

9.4.3　季节变动分析

研究季节变动的意义在于了解季节变动对人们社会经济生活的影响，掌握季节变动的规律，为进行决策提供依据，以便更好地组织生产和安排生活。分析季节变动的规律需要把握其三个显著的特点：季节变动每年重复进行；季节变动按照一定的周期进行；每个周期变化强度大体相同。季节变动的测定主要是计算季节比率，也称为季节指数。有两种测定方法：按季（月）平均法和长期趋势剔除法。

(1) 按季（月）平均法 即同期平均法，不考虑现象中长期趋势的影响，根据已知的时间序列，用按季（月）平均法测定季节的变动，计算步骤分述如下。

① 搜集历年各季（月）的时间序列资料（一般要三年以上），并按同季（月）对齐。
② 根据各年按季（月）的时间序列资料，计算出各年同季（月）的合计数和平均数。
③ 计算各年所有季（月）的总平均数。
④ 将各年同季（月）的平均数与总平均数进行对比，即得出用百分数表示的各季（月）的季节比率，又称季节指数，季节指数是进行季节变动分析的重要指标，可用来说明季节变动的程度。其计算公式为

$$季节指数 = \frac{各年同季（月）平均数}{全期各季（月）总平均数} \times 100\% \qquad (9-20)$$

如果某季（月）的季节指数大于100%，则为旺季；如果某季（月）的季节指数小于100%，则为淡季；如果某季（月）的季节指数等于100%，则说明现象不受季节变动的影响。

【例 9.16】 我们仍以 Kim 饮料店的销售资料为例，再对它进行季节变动的分析，以便掌握季节变化对饮料销售的影响（见表 9-18）。

表 9-18 饮料店 5 年的销售收入情况 单位：万元

年份	一	二	三	四	平均
第一年	6	15	10	4	8.75
第二年	10	18	15	7	12.5
第三年	14	26	23	12	18.75
第四年	19	28	25	18	22.5
第五年	22	34	28	21	26.25
平均数	14.2	24.2	20.2	12.4	17.75
季节指数/%	80	136.34	113.80	69.86	400.00

在表 9-18 中，计算 5 年中 20 个季度的总平均数为 17.75，用每个季度的平均数除以 17.75，就可获得该季度的季节指数。例如，五年中第一季度季的平均数为 14.2，除以 17.75 得 80%，即为第一季度的季节指数。很显然，饮料销售的夏季和秋季为旺季，而春季和冬季则为淡季。

(2) 移动平均趋势剔除法 是在考虑长期趋势因素影响的情况下，利用移动平均法先消除原时间序列中的长期趋势的影响，然后再测定季节变动的方法，具体计算步骤分述如下。

① 根据时间序列中各年按季（月）的数值计算移动平均数（若是季度资料则进行 4 项移动平均，若是月资料则进行 12 项移动平均），由于移动项数是偶数，要进行两次移动平均来求得趋势值。
② 用时间序列中各季（月）的数值（y）与其相对应的趋势值（T）对比，计算出 y/T

的百分比数值。

③ 把 y/T 的百分比数值按季（月）排列，计算出各年同季（月）的平均数，这个平均数就是各季（月）的季节比率，即季节指数。

④ 把各季（月）的季节比率加计汇总，其总计数应等于400%（1200%），如果不符，则要进行相应的调整。

【例 9.17】 以前面饮料销售的资料为例来进行季节指数的计算（见表 9-19）。

根据移动平均中对 Kim 的饮料店 5 年销售资料的处理，得到了从第一年三季度到第五年二季度的长期趋势值 T，由乘法模型得：$Y/T=SCI$，得到剔除长期趋势的新序列如表 9-19 所示。

表 9-19 饮料店五年季度销售收入移动平均　　　　　　　　　　　　　　单位：万元

年度	季度	销售额	四项移动平均	二次移正 T	$Y/T=SCI$
第1年	一	6			
	二	15	8.75		
	三	10	9.75	9.25	1.081081
	四	4	10.5	10.125	0.395062
第2年	一	10	11.75	11.125	0.898876
	二	18	12.5	12.125	1.484536
	三	15	13.5	13	1.153846
	四	7	15.5	14.5	0.482759
第3年	一	14	17.5	16.5	0.848485
	二	26	18.75	18.125	1.434483
	三	23	20	19.375	1.187097
	四	12	20.5	20.25	0.592593
第4年	一	19	21	20.75	0.915663
	二	28	22.5	21.75	1.287356
	三	25	23.25	22.875	1.092896
	四	18	24.75	24	0.75
第5年	一	22	25.5	25.125	0.875622
	二	34	26.25	25.875	1.31401
	三	28			
	四	21			

再把新序列按照同季（月）对齐，计算季节指数（见表 9-20）。

表 9-20 饮料店 5 年的销售收入季节指数计算表　　　　　　　　　　　　单位：万元

年份	一	二	三	四	平均
第一年	—	—	1.081081	0.395062	
第二年	0.898876	1.484536	1.153846	0.482759	
第三年	0.848485	1.434483	1.187097	0.592593	
第四年	0.915663	1.287356	1.092896	0.75	
第五年	0.875622	1.31401	—	—	
平均数	0.884662	1.380096	1.12873	0.5551035	0.987148
季节指数(%)	89.62	139.81	114.34	56.23	400.00

想一想

(1) 进行季节变动的测定，为什么需要连续三年以上的资料？

(2) 根据实际资料，如何采用两种不同的方法测定季节变动，同时应注意的问题有哪些？

本章小结

本章介绍了时间序列的概念、种类；时间序列的水平指标和速度指标的分析，以及影响时间序列的变动因素的分析。在实际应用中，要注意水平指标和速度指标相结合，辨析时间指标的性质特点，用正确的方法处理不同的时间序列及其指标。在时间序列变动分析中，要注意长期趋势的测定是假设对现象发展比较平稳的前提下对未来的预测。季节变动的季节指数的测定对季节性强的数据有着重要的作用。这些数据运用得当，对社会经济现象的认识和利用具有重要意义。

思考与练习

一、单项选择题

1. 已知环比增长速度为 9.2%，8.6%，7.1%，7.5%，则定基增长速度为（　　）。
    A. 9.2%×8.6%×7.1%×7.5%
    B. (9.2%×8.6%×7.1%×7.5%)−100%
    C. 109.2%×108.6%×107.1%×107.5%
    D. (109.2%×108.6%×107.1%×107.5%)−100%

2. 下列等式中，不正确的是（　　）。
    A. 发展速度＝增长速度＋1
    B. 定基发展速度＝相应各环比发展速度的连乘积
    C. 定基增长速度＝相应各环比增长速度的连乘积
    D. 平均增长速度＝平均发展速度−1

3. 累计增长量与其相应的各个逐期增长量的关系表现为（　　）。
    A. 累计增长量等于相应的各个逐期增长量之积
    B. 累计增长量等于相应的各个逐期增长量之和
    C. 累计增长量等于相应的各个逐期增长量之差
    D. 以上都不对

4. 编制时间序列的基本原则是要使时间序列中各项指标数值具有（　　）。
    A. 可加性　　　B. 可比性　　　C. 一致性　　　D. 同质性

5. 某地区 1990～1996 年排列的每年年终人口数时间序列是（　　）。
    A. 绝对数时期序列　　　　　　B. 绝对数时点序列
    C. 相对数时间序列　　　　　　D. 平均数时间序列

6. 由时期间隔不等的连续时点序列计算序时平均数，应按（　　）计算。
    A. 简单算术平均法　B. 加权算术平均法　C. 几何平均法　D. 以上都不对

7. 已知某地区 2004 年粮食产量的环比发展速度为 104%，2006 年为 106.2%，2007 年为 105%；又知

2007年的定基发展速度为122.58%，则2005年的环比发展速度为（　　）。

    A. 105.1%   B. 105.7%   C. 103.5%   D. 104.8%

8. 假定某产品产量2007年比2002年增长了135%，那么2002～2007年的平均发展速度为（　　）

    A. 35%   B. 135%   C. 118.63%   D. 235%

9. 按水平法计算的平均发展速度的大小取决于（　　）。

    A. 现象环比发展速度之和

    B. 现象最末水平和最初水平的大小

    C. 现象中间各期发展水平的大小

    D. 现象时期的长短

10. 已知各个时期的发展水平之和与最初水平及时期数，要计算平均发展速度（　　）。

    A. 采用水平法   B. 采用累计法

    C. 两种方法都不能采用   D. 两种方法都可以采用

11. 某省人口数2004年比1957年增长了1.4倍，比1983年增长了50%，则1983年人口数比1957年增长（　　）

    A. 60%   B. 160%   C. 280%   D. 70%

12. 以1972年为基期，2005年为报告期，计算现象的平均发展速度应开（　　）次方。

    A. 33   B. 32   C. 31   D. 30

13. 时间序列中，各个指标数值可以相加的是（　　）

    A. 时点序列   B. 平均数动态序列   C. 时期序列   D. 相对数动态序列

14. 根据时期序列，计算平均发展水平用（　　）。

    A. 首尾折半法   B. 简单算术平均法

    C. 倒数平均法   D. 加权自述平均法

15. 增长1%的绝对值指（　　）。

    A. 本期水平的1%   B. 前期水平除以100

    C. 本期累计增长量的1%   D. 本期逐期增长量除以100

二、判断题

1. 发展水平就是时间序列中的每一项具体指标数值，它只能表示为绝对数。（　　）

2. 若将1995～2000年年末全民所有制企业固定资产净值按时间顺序排列，此种数列称为时点序列。（　　）

3. 平均发展水平是一种平均数，平均发展速度也是一种序时平均数。（　　）

4. 平均增长量等于累计增长量除以逐期增长量个数。（　　）

5. 环比增长速度的连乘积等于定基增长速度。（　　）

6. 增长1%的绝对值表示的是速度指标增长1%而增加的水平值。（　　）

7. 若逐期增长量每年相等，则其各年的环比发展速度是年年下降的。（　　）

8. 季节变动指的是现象受自然因素的影响而发生的一种有规律的变动。（　　）

9. 时间序列中各个指标数值是不能相加的。（　　）

10. 时期序列是最基本的时间序列。（　　）

11. 保证时间序列中各个指标数值的可比性是编制时间序列的基本原则。（　　）

12. 增长量可以是正值，也可以是负值。（　　）

13. 增长1%的绝对值等于前期水平除以100。（　　）

14. 一定阶段内，各期发展水平之和与最初水平之比，实际上就是各定基发展速度之和。（　　）

15. 报告期比基期翻一番，即增加一倍，翻两番也就是增加两倍。（　　）

三、填空题

1. 动态序列有两个要素，一是_____，二是_____。

2. 动态序列的每项指标数值都称为_____，根据其在动态序列中的位置不同，又可分为_____、_____和_____三种。

3. 各个发展水平反映现象在_____或_____上所达到的实际水平。

4. 发展速度是_____和_____之比。

5. 按对比基期的不同，发展速度可分为_____发展速度和_____发展速度。二者的数量关系是_____。

6. 由于选择的基期不同，增长量可分为_____增长量和_____增长量。两者的数量关系是_____。

7. 增长1%绝对值等于_____，经济意义是_____。

8. 某校在校生2003年比2002年增加5%，2004年比2003年增加10%，2005年比2004年增加1.5%，则这三年共增加在校生_____%，平均增长率_____%。

四、简答题

1. 简述时间序列的概念和种类。
2. 时期序列和时点序列有何区别？
3. 什么是发展水平，增长量，平均增长量，发展速度和增长速度？定基发展速度和环比发展速度，发展速度与增长速度的关系如何？
4. 什么是平均发展水平？它的计算可以分成哪几种情况？
5. 时间序列可以分解为哪几种因素？各种因素的基本概念是什么？

五、案例计算题

1. 某只股票2008年各统计时点的收盘价如下表所示，计算该股票2008年的年平均价格。

统计时点	1月1日	3月1日	7月1日	10月1日	12月31日
收盘价/元	15.2	14.2	17.6	16.3	15.8

2. 某企业2008年9～12月月末职工人数资料如下表所示，计算该企业第四季度的平均职工人数。

日期	9月30日	10月31日	11月30日	12月31日
月末人数/人	1400	1510	1460	1420

3. 2002～2007年各年底某企业职工人数和工程技术人员数资料如下表所示，试计算工程技术人员占全部职工人数的平均比重。

年份/年	2002	2003	2004	2005	2006	2007
职工人数/人	1000	1020	1085	1120	1218	1425
工程技术人员/人	50	50	52	60	78	82

4. 某企业2006年各月份的总产值资料如下表所示，计算各季度平均每月的总产值。

月份/月	总产值/万元	月份/月	总产值/万元
1	190	7	270
2	190	8	300
3	220	9	330
4	240	10	380
5	220	11	350
6	260	12	410

5. 某机械厂2008年第四季度各月产值和职工人数资料如下表所示，试计算该季度平均劳动生产率。

月　　份	10月	11月	12月
产值/元	400000	46200	494500
平均职工人数/人	400	420	430
月平均劳动生产率/元	1000	1100	1150

6. 某企业2007年商品销售额计划完成情况如下表所示，计算全年平均商品销售计划完成程度。

季　　度	一	二	三	四
计划数/万元	300	280	270	320
实际数/万元	330	290	290	345
计划完成/%	110.00	103.57	107.41	107.81

7. 某地区国民生产总值（GNP）在1998～1999年平均每年递增15%，2000～2002年平均每年递增15%，2003～2004年平均每年递增12%，2005～2007年平均每年递增9%，试计算：
 (1) 该地区国民生产总值这十年间的总发展速度及平均增长速度。
 (2) 若2007年的国民生产总值为500亿元，以后每年增长8%，到2010年可达到多少亿元？

8. 某化工企业2001～2005年的化肥产量资料如下表所示。利用指标间关系将表中所缺数字补充完整。

年份/年	2001	2002	2003	2004	2005
化肥产量/万吨	400			484	
环比增长速度/%	—	5			12.5
定基发展速度/%	—		111.3		

9. 某地区粮食总产量如下表所示，要求：
 (1) 试检查该地区粮食生产发展趋势是否接近于直线型？
 (2) 如果是直线型，用最小平方法配合直线趋势方程。
 (3) 预测2006年的粮食产量。

年　份/年	1996	1997	1998	1999	2000	2001	2002	2003	2004	2005
产量/万吨	230	236	241	246	252	257	262	276	281	286

第10章 统计指数

[教学目标]

- 了解有关经济指数的编制、种类、用途。
- 熟练掌握统计指数的概念、作用。
- 熟练掌握编制综合指数的方法和原则。
- 掌握平均指数的编制方法。
- 运用指数体系进行因素分析。
- 了解几种实际应用指数。

[案例导读 1]

本专业去年刚毕业的师姐小张应聘到某电气有限公司,主要在销售部门做销售统计工作,我们来看看她工作中遇到什么样的问题?需要哪些专门知识?又是如何运用这些知识去解决问题的?

该电气有限公司生产的电气控制柜主要有 GCS 固定柜和 GCS 控制柜两种。公司销售部门 2010 年 11 月和 12 月的销售量和出厂价格资料见下表。

2010 年 11 月和 12 月销售资料

商品名称	销售量/台		销售价格/元		销售量个体指数/%	销售价格个体指数/%
	11 月	12 月	11 月	12 月		
GCS 固定柜	300	320	2000	2200	6.67	10
GCS 控制柜	200	280	3000	2700	40	−10

由上表看出,该公司销售的两种产品中,GCS 固定柜 12 月比 11 月销售量升高了 6.67%,价格增长了 10%,GCS 控制柜的销售量 12 月比 11 月提高了 40%,销售价格减少了 10%。现在销售部门经理要求小张分析一下两个月销售量和销售价格的变化情况,以及由于销售量和出厂价格的变动影响总销售收入变化的情况。

这一下,小张可犯愁了。因为两个月的销售价格一个上升一个下降,单个说明简单,综合表达无从下手,还有分析销售量和价格变动对总销售收入的影响。她去请教主管,主管告诉她解决这一类问题只计算单个商品的变动是不行的,需要使用编制统计指数的方法来反映几种商品的综合变动。这种方法就是本章要介绍的内容。

[案例导读 2]

2009 年初,学校举办一个经济学范畴内的专题讲座,专家提到:去年 2 月居民消费价格总水平(CPI)同比增长了 8.7%,其中城市和农村分别为 8.5%、9.2%,并指出:从月环比看,居民消费价格总水平比 1 月份上涨 2.6%。

你明白 CPI 的含义吗？它的上涨对我们意味着什么？"同比"又代表着什么？参见下表。

居民消费价格指数（CPI）

月 份	全国			城市			农村		
	当月	同比增长	累计	当月	同比增长	累计	当月	同比增长	累计
2008 年 12 月份	101.2	1.20%	105.9	100.9	0.90%	105.6	101.9	1.90%	106.5
2008 年 11 月份	102.4	2.40%	106.3	102.2	2.20%	106	102.9	2.90%	106.9
2008 年 10 月份	104	4.00%	106.7	103.7	3.70%	106.4	104.6	4.60%	107.3
2008 年 09 月份	104.6	4.60%	107	104.4	4.40%	106.7	105.3	5.30%	107.7
2008 年 08 月份	104.9	4.90%	107.3	104.7	4.70%	107	105.4	5.40%	108
2008 年 07 月份	106.3	6.30%	107.7	106.1	6.10%	107.4	106.8	6.80%	108.3
2008 年 06 月份	107.1	7.10%	107.9	106.8	6.80%	107.6	107.8	7.80%	108.6
2008 年 05 月份	107.7	7.70%	108.1	107.3	7.30%	107.7	108.5	8.50%	108.8
2008 年 04 月份	108.5	8.50%	108.2	108.1	8.10%	107.8	109.3	9.30%	108.8
2008 年 03 月份	108.3	8.30%	108	108	8.00%	107.8	109	9.00%	108.7
2008 年 02 月份	108.7	8.70%	107.9	108.5	8.50%	107.6	109.2	9.20%	108.5
2008 年 01 月份	107.1	7.10%	107.1	106.8	6.80%	106.8	107.7	7.70%	107.7

10.1 统计指数的概念、作用

10.1.1 统计指数的概念

统计指数（statistical index）是人们为了了解物价水平的变动而产生和发展起来的，物价指数（price index）最初只是反映一种商品价格的变动，后来过渡到综合反映多种商品价格的变动情况。综合反映物价变动的指数起源于 18 世纪中叶，由于当时美洲新大陆的开发，大量的金银贵金属涌入欧洲，引起了欧洲物价飞涨，经济学家为了测定社会物价的变动，尝试编制指数。随着社会经济活动的深入与发展，产生于物价的指数亦被应用于工业、农业、贸易、股市等各个社会经济领域，在社会经济现象的总体数量研究中应用非常广泛。其中的一些指数如：居民消费价格指数、股票价格指数等已成为社会经济发展的晴雨表。发展至今，统计指数不仅是分析社会经济和预测的重要工具，还是生活质量水平、经济效益、综合国力、社会发展水平的综合评价指标。

统计指数的涵义有广义和狭义两种，广义的指数是指说明社会经济现象数量变动或差异程度的相对数，都可称为指数。如结构相对数、比较相对数、动态相对数、计划完成相对数等。例如，2009 年中国国内生产总值为 335353 亿元，按可比价格计算，比上年增长 8.7%。

狭义的指数是指反映不能直接相加的复杂社会经济现象综合变动程度的相对数。对于不能直接相加是由于研究对象是复杂总体时，构成总体的各种事物具有不同的使用价值或计量单位，即不能同度量，无法将数量简单直接相加对比，也就是不能用计算一般相对数的办法来处理。例如，零售物价指数（retail price index）是指反映一定时期内商品零售价格变动趋势和变动程度的相对数,包括食品、饮料烟酒、服装鞋帽、家用电器、燃料、建筑装潢材料、机电产品等十四个大类,国家规定 304 种必报商品价格总变动的相对数。是一个在经济用途、品种、计量单位等方面存在不同的复杂总体,不能直接把各种商品的价格简单对比,需要编制统计指数综合反映其变动程度。本章主要探讨的是狭义的统计指数的编制与应用。

10.1.2 统计指数的作用

统计指数在社会经济各个领域发挥着重要作用:
① 反映不能直接相加的社会经济复杂的社会经济现象的综合变动程度与方向;
② 分析社会经济现象总变动中各个因素的影响;
③ 对多指标复杂社会经济现象进行综合评价。

10.1.3 统计指数的种类

统计指数可以从不同角度进行分类,其中主要的分类有以下几种。

(1) 个体指数(individual index)与总指数(total index) 按研究对象范围的不同,指数可以分为个体指数和总指数。

① 个体指数:是用于反映总体中某一单个现象或个别事物动态变化的指数。例如

$$个体产量指数(\text{individual quantity index}): k_q = q_1/q_0$$

$$个体价格指数(\text{individual price index}): k_p = p_1/p_0$$

式中,q_1 为报告期的产品产量;q_0 为基期的产品产量;p_1 为报告期的产品价格;p_0 为基期的产品价格。

在案例导读 1 中,GCS 固定柜 12 月比 11 月销售量升高了 6.67%,价格增长了 10% 就分别是 GCS 固定柜的销售量和销售价格个体指数。

② 总指数:是反映被研究现象综合变动的程度。例如案例导读 1 中的小张要想综合反映她负责的两种电气柜的销售量和销售价格的变动程度,就需要编制总指数。

个体指数的计算比较简单,完全可以应用普通相对数的方法解决;而总指数的计算则比较复杂,需要研究并建立专门的指数理论和方法。总指数的计算是本章研究的重点。

(2) 数量指标指数(quantitative index)和质量指标指数(qualitive index) 按指数的经济内容和性质不同,可以分为数量指标指数和质量指标指数。数量指标指数是根据数量指标计算的,用来反映社会经济现象总规模的变动情况。包括产品产量指数、商品销售量指数等;质量指标指数是根据质量指标计算的,用来综合反映社会经济现象质量、属性的变动,包括产品成本指数(index of production cost)、劳动生产率指数(index of labor productivity)、零售物价指数(index of retail prices)、居民消费品价格指数(consumption price index)等。本章后面各节将分别介绍各种指数的计算方法。

(3) 总指数可以分为综合指数与平均指数 综合指数(synthetic index)的主要特点是:将不可以直接度量的指数化指标,通过同度量因素转化为可以合计的总量指标,然后将不同时期的总量指标进行对比以综合反映现象的动态变化;平均指数(average index)则是以个体指数为基础,通过简单平均或加权平均的方法计算总指数。这两种指数既是独立的指数形式,又存在内在的联系,在指数理论中占有重要地位,也是本章将要叙述的主要内容。

(4) 定基指数与环比指数 按照对比时采用的基期不同,指数可以分为定基指数与环比指数。从具体计算方法上看,指数是两个时期的指标数值之比,其中作为比较基础的时期称为基期(base term),而被比较的时期称为报告期(reporting term)或计算期。若在计算指数时,不只是仅把两个时期的数值进行对比,而是随时间推移连续编制指数,这就形成指数

数列（index number series）。在指数数列中，如果各个指数都以某一固定时期作为基期，就得到定基指数（fixed base index）；如果各个指数都以报告期的前期作为基期，就得到环比指数（changed base index）。可见，定基指数与环比指数所用的基期不同，但在计算方法上也有一定的内在联系。在对某些现象进行长期比较时，这两种指数都具有很重要的作用。

想一想

1. 在什么情况下对现象分析时，需要用总指数分析。
2. 解读如下资料，区分个体指数和总指数。

① 2010年11月11日上证指数开盘：3108.51点；最高3186.72点；最低3102.77点；收盘：3147.74点；涨幅1.04%。

② 2010年11月11日中国石油股市价格开盘：11.87；最高：13.01；最低11.80；涨幅7.69%。

10.2 综合指数

统计研究的对象是总体，因此，编制指数主要是用于反映总体的综合变动，也就是编制总指数。总指数的编制形式一般有两种：一是综合指数，二是平均数指数。综合指数是总指数的基本形式，是根据客观现象之间的内在联系，先确定与研究现象有关的同度量因素，把不能直接相加的现象数值转化为可以加总的价值形态总量，再将两个不同时期的总量指标进行综合对比得到相应的相对指标，以测定所研究现象数量的变动程度。

10.2.1 综合指数的概念

编制总指数的目的，在于说明现象数量的综合变动情况，但由于各种事物的性质不同，价值不同，计量单位不同，因此对各种事物的数量不能直接进行加总对比分析。也就是说，编制总指数，要想只用一个数值反映出多种事物的综合变动情况，必须解决不同事物的不同度量问题，变不能相加为可以相加，然后才能进行对比分析。

【例10.1】一个超市要销售成百上千种商品，由于假日经济的效应，超市在节假日都会做促销，最常用的方式就是推出一批特价商品。作为超市销售部门对于每种商品价格的调整都是有技巧的，调整后整个超市所有商品销售价格的综合变动销售部门应该是清楚并能掌控的，这就需要计算所有商品销售价格综合指数，编制销售价格综合指数就可以掌握所有商品价格的总变动。同样，编制所有商品销售量综合指数就可以掌握销售量的总变动。表10-1截取部分商品的变动情况加以说明。

从资料数据来看，报告期11种商品的零售价格比基期均有不同程度的变动，为了反映每种商品零售价格的变动程度，计算个体价格指数，从表中看出个体价格变动：有的上升，有的下降，有的持平。作为超市销售部门来说，需要把握11种价格调整后总变动，但11种商品的计量单位不同，把报告期的商品价格加和与基期商品价格之和相对比，从计量单位不同、商品价值不同来看，简单加总是不合理的。要解决这个问题，把不能直接相加的商品价格加在一起需要一个媒介物，在统计指数中把这个媒介物称为同度量因素。要掌握销售量的综合变动也是如此，因为计量单位不同，引入同度量因素可以解决这个问题。

综合指数包括质量指标指数的编制和数量指标指数的编制两种基本形式。

10.2.2 综合指数的编制方法和原则

由以上讨论可以看出，要编制综合指数，关键是找到把不能直接相加的经济变量变为能

表 10-1 某超市主要商品的价格和销售量

商品	计量单位	基期		报告期		个体价格指数 ($K_p = p_1/p_0$)
		价格(p_0)/元	销售量(q_0)	价格(p_1)/元	销售量(q_1)	
—	—	(1)	(2)	(3)	(4)	(5)
大米	kg	3.7	300	3.5	600	0.946
豆油	kg	4.2	200	4.2	250	1.00
大白菜	kg	1.5	100	1.3	120	0.867
黄瓜	kg	1.2	300	1.2	350	1.00
菠菜	kg	2.7	200	2.9	180	1.074
豆腐	kg	4.0	20	4.5	28	1.125
猪肉	kg	18.2	200	19.2	220	1.055
苹果	kg	5.8	300	6.5	300	1.121
香皂	块	5.5	120	5.0	150	0.909
灯泡	个	18.5	30	18.5	31	1.00
自行车	辆	350.0	10	385.0	8	1.10
合计	—	—	—	—	—	—

直接相加的方法，也就是找到同度量因素，那么，同度量因素如何去找，或者说寻找的依据是什么，可以通过截取上例中的三种商品资料来说明，见表 10-2。

表 10-2 某超市三种商品的价格和销售量

商品	计量单位	基期		报告期		个体价格指数 ($K_p = p_1/p_0$)
		价格(p_0)/元	销售量(q_0)	价格(p_1)/元	销售量(q_1)	
—	—	(1)	(2)	(3)	(4)	(5)
大米	kg	3.7	300	3.5	600	0.946
豆油	kg	4.2	200	4.2	250	1.00
大白菜	kg	1.5	100	1.3	120	0.867

三种商品价格的个体指数来说大米和大白菜的价格下降了，但下降的幅度不同，豆油的价格持平，从销售量个体指数来看都有不同程度的提高。以三种商品价格的综合变动为例，讨论如何来编制三种商品价格的综合指数。为了说明三种商品价格的总变动，用简单加和法存在计量单位不同不能直接相加的问题，如果引入同度量因素作为权数，这个问题可以得到解决。

(1) 拉氏指数 这个方法最早是由德国统计学家拉斯贝尔（Etienre Laspeyres，1834~1913）于 1864 年提出的。他主张讨论一个经济量的综合变动时，应该根据经济关系式采用基期指标作为同度量因素。

拉氏物价指数公式 $\overline{K}_{p(l)} = \dfrac{\sum p_1 q_0}{\sum p_0 q_0}$ (10-1)

拉氏物量指数公式 $\overline{K}_{q(l)} = \dfrac{\sum p_0 q_1}{\sum p_0 q_0}$ (10-2)

式中，$\overline{K}_{p(l)}$ 代表拉氏计算的销售量总指数。

（2）派氏指数　由德国经济学家派许（Hermann Paasche，1852～1925）于 1874 年首次提出。他主张讨论一个经济量的综合变动时，应该根据经济关系式采用报告期指标作为同度量因素。

派氏物价指数公式 $\overline{K}_{p(p)} = \dfrac{\sum p_1 q_1}{\sum p_0 q_1}$ (10-3)

式中，$\overline{K}_{p(p)}$ 代表派氏计算的价格总指数

派氏物量指数公式 $\overline{K}_{q(p)} = \dfrac{\sum p_1 q_1}{\sum p_1 q_0}$ (10-4)

在以上的资料和公式中，可以知道价格和销售量之间的经济关系式：销售总额＝销售价格×销售量。

如果研究的目的是要反映价格的动态变化，根据这个等式的关系，每种商品的价格乘以相应的固定时期的销售量就成了以货币为单位的销售额。这时，对价格来说，销售量起着两方面的作用：第一，价格乘以销售量之后，把不能直接合计的指标转化为可以综合计量的指标——商品销售额；第二，不同商品销售量的多少对价格起着加权的作用，同时因为分子分母用同一时期的销售量，相对来说不影响价格的变动。

因此拉氏指数以基期物量 q_0 或基期价格 p_0 为权数，派氏指数以报告期物量 q_1 或报告期价格 p_1 为权数，都能使原来不能直接相加的销售总量和销售价格转化为两个可以直接相加的销售总额，因而公式中的权数称为同度量因素，同度量因素在这里的作用就是同度量。

总结两位学者的理论，可以看出不论是拉氏公式还是派氏公式，在编制物价指数时，用物量指标作为同度量因素；编制物量指数时，用物价指标作为同度量因素。同时，作为同度量因素的指标都用的是同一时期。唯一不同的是拉氏指数把同度量因素固定在基期，而派氏指数则把同度量因素固定在报告期。由此可得出如下编制综合指数的方法。

编制综合指数时，需要根据资料提供的固有的经济关系式，编制一个指标如物价指标综合指数时，另一个指标如物量指标作为同度量因素固定在相同时期。

引入同度量因素是一个突破，使对不同度量不同价值的经济量综合变动的研究有了可能，同度量因素做权数固定在同一时期也得到了认可。但是，用拉式和派氏哪种公式编制指数更好？对拉氏公式和派氏公式的取舍，历史上学者们见仁见智，多有争议，以后的经济学家们试图对已有的这些指数公式加以改造，产生了各种新的指数公式。较有影响的有美国统计学家费暄的理想公式，英国经济学家马歇尔和统计学家艾奇沃斯的马歇尔-艾奇沃斯公式等，有兴趣的同学可以查阅该方面的资料，但这些公式都因使综合指数的经济意义更不明显而不被广泛使用，拉氏指数和派氏指数相对来说保留了指数的经济意义。

对于拉氏价格指数，其出发点是需要剔除物量变动的影响来反映纯粹的价格变动，但是用基期的销售量做权数，就不能反映商品在消费结构中的地位。派氏价格指数是按报告期销售量计算的，其优点是反映了报告期实际消费结构的变动，更具有现实经济意义。所以在实

际编制综合指数时，物量指数主要采用拉氏指数，价格指数主要采用派氏公式。

10.2.3 综合指数的编制

综合指数有数量指标指数和质量指标指数两种形式，区分数量指标指数和质量指标指数是在一个经济关系式中相对来说的，数量指标指数是综合说明社会经济现象数量指标变动方向和程度的指数，如物量指数；质量指标指数是综合说明社会经济现象性质、属性指标变动的方向和程度的指数，比如物价指数。其编制方法也有所不同。

（1）数量指标指数的编制。在统计中常见的数量指标有商品销售量指数、工业产品产量指数、职工人数指数等，下面以商品销售量指数为例说明其编制方法，见表10-3。

表10-3 某超市三种商品销售量和价格表（一）

商品	计量单位	销售量		价格		销售量个体指数 $(K_q = q_1/q_0)$	销售额/元	
		基期(q_0)	报告期(q_1)	基期(p_0)	报告期(p_1)		$p_0 q_0$	$p_0 q_1$
香皂	块	120	170	5.5	5.0	1.417	660	935
灯泡	只	30	31	18.5	18.5	1.033	555	573.5
自行车	辆	10	11	350	385.0	1.1	3500	3850
合计							4715	5358.5

表10-3中销售量个体指数可见，各种商品的销售量报告期比基期均有变动，香皂、灯泡、自行车销量都有所增长，但增长程度不同。要反映三种商品销售量的综合变动程度，需计算销售量指标指数。由编制指数的方法和原则可知，首先依据指标之间的客观经济联系，建立经济关系式，从商品销售量看，它和商品价格、商品销售额等指标是紧密联系在一起的。用 p 表示单位产品的销售价格，q 表示销售量，V 表示销售额，则三者之间的关系可用下式表示。

$$商品销售额=单位商品价格×销售量 \quad 即 \quad V=p×q$$

根据上述的经济联系，可以把每种商品的销售量分别乘以相应的销售价格，这样就转化为销售额，从而也就可以同度量了。这时销售量 q 是指数化指标，而单位商品销售价格 p 是同度量因素。编制数量指标指数用拉氏公式相对来说经济意义更合理，即同度量因素固定在基期水平上。

针对表10-3的资料和拉氏公式，代入表中相应数据得

$$\overline{K}_{q(l)} = \frac{\sum p_0 q_1}{\sum p_0 q_0} = 5358.5/4715 = 1.136 = 113.65\%$$

而销售量综合指数的分子与分母之差（销售额之差），人们通常认为，能够从绝对数角度表明报告期实际销售的商品销售额由于销售量变化而增减了多少。即

$$\sum p_0 q_1 - \sum p_0 q_0 = 5358.5 - 4715 = 643.5(元)$$

计算结果表明：该超市三种主要商品销售量，报告期比基期增长了13.6%。由于销售量增长而增加的销售额为643.5元。有关销售量指标指数的编制、计算方法，也适用于产品产量指数、职工人数指数等数量指标指数。

在将各时期的商品销售量指数进行长期比较时，为了不影响销售量的变动，同度量因素的水平固定不变，但固定的水平常常可以做不同考虑，既可以采用拉氏指数的固定在基期，还可以采用派氏指数固定在报告期，比如除了用固定的基期价格做同度量因素外，还常用某

一有特殊意义时期的不变价格作同度量因素，比如我国的生产指数（产品物量指数）就是通过计算各种产品的不变价产值来编制的。

（2）质量指标指数的编制　在质量指标指数中，物价指数是比较重要的一种，在各种经济指数中，也占有重要的地位。物价又可以细分成多种不同的价格，其中主要有：产品的出厂价格、商品的批发价格、零售价格、居民消费价格、农产品收购价格、进出口贸易价格、股票价格等。下面依然用表10-3资料，着重以商品零售价格指数为例，说明综合质量指标指数的编制原理与计算方法，见表10-4。

表10-4　某超市三种商品销售量和价格表（二）

商品	计量单位	销售量		价格		销售价格个体指数 $(K_p=p_1/p_0)$	销售额/元	
		基期(q_0)	报告期(q_1)	基期(p_0)	报告期(p_1)		p_1q_1	p_0q_1
香皂	块	120	170	5.5	5.0	0.909	850	935
灯泡	只	30	31	18.5	18.5	1.0	573.5	573.5
自行车	辆	10	11	350	385.0	1.1	4235	3850
合计							5658.5	5358.5

同样，根据编制指数的一般方法和原则，编制质量指标指数时，要以数量指标做同度量因素，并将数量指标固定在报告期。

针对表10-4的资料和派氏公式，代入表中相应数据得

$$\overline{K}_{p(p)} = \frac{\sum p_1 q_1}{\sum p_0 q_1} = 5658.5/5358.5 = 1.056 = 105.6\%$$

同时，销售价格综合指数的分子与分母之差，能够从绝对数角度表明商品由于价格变化而增减了多少。即

$$\sum p_1 q_1 - \sum p_0 q_1 = 5658.5 - 5358.5 = 300(元)$$

计算结果表明：该超市三种主要商品的价格，报告期比基期增长了5.6%。由于三种商品价格的增长而使商品的销售额增加了300元。

有关价格指标指数的编制、计算方法，也适用于产品的出厂价格、商品的批发价格、零售价格、居民消费价格、农产品收购价格、进出口贸易价格、股票价格指标指数。同样，在将不同时期的商品价格指数进行比较时，为了不影响价格的变动，同度量因素的水平固定不变，但固定的水平常常可以做不同考虑。

想一想
（1）举例说明什么是复杂现象总体？同度量因素如何选择？
（2）写出你所知道的经济关系式，并比较关系式中的指标哪个是质量指标哪个是数量指标？

10.3　平均数指数

平均数指数和综合指数是计算总指数的两种形式，它们之间既有联系，又有区别。平均数指数和综合指数的联系主要表现在资料的表现形式上，在一定的权数条件下，两类指数间

有变形关系。由于这种关系的存在,当掌握的资料不能直接用综合指数形式计算时,则可以用平均指数形式计算,这种条件下的平均指数与其相应的综合指数具有完全相同的经济意义和计算结果。

从区别看,一是在解决复杂总体综合变动程度时,对不能直接相加的同度量问题的思想不同。综合指数是通过引进同度量因素,先计算出总体的总量,然后进行对比,即"先综合,后对比"。而平均数指数是在个体指数的基础上计算总指数,即"先对比,后综合"。二是在运用资料的条件上不同。综合指数需要掌握研究总体的全面资料,起综合作用的同度量因素的资料要求比较全面、严格,一般应采用与指数化指标有明确经济联系的指标,且应有一一对应全面实际资料,如计算商品销售量综合指数,除了掌握每一种商品销售量的基期和报告期的数据外,还必须掌握各商品基期、报告期的实际价格资料。而平均数指数则既适用于全面的资料,也适用于非全面的资料。

10.3.1 加权算术平均数指数

一般情况下,人们经常容易得到这样的资料:基期的销售额、报告期的销售额、每一种商品价格的调整,即价格个体指数、每一种商品销售量的个体指数。掌握了这些资料,人们也可以编制商品价格综合指数和商品销售量综合指数。

加权算术平均指数用于编制数量指标指数,最常见的加权算术平均指数是以基期总值指标为权数,对数量指标个体指数进行加权算数平均计算,求取数量指标总指数。其计算公式为

$$\overline{K}_q = \frac{\sum k_q q_0 p_0}{\sum q_0 p_0} \tag{10-5}$$

式中,$K_q = \frac{q_1}{q_0}$ 表示个体物量指数;$q_0 p_0$ 指以基期总物量值作为权数。

若将 $K_q = \frac{q_1}{q_0}$ 代入上式,则有

$$\overline{K}_q = \frac{\sum K_q q_0 p_0}{\sum q_0 p_0} = \frac{\sum \frac{q_1}{q_0} q_0 p_0}{\sum q_0 p_0} = \frac{\sum q_1 p_0}{\sum q_0 p_0} \tag{10-6}$$

可以看出,以基期总值指标为权数计算的数量指标加权算术平均指数是综合指数的变形(见表10-5)。

表 10-5 某超市三种商品销售情况

产品名称	单位	基期实际销售额 $(p_0 q_0)$/元	销量个体指数 $(K_q = q_1/q_0)$	个体指数乘以基期 销售额/元
香皂	块	660	1.417	935.22
灯泡	只	555	1.033	573.32
自行车	辆	3500	1.1	3850
合计		4715		5358.54

$$\overline{K}_q = \frac{\sum K_q q_0 p_0}{\sum q_0 p_0} = \frac{\sum \frac{q_1}{q_0} q_0 p_0}{\sum q_0 p_0} = 5358.54/4715 = 113.65\%$$

$$\sum K_q p_0 q_0 - \sum p_0 q_0 = \sum \frac{q_1}{q_0} p_0 q_0 - \sum p_0 q_0 = 5358.54 - 4715 = 643.54(元)$$

计算结果表明,三种商品销售量平均增长了13.65%,由于销售量的增长使销售额增加了643.5元。

这个结果和上述综合指数中的销售量指数结果是一样的。可见数量指标的加权平均指数与数量指标的综合指数表达的都是数量指标的综合变动程度,只是使用的资料和计算形式有所不同。我们再看一加权算术平均指数的案例(见表10-6)。

表10-6 某电气公司产品销售情况

产品名称	单位	基期实际销售额(p_0q_0)/万元	销量个体指数($K_q=q_1/q_0$)	个体指数乘以基期销售额/万元
阀门	件	50	120	60
仪表柜	台	80	101	80.8
控制柜	台	60	85	51
合计	—	190	—	191.8

$$\overline{K}_q = \frac{\sum K_q q_0 p_0}{\sum q_0 p_0} = \frac{\sum \frac{q_1}{q_0} q_0 p_0}{\sum q_0 p_0} = 191.8/190 = 100.95\%$$

计算结果表明,三种产品销售量综合增长0.95%,由于销售量的增长使销售额增加了1.8万元。

10.3.2 加权调和平均数指数

加权调和平均指数主要适用于编制质量指标指数。加权调和平均指数以个体质量指数为变量值,以报告期总值指标为权数计算求取的质量指标总指数。其计算公式为

$$\overline{K}_p = \frac{\sum p_1 q_1}{\sum \frac{1}{K_p} p_1 q_1} \tag{10-7}$$

式中,$K_p = p_1/p_0$表示质量指标个体指数,要进行平均求其综合变动的变量值;$p_1 q_1$为报告期总值,作为权数。将$K_p = p_1/p_0$代入上式,还可以还原为质量指标综合指数的基本公式

$$\overline{K}_p = \frac{\sum p_1 q_1}{\sum \frac{1}{K_p} p_1 q_1} = \frac{\sum q_1 p_1}{\sum \frac{1}{p_1/p_0} q_1 p_1} = \frac{\sum p_1 q_1}{\sum p_0 q_1} \tag{10-8}$$

让我们再用超市三种商品销售量的例子来看加权调和平均指数,见表10-7。

表10-7 某超市三种商品销售量和价格表(三)

商品	计量单位	报告期销售额(p_1q_1)/元	销售价格个体指数($K_p=p_1/p_0$)	个体指数乘以权数($\frac{1}{K_p} \times p_1 q_1$)
香皂	块	850	0.909	935.09
灯泡	只	573.5	1.0	573.5
自行车	辆	4235	1.1	3850
合计		5658.5		5358.59

$$\overline{K}_p = \frac{\sum p_1 q_1}{\sum \frac{1}{K_p} p_1 q_1} = \frac{\sum q_1 p_1}{\sum \frac{1}{\frac{p_1}{p_0}} q_1 p_1} = \frac{\sum p_1 q_1}{\sum p_0 q_1} = \frac{5658.5}{5358.59} = 105.6\%$$

$$\sum p_1 q_1 - \sum \frac{1}{k_p} p_1 q_1 = 5658.5 - 5358.59 = 299.91(元)$$

计算结果表明,三种商品价格平均增长了 5.6%,由于销售价格的增长使销售额增加了 299.91 元。

同样,这个结果和上述综合指数中的销售价格指数结果是一样的。可见质量指标的加权平均指数与质量指标的综合指数表达的都是反映质量指标的综合变动程度,只是使用的资料和计算形式有所不同。

平均数指数和综合指数都是编制总指数的方法,其经济内容是一致的。在实际工作中,无论是加权算术平均数指数还是加权调和平均数指数,都会采用经济发展比较稳定的某一时期的价值总量结构作为固定的权数,就像综合指数中采用固定权数一样,一经确定便沿用 5 年甚至 10 年不变。

从以上内容的叙述中可以看出,在加权平均指数与综合指数之间存在着内在的联系,表现在综合指数可以变形为加权平均指数,并且按照给定条件,加权平均指数也可以变形为综合指数,其计算结果完全相等。这种联系,不论是在质量指标指数或数量指标指数中都同样存在,但加权平均指数与综合指数又都是独立的指数,因为在计算原理与方法以及应用资料方面,两种指数都根本不同。综合指数是以不同时期总量指标的对比为基础,通过选择合适的同度量因素,将不可直接合计的总量指标转化为可以合计并进行对比的总量指标。它不仅可以反映现象的相对动态变化,而且两个指标之差也具有实际的经济意义;但综合指数要求全面的统计资料,例如在零售物价指数中,按拉氏公式计算则要求有基期商品销售量 q_0 的全面资料,按派氏公式计算则要求有报告期商品销售量 q_1 的全面资料,在实际统计工作中是难以做到的。在其他的质量指标指数或数量指标指数中也会有同样的情况。加权平均指数是以个体指数为基础通过加权平均计算的。在商品零售价格指数和居民消费价格指数中,权数资料可以从有关商业组织机构和居民住户调查中取得,在计算时还可以将绝对额转化为相对权数,不仅可以节省工作量,而且也简便易行。在其他各类指数中,情形也是这样。总之,加权平均指数与综合指数既有内在联系,又各自是独立的指数,具有自己的特点。在应用时,要在了解每种指数的内容和特点的基础上,区别不同情况,采用不同的方法。要求统一采用某种固定的指数形式计算各种不同的指数,不仅是难于做到的,也是不适宜的。

10.4 指数体系和因素分析

指数体系与因素分析法是本章的另一重要内容,指数体系是因素分析的基础。因素分析是在定性分析的基础上,依据指数体系中各指数间的联系,分别分析各因素对研究对象在数量上的影响程度及绝对量。具体分析的角度有多种:分析的对象可以是简单现象,也可以是复杂现象;分析的指标可以是总量指标,亦可以是平均指标;分析因素的个数可以是两因素，还可以是多因素。选择哪种角度进行分析，应根据分析的目的来确定。

10.4.1 指数体系的概念

社会经济现象都是在相互联系中存在和发展的，每一现象的变动都受到其他因素的影响和制约，这些因素之间的联系可以通过指标之间的经济关系式反映出来。

$$商品销售额＝单位商品销售价格\times 销售量$$
$$工业总产值＝单位产品出厂价格\times 工业产品产量$$
$$产品生产费用＝单位产品成本\times 产品数量$$
$$交易额＝交易量\times 交易价格$$
$$原材料消耗总额＝产品产量\times 原材料单耗\times 原材料价格$$

以上关系式反映经济指标之间客观的经济联系，这种联系在应用指数进行动态变化分析时也应被保持下来。

$$商品销售额指数＝单位商品销售价格指数\times 销售量指数$$
$$工业总产值指数＝单位产品出厂价格指数\times 工业产品产量指数$$
$$产品生产费用指数＝单位产品成本指数\times 产品数量指数$$
$$交易额指数＝交易量指数\times 交易价格指数$$
$$原材料消耗总额指数＝产品产量指数\times 原材料单耗指数\times 原材料价格指数$$

通过关系式我们看到等式左边的综合变动指数和等式右边的因素有关，也就是受等式右边指数的影响，一般把经济上有联系的、数量上能保持一定的等式关系的若干个指数所形成的整体叫做指数体系（index system）。

指数之间的数量关系，不仅在相对数上表现为总变动指数等于各因素指数的乘积，在变动影响的绝对数量上也表现为总变动额等于各因素变动额之和。

相对数关系：商品销售额指数＝单位商品销售价格指数×销售量指数。即

$$\frac{\sum p_1 q_1}{\sum p_0 q_0}=\frac{\sum p_1 q_1}{\sum p_0 q_1}\times \frac{\sum q_1 p_0}{\sum q_0 p_0}$$

绝对数关系：商品销售额增长额＝单位商品销售价格变动引起的增长额＋销售量变动引起的增长额。即

$$\sum p_1 q_1 - \sum p_0 q_0 = (\sum p_1 q_1 - \sum p_0 q_1) + (\sum q_1 p_0 - \sum q_0 p_0)$$

在指数体系的各个因素指数中，其中每个因素指标的权数，既可以是基期的，也可是报告期的，并且需要在指数体系的等式前后之间保持均衡。于是根据权数所属时期的不同，就形成多种不同的指数体系。中国统计理论界曾就此进行过许多争论，但迄今为比，并未取得一致的结论。在本节中，综合统计指数的编制方法、拉氏指数和派氏指数的比较，可得出一般来说进行指数因素分析时，编制综合指数的基本原则为：根据所得资料表达的固有的经济关系式，编制数量指标指数时，质量指标作为同度量固定在基期；编制质量指标指数，数量指标作为同度量因素固定在报告期。

与前面叙述的指数研究的方法不同，指数体系不再是单独分析某一种指标的动态变化，而是把各种指数结合起来综合地分析有关指标的动态变化，它是指数分析的进一步应用和发展，在社会经济现象的研究中起着重要的作用。

10.4.2 指数体系的因素分析

进行指数的因素分析一般需要以下步骤：①根据资料确定经济关系式，确定要分析的对象和影响因素；②建立指数体系，根据指数间的数量关系，确定分析所采用的对象指标和影

响因素指标，建立相对数和绝对数两个关系式；③计算关系式中的各项数值；④分析计算结果。

分析总量指标动态变化是指数体系研究的一项重要内容，因为总量指标总是由若干个有联系的因素构成的，为了测定各因素对于总动态变化的影响程度，于是建立起由各因素指数组成的指数体系。

【例 10.2】 某电器商场 2010 年 6 月、7 月三种电器销售资料如表 10-8 所示。

表 10-8 三种电器销售资料

商品	单位	销售量		销售价格	
		基期 6 月	报告期 7 月	基期 6 月	报告期 7 月
电脑	台	35	50	5500	5000
电视		27	30	8600	8600
空调		150	200	3000	3200

解：根据资料，确定的经济关系式为：　销售额＝销售量×价格

建立指数体系：　销售额指数＝销售量指数×价格指数

（1）计算销售额的综合变动

$$\frac{\sum q_1 p_1}{\sum q_0 p_0} = \frac{50 \times 5000 + 30 \times 8600 + 200 \times 3200}{35 \times 5500 + 27 \times 8600 + 150 \times 3000} = \frac{1148000}{874700} = 131.25\%$$

$$\sum p_1 q_1 - \sum p_0 q_0 = 1148000 - 874700 = 273300（元）$$

（2）销售量的综合变动

$$\frac{\sum q_1 p_0}{\sum q_0 p_0} = \frac{50 \times 5500 + 30 \times 8600 + 200 \times 3000}{35 \times 5500 + 27 \times 8600 + 150 \times 3000} = \frac{1133000}{874700} = 129.53\%$$

$$\sum q_1 p_0 - \sum q_0 p_0 = 1133000 - 874700 = 258300（元）$$

（3）销售价格的变动

$$\frac{\sum p_1 q_1}{\sum p_0 q_1} = \frac{50 \times 5000 + 30 \times 8600 + 200 \times 3200}{50 \times 5500 + 30 \times 8600 + 200 \times 3000} = \frac{1148000}{1133000} = 101.32\%$$

$$\sum p_1 q_1 - \sum p_0 q_1 = 1148000 - 1133000 = 15000（元）$$

（4）相对数、绝对数分析

① 相对数分析

$$\frac{\sum p_1 q_1}{\sum p_0 q_0} = \frac{\sum p_1 q_1}{\sum p_0 q_1} \times \frac{\sum p_0 q_1}{\sum p_0 q_0}$$

$$131.25\% = 101.32\% \times 129.53\%$$

这一结果与上面按表内实际资料计算结果是一致的。

② 绝对数分析

$$\sum p_1 q_1 - \sum p_0 q_0 = (\sum p_1 q_1 - \sum p_0 q_1) + (\sum p_0 q_1 - \sum p_0 q_0)$$

$$273300 = 15000 + 258300$$

分析：计算结果表明，三种电器的总销售额 7 月和 6 月相比增长了 31.25%，增加额为 273300 元，是由于销售价格和销售量两个因素发生的变动共同引起的，其中三种商品销售量综合增长 29.53%，使销售额增加 258300 元；销售价格综合增长 1.32%，使销售额增加 15000 元。

根据指数体系中的相对数和绝对数的关系，可以利用指数体系中各因素指数之间的关系推算相关的指数，是依据客观存在的经济关系进行的有科学根据的推算，在分析经济现象变动中，可以在很多方面得到应用。

> **想一想**
> 同样多的人民币却少购商品10%，请问物价上涨了多少？

10.5 常见的经济指数

指数在社会经济统计中的应用很广泛，这一节介绍几种常见的经济指数。

10.5.1 股票价格指数

股票价格指数（stock price index）也是一种质量指标指数。股票作为一种特殊的金融商品，也有价格。广义的股票价格包括票面价格、发行价格、账面价格、清算价格、内在价格、市场价格等。狭义的股票价格，即通常所说的市场价格，也称股票行市。它完全随股市供求行情变化而涨落。股票价格指数是根据精心选择的那些具有代表性的样本股票某时点平均市场价格计算的动态变化相对数，用以反映某一股市股票价格总的变动趋势。股价指数的单位习惯上用"点"（point）表示，即以基期为100，每上升或下降1个单位称为1点。股价指数计算的方法很多，但一般以发行量为权数进行加权综合。股票发行量可以确定在报告期，也可以确定在基期，多数以报告期发行量为权数。其公式为

$$K_p = \frac{\sum p_{1i} q_{1i}}{\sum p_{0i} q_{1i}} \tag{10-9}$$

式中，p_{1i} 和 p_{0i} 分别为第 i 种样本股票的报告期和基期价格；q_{1i} 为第 i 种股票的报告期发行量（也有采用基期的）。

股价指数是反映证券市场行情变化的重要指标，不仅是广大证券投资者进行投资决策分析的依据，而且也被视为一个地区或国家宏观经济态势的"晴雨表"。现举例说明股价指数的编制和计算方法（见表10-9）。

表10-9　3种股票的价格和发行量情况表

样本股票	基期价格(p_0)/元	报告期价格(p_1)/元	报告期发行量(q_1)/万股	$p_1 q_1$	$p_0 q_1$
1	8.5	10.0	5000	50000	42500
2	8.0	9.5	4000	38000	32000
3	14.0	13.0	3500	45500	49000
合计	—	—	—	133500	123500

根据股票价格指数计算公式得股价指数为

$$\overline{K}_p = \frac{\sum p_{1i} q_{1i}}{\sum p_{0i} q_{1i}} = \frac{133500}{123500} = 108.097\%$$

即报告期股价比基期上涨了 8.097 点。

世界各地的股票市场都有自己的股票价格指数。在一个国家里，同一股市往往有不同的股票价格指数。下面简要介绍几种常见的股票价格指数。

(1) 道·琼斯股价平均数（Dow·Jones's average index） 由美国的道·琼斯公司计算并发布。自 1884 年第一次开始发布，迄今已有一个多世纪。它是久负盛名、影响最广泛的一种股票价格指数。道·琼斯股价平均数以在纽约交易所挂牌上市交易的一些著名大公司的股票为编制对象。最初采用简单算术平均方法计算，将采样股票价格总额除以公司数，反映的是每一公司的平均股票价格总额。为了反映每一单位平均股票价格，应将采样股票价格总和除以总股数，但考虑到增资和扩股等各种非市场因素对股票总股数的影响，因此，后来采用除数修正法，即将各种采样股票价格总和除以一个修正后的除数来计算道·琼斯股价平均数。除数修正公式为

$$\text{修正后的新除数} = \frac{\text{非市场因素影响后的各种采样股票理论价格之和}}{\text{非市场因素影响前各种采样股票收盘价之和}} \times \text{原先除数}$$

$$\text{道·琼斯股价平均数} = \frac{\text{采样股票价格总和}}{\text{修正后的新除数}}$$

人们通常引用的道·琼斯股价指数实际是一组平均数，包括如下平均数。

① 道·琼斯工业股价平均数。它由美国 30 家著名工商业公司股票组成采样股。主要用以反映整个工商业股票的价格水平。在许多场合，也被用作道·琼斯股价平均数的代表。

② 交通运输业股价平均数。以美国 20 家著名的交通运输公司的股票为采样，其中有 8 家铁路公司、8 家航空公司和 4 家公路货运公司。

③ 公用事业股价平均数。以美国 15 家最大公用事业公司的股票为采样股，反映公用事业类股票的价格水平。

④ 股价综合平均数。以上述三种股价平均数所涉及的共 65 家公司的股票为采样股综合得到的股价平均数，反映整个股票市场价格的变化趋势。

(2) 香港恒生指数 1969 年 11 月 24 日，香港恒生银行编制并首次公开发表香港恒生指数（Heng Seng index，HSI）。它是香港证券市场上最有代表性的股票价格指数。香港恒生指数共选择了 33 种具有代表性的股票（成分股）为指数计算对象。其中，金融业 4 种，公用事业 6 种，地产业 9 种，其他行业 14 种。香港恒生指数是以 1964 年 7 月 31 日为基期，基日指数定为 100。计算公式为

$$\text{即时指数} = \frac{\text{现时成分股的总市值}}{\text{上市收市时成分股的总市值}} \times \text{上日收市指数}$$

成分股的市值是按股价乘以发行股数计算的。因此，香港恒生指数也是以股票发行量为权数的加权综合指数。

10.5.2 居民消费价格指数

在中国价格指数体系中，居民消费价格指数、商品零售价格指数占有很重要的地位，并受到多方面的重视。这两种指数都是按加权算术平均法计算的，但与上面的加权法不同，采用的是固定权数。下面我们以居民消费价格指数为例，介绍其编制过程和方法。至于商品零售价格指数的编制过程和方法则与居民消费价格指数相同。

居民消费价格指数是用于反映城乡居民所购买的消费品价格和生活服务价格的变动趋势和变动程度的指数。根据这一指数计算的数值，可用于分析、了解消费品零售价格和生活服务价格变动对居民生活费用支出的影响程度，为各级领导机关研究和制定居民消费价格政

策、工资政策以及为新国民经济核算体系中消除价格变动因素的核算提供科学依据。居民消费价格指数也是计算货币购买力的主要依据。

在各省（自治区），居民消费价格指数按城市、农村分别计算，而后按照城乡居民消费额比率分别加权汇总，成为全省（自治区）居民消费价格指数。在计算指数时，除了要经常掌握市场上主要消费品及各项生活服务价格及其变动外，也要广泛利用居民住户调查资料，以掌握居民生活消费支出的数额及构成的变动，这些资料都是计算居民消费价格指数的基础资料。

居民消费价格指数的内容十分广泛，既包括购买各项生活消费品的价格，也包括邮电、交通、文娱等各项生活服务项目的价格。在生活消费品中按其性质和用途不同，又可以分成许多不同的类别和商品集团。为了详细了解各类消费品的价格和支出情况，还有必要进一步分类观察。根据中国现行居民消费价格调查方案的规定，共将其分成八个大类：食品、衣着、家庭设备及用品、医疗保健、交通和通信工具、娱乐教育和文化用品、居住、服务项目；在大类之中又根据性质、用途不同，细分成为中类、小类；最后是有代表性的规格等级的商品或服务项目名称。目前，国家统计局规定的统计调查消费品和服务项目有325种，各地可根据实际情况适当调整调查品种，但增选商品不得超过45种。

在计算指数时一般采取分类、分层计算的方法，即由单项商品或服务的价格指数，加权汇总成为小类指数，再由小类指数继续按加权方法汇总成为中类指数、大类指数及总指数，这样分类、分层计算有利于观察不同种类商品的价格变动趋势及其对居民生活的影响，对计算指数也有许多方便。

计算居民消费价格指数最基本的公式是

$$\overline{K}_p = \frac{\sum K_p p_0 q_0}{\sum p_0 q_0} \tag{10-10}$$

式中，$K_p = p_1/p_0$ 代表个体价格指数或类指数，$p_0 q_0$ 代表与个体指数或类指数相应的基期消费支出，这项资料通常是从居民住户调查的有关资料中取得。

在一般情况下，K_p 只用于代表个体价格指数，但在居民消费价格指数中，由于采用分类、分层计算的方法，当由小类指数汇总计算中类指数，由中类指数汇总计算大类指数，以及由大类指数汇总计算总指数时，K_p 则用于代表不同层次的类指数，$p_0 q_0$ 则代表相应的不同层次的类指数的基期消费支出。

在实际计算价格指数时，为了使计算过程尽量简化，于是进一步将上述用绝对额表示的消费支出转化成为相对数，即将以上指数公式中的消费支出 $p_0 q_0$ 转化为各项支出占支出总额的比率，即 $W = p_0 q_0 / \sum p_0 q_0$，为了便于计算和汇总，以 W 表示，设 $W = p_0 q_0 / \sum p_0 q_0 \times 100$，且只取整数，$\sum W = 100$。于是在计算居民消费价格指数时，有：$\overline{K}_p = \frac{\sum K_p W}{\sum W}$。

将 $\overline{K}_p = \frac{\sum K_p p_0 q_0}{\sum p_0 q_0}$ 与 $\overline{K}_p = \frac{\sum k_p W}{\sum W}$ 进行比较可以看出，两式实质上是相同的，不同之点在于将原来的以绝对额表示的权数转化为以相对数表示的权数。在居民消费价格指数中，权数一经确定一年以内保持不变，因此也称为固定权数，而将公式 $\overline{K}_p = \frac{\sum K_p W}{\sum W}$ 称为按固定权数计算的加权算术平均指数。以上指数计算过程。见表10-10。当权数确定以后，即可按固定权数指数公式计算居民消费价格指数，其步骤大致如表10-11所示。

表 10-10　居民消费价格指数中权数的确定

商品类别及项目	消费支出	权数(W)			
		大类	中类	小类	单项商品
总计	35000	100			
一、食品	21700	62	100		
1. 粮食	1931		9	100	
(1)细粮	1203			62	100
面粉	422				35
稻米	671				56
江米	25				2
挂面	85				7
(2)粗粮	728			38	100
玉米面	552				76
小米	176				24
2. 淀粉及薯类	650		3		
……					
3. 菜类	2778		13		
……			...		
二、烟酒及用品	935	3			
三、衣着	4900	14			
四、家庭设备用品及服务	2030	6			
五、医疗保健和个人用品	1085	3			
六、交通和通信	770	2			
七、娱乐教育、文化用品及服务	1435	4			
八、居住	2145	6			

表 10-11　居民消费价格指数计算表

商品类别及项目	规格等级	计量单位	平均价格		权数	指数 $K_p = p_1/p_0$	计算列 $K_p W$
			p_0	p_1			
总计					100	122.3%	122.287
一、食品					62	125.0%	77.5
1. 粮食					9	115.5%	10.392
(1)细粮					62	120.5%	74.714
面粉	普通粉	千克	1.72	2.00	35	116.3%	40.698
稻米	标二	千克	2.24	2.80	56	125.0%	70.0
江米	标二	千克	2.74	2.90	2	105.8%	2.117
挂面	高强粉	千克	2.73	3.00	7	109.9%	7.692
(2)粗粮					38	107.2%	40.748
玉米面	一等	千克	1.50	1.62	76	108.0%	82.08
小米	一等	千克	2.29	2.40	24	104.8%	25.153
2. 淀粉及薯类					3	114.8%	3.444
……					...	...	...
3. 菜类					13	160.2%	20.826
……					...	...	...
二、烟酒及用品					3	122.6%	3.678
三、衣着					14	127.4%	17.836
四、家庭设备用品及服务					6	110.6%	6.636
五、医疗保健和个人用品					3	121.5%	3.645
六、交通和通信					2	116.4%	2.328
七、娱乐教育、文化用品及服务					4	105.8%	4.232
八、居住					6	107.2%	6.432

(1) 求每种商品或服务项目的个体价格指数。例如面粉的价格指数为
$$K_p = p_1/p_0 = 2.00/1.72 = 116.3\%$$

(2) 将所有个体价格指数分别乘以相应权数,再除以权数总和,得小类价格指数。如细粮小类价格指数为

$$\overline{K}_p = \frac{\sum K_p W}{\sum W} = \frac{116.3\% \times 35 + 125.0\% \times 56 + 105.8\% \times 2 + 109.9\% \times 7}{100} = \frac{120.50}{100} = 120.5\%$$

(3) 根据小类价格指数及相应的权数,按以上的同类方法计算中类价格指数。例如由细粮小类指数、粗粮小类指数计算粮食类指数为

$$\overline{K}_p = \frac{\sum K_p W}{\sum W} = \frac{120.5\% \times 62 + 107.2\% \times 38}{100} = \frac{115.446}{100} = 115.446\%$$

(4) 根据中类指数及相应的权数,按以上同类方法计算大类指数。例如由粮食类指数、淀粉类指数、菜类指数等共 16 个中类指数,计算食品类指数为:

$$\overline{K}_p = \frac{\sum K_p W}{\sum W} = \frac{115.5\% \times 9 + 114.8\% \times 3 + 160.2\% \times 13 + \cdots}{100} = \frac{125}{100} = 125.0\%$$

(5) 根据大类指数及相应的权数,按以上同类方法计算总指数。根据表 10-11 中已有资料计算如下

$$\overline{K}_p = \frac{\sum K_p W}{\sum W} = \frac{122.287}{100} = 122.3\%$$

本章小结

统计指数是统计学的基本分析方法,对经济管理实践中分析复杂现象的综合变动具有重要意义。广义的指数指凡是用来反映现象的数量差异和变动程度的相对数,都可以称为指数;狭义的指数则是反映复杂的不可同度量的现象的综合变动程度的相对数。本章主要研究后者。

学习本章需要掌握个体指数和综合指数的区别,正确理解综合指数的编制和实用方法,熟悉综合指数在经济领域的应用价值,编制综合指数的关键是同度量因素的确定,数量指标指数和质量指标指数是两大基本的综合指数。视资料的情况,还有平均数指数的编制,其关键是确定权数,同时本章的一个重要内容是根据现象固有的经济关系,编制指数体系,从而进行因素分析。

在国民经济主要指标中居民消费价格指数和股价指数等是几种常见的经济指数,了解其编制方法及应用是经济管理专业学生的基本功。

思考与练习

一、思考题

1. 什么是统计指数,有哪些作用和种类?
2. 什么是同度量因素,有何作用?
3. 什么是综合指数,编制综合指数应遵循什么原则?

4. 什么是平均指数，它和综合指数有什么关系？
5. 什么是指数体系，有何作用？
6. 如何对总量指数的变动进行因素分析？
7. 如何对平均指数的变动进行因素分析？

二、多项选择题

1. 下列属于指数范畴的指标有（ ）。
   A. 动态变化相对数 B. 离散系数
   C. 计划完成相对数 D. 季节比率
   E. 比较相对指标

2. 下列属于质量指标指数的有（ ）。
   A. 价格总指数 B. 个体价格指数
   C. 销售量总指数 D. 销售总额指数
   E. 平均指标指数

3. 指数按选择基期的不同可分为（ ）。
   A. 静态指数 B. 动态变化指数
   C. 定基指数 D. 综合指数
   E. 环比指数

4. 如果用综合指数的形式编制工业产品产量总指数，下列可以作为同度量因素的项目有（ ）。
   A. 报告期价格 B. 基期价格
   C. 报告期单位成本 D. 基期单位成本
   E. 工人劳动生产率

5. 设 p 为价格，q 为销售量，则总指数 $\dfrac{\sum p_0 q_1}{\sum p_0 q_0}$ 的意义是（ ）。
   A. 综合反映多种商品的销售量的变动程度
   B. 综合反映商品价格和销售量的变动程度
   C. 综合反映商品销售额的变动程度
   D. 反映商品销售量变动对销售额变动的影响程度
   E. 综合反映多种商品价格的变动程度

6. 如果用 p 表示商品价格，q 表示商品销售量，则公式 $\sum p_1 q_1 - \sum p_0 q_1$ 的意义是（ ）。
   A. 综合反映价格变动和销售量变动的绝对额
   B. 综合反映销售额变动的绝对额
   C. 综合反映多种商品价格变动而增长的销售额
   D. 综合反映由于价格变动而使消费者增长的货币支出额
   E. 综合反映多种商品销售量变动的绝对额

7. 加权算术平均指数是一种（ ）。
   A. 平均指数 B. 综合指数
   C. 总指数 D. 个体指数平均数
   E. 平均指标指数

8. 职工劳动生产率指数为（ ）。
   A. 拉氏指数 B. 派氏指数
   C. 总指数 D. 数量指标指数
   E. 质量指标指数

9. 某产品的生产总成本 2001 年为 20 万元，比 2000 年多支出 0.4 万元，单位成本 2001 年比 2000 年降低 2%，则（ ）。

A. 生产总成本指数为 102%   B. 单位成本指数为 2%
C. 产品产量指数为 104%   D. 单位成本指数为 98%
E. 由于单位成本降低而节约的生产总成本为 0.408 万元

10. 某工业局所属企业报告期生产费用总额为 50 万元，比基期多 8 万元，单位成本报告期比基期上升 7%，于是（　　）。

A. 生产费用总额指数为 119.05%
B. 成本总指数为 107%
C. 产品产量总指数为 111.26%
D. 由于产量变动而增加的生产费用额为 4.73 万元
E. 由于单位成本变动而增加的生产费用额为 3.27 万元

三、计算题

1. 设某市场出售四种季节性商品，去年第三季度和今年第三季度的价格及销售量资料如下表所示。

商品名称	计量单位	第三季度价格/元		第三季度销售量/元	
		去年	今年	去年	今年
甲	件	1.4	1.3	1480	1690
乙	只	1.0	1.2	20	30
丙	公斤	20.0	25.0	200	500
丁	米	30.0	30.0	120	150

试根据上述资料，分别运用拉氏公式、派氏公式计算价格指数及销售量指数，并比较其计算结果。

2. 某企业三种产品的产量及成本资料如下表所示。

产品名称	产量/件		单位成本/元	
	基期 q_0	报告期 q_1	基期 p_0	报告期 p_1
甲	500	600	18	16
乙	3000	3500	25	24
丙	1500	2000	20	20

试根据上表资料，从相对数和绝对数两方面分析总成本变动中：
(1) 受三种产品单位成本变动的影响；
(2) 受三种产品产量变动的影响。

3. 设甲、乙两种商品的价格及销售量资料如下表所示。

商品名称	计量单位	价格/元		销售量	
		基期	报告期	基期	报告期
甲	件	8	9.6	400	480
乙	只	6	7.2	200	240

试根据上述资料，分析总销售额的变动中：
(1) 价格变动的影响程度；
(2) 销售量变动的影响程度；
(3) 对比上面两种计算结果，观察相对量分析与绝对分析是否一致，并说明原因。

4. 甲、乙两乡的粮食生产如下表所示。

分类	甲乡		乙乡	
	播种面积/hm²	产量/(kg/hm²)	播种面积/hm²	产量/(kg/hm²)
水田	8	9.6	400	480
稻田	6	7.2	200	240

试根据以上资料计算：

(1) 甲乡、乙乡粮食的总平均公顷产量；

(2) 上述结果与表中所列的组平均公顷产量在说明问题时是否一致，请分析其原因。

5. 设某工厂工人人数及工资资料如下表所示。

工人分组	工人数/人		月平均工资/元	
	基期	报告期	基期	报告期
老工人	800	600	125	130
新工人	300	600	70	72

试根据上述资料：

(1) 分析该厂工资总额变动中，工人数变动和月平均工资变动的影响程度；

(2) 分析该厂工资总额变动中，工人总数、新老工人人数构成及月平均工资三个因素变动的影响程度。

附 录

附录1 标准正态分布函数数值表

正态分布函数：

$$\Phi(x) = \int_{-\infty}^{x} \phi(t)\,dt = \int_{-\infty}^{x} \frac{1}{\sqrt{2\pi}} e^{\frac{t^2}{2}}\,dt$$

$\phi(x)$ x \ x	0.00	0.01	0.02	0.03	0.04	0.05	0.06	0.07	0.08	0.09
0.0	0.5000	0.5040	0.5080	0.5120	0.5160	0.5199	0.5239	0.5279	0.5319	0.5359
0.1	0.5398	0.5438	0.5478	0.5517	0.5557	0.5596	0.5636	0.5675	0.5714	0.5753
0.2	0.5793	0.5832	0.5871	0.5910	0.5948	0.5987	0.6026	0.6064	0.6103	0.6141
0.3	0.6179	0.6217	0.6255	0.6293	0.6331	0.6368	0.6406	0.6443	0.6480	0.6517
0.4	0.6554	0.6591	0.6628	0.6664	0.6700	0.6736	0.6772	0.6808	0.6844	0.6879
0.5	0.6915	0.6950	0.6985	0.7019	0.7054	0.7088	0.7123	0.7157	0.7190	0.7224
0.6	0.7257	0.7291	0.7324	0.7357	0.7389	0.7422	0.7454	0.7486	0.7517	0.7549
0.7	0.7580	0.7611	0.7642	0.7673	0.7703	0.7734	0.7764	0.7794	0.7823	0.7852
0.8	0.7881	0.7910	0.7939	0.7967	0.7995	0.8023	0.8051	0.8078	0.8106	0.8133
0.9	0.8159	0.8186	0.8212	0.8238	0.8264	0.8289	0.8315	0.8340	0.8365	0.8389
1.0	0.8413	0.8438	0.8461	0.8485	0.8508	0.8531	0.8554	0.8577	0.8599	0.8621
1.1	0.8643	0.8665	0.8686	0.8708	0.8729	0.8749	0.8770	0.8790	0.8810	0.8830
1.2	0.8849	0.8869	0.8888	0.8907	0.8925	0.8944	0.8962	0.8980	0.8997	0.9015
1.3	0.9032	0.9049	0.9066	0.9082	0.9099	0.9115	0.9131	0.9147	0.9162	0.9177
1.4	0.9192	0.9207	0.9222	0.9236	0.9251	0.9265	0.9278	0.9292	0.9306	0.9319
1.5	0.9332	0.9345	0.9357	0.9370	0.9382	0.9394	0.9406	0.9418	0.9430	0.9441
1.6	0.9452	0.9463	0.9474	0.9484	0.9495	0.9505	0.9515	0.9525	0.9535	0.9545
1.7	0.9554	0.9564	0.9573	0.9582	0.9591	0.9599	0.9608	0.9616	0.9625	0.9633
1.8	0.9641	0.9648	0.9656	0.9664	0.9671	0.9678	0.9686	0.9693	0.9700	0.9706
1.9	0.9713	0.9719	0.9726	0.9732	0.9738	0.9744	0.9750	0.9756	0.9762	0.9767
2.0	0.9772	0.9778	0.9783	0.9788	0.9793	0.9798	0.9803	0.9808	0.9812	0.9817
2.1	0.9821	0.9826	0.9830	0.9834	0.9838	0.9842	0.9846	0.9850	0.9854	0.9857
2.2	0.9861	0.9864	0.9868	0.9871	0.9874	0.9878	0.9881	0.9884	0.9887	0.9890
2.3	0.9893	0.9896	0.9898	0.9901	0.9904	0.9906	0.9909	0.9911	0.9913	0.9916
2.4	0.9918	0.9920	0.9922	0.9925	0.9927	0.9929	0.9931	0.9932	0.9934	0.9936
2.5	0.9938	0.9940	0.9941	0.9943	0.9945	0.9946	0.9948	0.9949	0.9951	0.9952
2.6	0.9953	0.9955	0.9956	0.9957	0.9959	0.9960	0.9961	0.9962	0.9963	0.9964
2.7	0.9965	0.9966	0.9967	0.9968	0.9969	0.9970	0.9971	0.9972	0.9973	0.9974
2.8	0.9974	0.9975	0.9976	0.9977	0.9977	0.9978	0.9979	0.9979	0.9980	0.9981
2.9	0.9981	0.9982	0.9982	0.9983	0.9984	0.9984	0.9985	0.9985	0.9986	0.9986
3.0	0.9987	0.9990	0.9993	0.9995	0.9997	0.9998	0.9998	0.9999	0.9999	1.0000

注：本表最后一行自左至右依次是 $\phi(3.0)$、$\cdots$ $\phi(3.9)$ 的值。

附录 2 χ^2 分布表

$$P\{\chi^2(n) > \chi_\alpha^2(n)\} = \alpha$$

n	α=0.995	0.99	0.975	0.95	0.90	0.75
1	—	—	0.001	0.004	0.016	0.102
2	0.010	0.020	0.051	0.103	0.211	0.575
3	0.072	0.115	0.216	0.352	0.584	1.213
4	0.207	0.297	0.484	0.711	1.064	1.923
5	0.412	0.554	0.831	1.145	1.610	2.675
6	0.676	0.872	1.237	1.635	2.204	3.455
7	0.989	1.239	1.690	2.167	2.833	4.255
8	1.344	1.646	2.180	2.733	3.490	5.071
9	1.735	2.088	2.700	3.325	4.168	5.899
10	2.156	2.558	3.247	3.940	4.865	6.737
11	2.603	3.053	3.816	4.575	5.578	7.584
12	3.074	3.571	4.404	5.226	6.304	8.438
13	3.565	4.107	5.009	5.892	7.042	9.299
14	4.705	4.660	5.629	6.571	7.790	10.165
15	4.601	5.229	6.262	7.261	8.547	11.037
16	5.142	5.812	6.908	7.962	9.312	11.912
17	5.697	6.408	7.564	8.672	10.085	12.792
18	6.265	7.015	8.231	9.390	10.865	13.675
19	6.884	7.633	8.907	10.117	11.651	14.562
20	7.434	8.260	9.591	10.851	12.443	15.452
21	8.034	8.897	10.283	11.591	13.240	16.344
22	8.643	9.542	10.982	12.338	14.042	17.240
23	9.260	10.196	11.689	13.091	14.848	18.137
24	9.886	10.856	12.401	13.848	15.659	19.037
25	10.520	11.524	13.120	14.611	16.473	19.939
26	11.160	12.198	13.844	15.379	17.292	20.843
27	11.808	12.879	14.573	16.151	18.114	21.749
28	12.461	13.565	15.308	16.928	18.939	22.657
29	13.121	14.257	16.047	17.708	19.768	23.567
30	13.787	14.954	16.791	18.493	20.599	24.478
31	14.458	15.655	17.539	19.281	21.431	25.390
32	15.131	16.362	18.291	20.072	22.721	26.304
33	15.815	17.074	19.047	20.867	23.110	27.219
34	16.501	17.798	19.806	21.664	23.952	27.136
35	17.192	18.509	20.569	22.465	24.797	29.054
36	17.887	19.233	21.336	23.269	25.643	29.973
37	18.586	19.960	22.106	24.075	26.492	30.893
38	19.289	20.691	22.878	24.884	27.343	31.815
39	19.996	21.426	23.654	25.695	28.196	32.737
40	20.707	22.164	24.433	26.509	29.051	33.660
41	21.421	22.906	25.215	27.326	29.907	34.585
42	22.138	23.650	25.999	28.144	30.765	35.510
43	22.859	24.398	26.785	28.965	31.625	36.436
44	23.584	25.148	27.575	29.787	32.487	37.363
45	24.311	25.901	28.366	30.612	33.350	38.291

续表

n	$\alpha=0.25$	0.10	0.05	0.025	0.01	0.005
1	1.323	2.706	3.841	5.024	6.635	7.879
2	2.773	4.605	5.991	7.378	9.210	10.597
3	4.108	6.251	7.815	9.348	11.345	12.838
4	5.385	7.779	9.488	11.143	13.277	14.860
5	6.626	9.236	11.071	12.833	13.086	16.750
6	7.841	10.645	12.592	14.449	16.812	18.548
7	9.037	12.017	14.067	16.013	18.475	20.278
8	10.219	13.362	15.507	17.535	20.090	21.995
9	11.389	14.684	16.919	19.023	21.666	23.589
10	12.549	15.987	18.307	20.483	23.209	25.188
11	13.701	17.275	19.675	21.920	24.725	26.757
12	14.845	18.549	21.026	23.337	26.217	28.299
13	15.984	19.812	22.362	24.736	27.688	29.819
14	17.117	21.064	23.685	26.119	29.141	31.319
15	18.245	22.307	24.996	27.488	30.578	32.801
16	19.369	23.542	26.296	28.845	32.000	34.267
17	20.489	24.769	27.587	30.191	33.409	35.718
18	21.605	25.989	28.869	31.526	34.805	37.156
19	22.718	27.204	30.144	32.852	36.191	38.582
20	23.828	28.412	31.410	34.170	37.566	39.997
21	24.935	29.615	32.167	35.479	38.932	41.401
22	26.039	30.813	33.924	36.781	40.289	42.796
23	27.141	32.007	35.172	38.076	41.638	44.181
24	28.241	33.196	36.415	39.364	42.980	45.559
25	29.339	34.382	37.652	40.646	44.314	46.928
26	30.435	35.563	38.885	41.923	45.642	48.290
27	21.528	36.741	40.113	43.194	46.963	49.654
28	32.620	37.916	41.337	44.461	48.273	50.993
29	33.711	39.087	42.557	45.722	49.588	5.336
30	34.800	40.256	43.773	46.979	50.892	53.672
31	35.887	41.422	44.985	48.232	52.191	55.003
32	36.973	42.585	46.194	49.480	53.486	56.328
33	38.058	42.745	47.400	50.725	54.776	57.648
34	39.141	44.903	48.602	51.966	56.061	58.964
35	40.223	46.059	49.802	53.223	57.342	60.275
36	41.304	47.212	50.998	54.467	59.619	61.581
37	42.383	48.363	52.192	55.668	59.892	62.883
38	43.462	49.513	53.384	56.896	61.162	64.181
39	44.529	50.660	54.572	58.120	62.428	65.476
40	45.616	51.805	55.758	59.342	63.691	66.766
41	46.692	52.949	56.942	60.561	64.950	68.053
42	47.766	54.090	58.124	61.77	66.206	69.336
43	48.840	55.230	59.304	62.990	67.459	70.616
44	49.913	56.369	60.481	64.201	68.710	71.393
45	50.985	57.505	61.656	65.410	69.957	73.166

附录3 t 分布表

$$P\{t(n) > t_\alpha(n)\} = \alpha$$

n	α=0.25	0.10	0.05	0.025	0.01	0.005
1	1.0000	3.0777	6.3138	12.7062	31.8207	63.6574
2	0.8165	1.8856	2.9200	4.3037	6.9646	9.9248
3	0.7649	1.6377	2.3534	3.1824	4.5407	5.8409
4	0.7407	1.5332	2.1318	2.7764	3.7469	4.6041
5	0.7267	1.4759	2.0150	2.5706	3.3649	4.0322
6	0.7176	1.4398	1.9432	2.4469	3.1427	3.7074
7	0.7111	1.4149	1.8946	2.3646	2.9980	3.4995
8	0.7064	1.3968	1.8595	2.3060	2.8965	3.3554
9	0.7027	1.3930	1.8331	2.2622	2.8214	3.2498
10	0.6998	1.3722	1.8125	2.2281	2.7638	3.1693
11	0.6974	1.3634	1.7959	2.2010	2.7181	3.1058
12	0.6955	1.3562	1.7823	2.1788	2.6810	3.0545
13	0.6938	1.3502	1.7709	2.1604	2.6503	3.0123
14	0.6924	1.3450	1.7613	2.1148	2.6245	2.9768
15	0.6912	1.3406	1.7531	2.1315	2.6025	2.9467
16	0.6901	1.3368	1.17459	2.1199	2.5835	2.9208
17	0.6892	1.3334	1.7396	2.1098	2.5669	2.8982
18	0.6884	1.3304	1.7341	2.1009	2.5524	2.8784
19	0.6876	1.3277	1.7291	2.0930	2.5395	2.8609
20	0.6870	1.3253	1.7247	2.0860	2.5280	2.8453
21	0.6864	1.3232	1.7207	2.0796	2.5177	2.8314
22	0.6858	1.3212	1.7171	2.0739	2.5083	2.8188
23	0.6853	1.3195	1.7139	2.0687	2.4999	2.8073
24	0.6848	1.3178	1.7109	2.0639	2.4922	2.7969
25	0.6844	1.3163	1.7108	2.0595	2.4851	2.8784
26	0.6840	1.3150	1.7056	2.0555	2.4786	2.7787
27	0.6837	1.3137	1.7033	2.0518	2.4727	2.7707
28	0.6834	1.3125	1.7011	2.0484	2.4671	2.7633
29	0.6830	1.3114	1.6991	2.0452	2.4620	2.7564
30	0.6828	1.3104	1.6973	2.0423	2.4573	2.7500
31	0.6825	1.3095	1.6955	2.0395	2.4528	2.7440
32	0.6822	1.3086	1.6939	2.0369	2.4487	2.7385
33	0.6820	1.3077	1.6924	2.0345	2.4448	2.7333
34	0.6818	1.3070	1.6909	2.0322	2.4411	2.7284
35	0.6816	1.3062	1.6896	2.3031	2.4377	2.7238
36	0.6814	1.3055	1.6883	2.0281	2.4345	2.7195
37	0.6812	1.3049	1.6871	2.0262	2.4314	2.7154
38	0.6810	1.3042	1.8680	2.0244	2.4286	2.7116
39	0.6808	1.3036	1.6849	2.0227	2.4258	2.7079
40	0.6807	1.3031	1.6839	2.0211	2.4233	2.7045
41	0.6805	1.3025	1.6829	2.0195	2.4208	2.7012
42	1.6804	1.3020	1.6820	2.0181	2.4185	2.6981
43	1.6802	1.3016	1.6811	2.0167	2.1463	2.6951
44	1.6801	1.3011	1.6802	2.0154	2.4141	2.6923
45	0.6800	1.3006	1.6794	2.0141	2.4121	2.6896

附录 4 F 分布表

$$P\{F(n_1,n_2) > F_\alpha(n_1,n_2)\} = \alpha$$
$$\alpha = 0.10$$

n_2 \ n_1	1	2	3	4	5	6	7	8	9	10	12	15	20	24	30	40	60	120	∞
1	39.86	49.50	53.59	55.33	57.24	58.20	58.91	59.44	59.86	60.19	60.71	61.22	61.74	62.06	62.26	62.53	62.79	63.06	63.33
2	8.53	9.00	9.16	9.24	9.29	9.33	9.35	9.37	9.38	9.39	9.41	9.42	9.44	9.45	9.46	9.47	9.47	9.48	9.49
3	5.54	5.46	5.39	5.34	5.31	5.28	5.27	5.25	5.24	5.23	5.22	5.20	5.18	5.18	5.17	5.16	5.15	5.14	5.13
4	4.54	4.32	4.19	4.11	4.05	4.01	3.98	3.95	3.94	3.92	3.90	3.87	3.84	3.83	3.82	3.80	3.79	3.78	3.76
5	4.06	3.78	3.62	3.52	3.45	3.40	3.37	3.34	3.32	3.30	3.27	3.24	3.21	3.19	3.17	3.16	3.14	3.12	3.10
6	3.78	3.46	3.29	3.18	3.11	3.05	3.01	2.98	2.96	2.94	2.90	2.87	2.84	2.82	2.80	2.78	2.76	2.74	2.72
7	3.59	3.26	3.07	2.96	2.88	2.83	2.78	2.75	2.72	2.70	2.67	2.63	2.59	2.58	2.56	2.54	2.51	2.49	2.47
8	3.46	3.11	2.92	2.81	2.73	2.67	2.62	2.59	2.56	2.54	2.50	2.46	2.42	2.40	2.38	2.36	2.34	2.32	2.29
9	3.36	3.01	2.81	2.69	2.61	2.55	2.51	2.47	2.44	2.42	2.38	2.34	2.30	2.28	2.25	2.23	2.21	2.18	2.16
10	3.20	2.92	2.73	2.61	2.52	2.46	2.41	2.38	2.35	2.32	2.28	2.24	2.20	2.18	2.16	2.13	2.11	2.08	2.06
11	3.23	2.86	2.66	2.54	2.45	2.39	2.34	2.30	2.27	2.25	2.21	2.17	2.12	2.10	2.08	2.05	2.03	2.00	1.97
12	3.18	2.81	2.61	2.48	2.39	2.33	2.28	2.24	2.21	2.19	2.15	2.10	2.06	2.04	2.01	1.99	1.96	1.93	1.90
13	3.14	2.76	2.56	2.43	2.35	2.28	2.23	2.20	2.16	2.14	2.10	2.05	2.01	1.98	1.96	1.93	1.90	1.88	1.85
14	3.10	2.73	2.52	2.39	2.31	2.24	2.19	2.15	2.12	2.10	2.05	2.01	1.96	1.94	1.91	1.89	1.86	1.83	1.80
15	3.07	2.70	2.49	2.36	2.27	2.21	2.16	2.12	2.09	2.06	2.02	1.97	1.92	1.90	1.87	1.85	1.82	1.79	1.76
16	3.05	2.67	2.46	2.33	2.24	2.18	2.13	2.09	2.06	2.03	1.99	1.94	1.89	1.87	1.84	1.81	1.78	1.75	1.72
17	3.03	2.64	2.44	2.31	2.22	2.15	2.10	2.06	2.03	2.00	1.96	1.91	1.86	1.84	1.81	1.78	1.75	1.72	1.69
18	3.01	2.62	2.42	2.29	2.20	2.13	2.08	2.04	2.00	1.98	1.93	1.89	1.84	1.81	1.78	1.75	1.72	1.69	1.66
19	2.99	2.61	2.40	2.27	2.18	2.11	2.06	2.02	1.98	1.96	1.91	1.86	1.81	1.79	1.76	1.73	1.70	1.67	1.63
20	2.97	9.57	2.38	2.25	2.16	2.09	2.04	2.00	1.96	1.94	1.89	1.84	1.79	1.77	1.74	1.71	1.68	1.64	1.61
21	2.96	2.56	2.36	2.23	2.14	2.08	2.02	1.98	1.95	1.92	1.87	1.83	1.78	1.75	1.72	1.69	1.66	1.62	1.59
22	2.95	2.55	2.35	2.22	2.13	2.06	2.01	1.97	1.93	1.90	1.86	1.81	1.76	1.73	1.70	1.67	1.64	1.60	1.57
23	2.94	2.54	2.34	2.21	2.11	2.05	1.99	1.95	1.92	1.89	1.84	1.80	1.74	1.72	1.69	1.66	1.62	1.59	1.55
24	2.93	2.53	2.33	2.19	2.10	2.04	1.98	1.94	1.91	1.88	1.83	1.78	1.73	1.70	1.67	1.64	1.61	1.57	1.53
25	2.92	2.52	2.32	2.18	2.09	2.02	1.97	1.93	1.89	1.87	1.82	1.77	1.72	1.69	1.66	1.63	1.59	1.56	1.52
26	2.91	2.51	2.31	2.17	2.08	2.01	1.96	1.92	1.88	1.86	1.81	1.76	1.71	1.68	1.65	1.61	1.58	1.54	1.50
27	2.90	2.50	2.30	2.17	2.07	2.00	1.95	1.91	1.87	1.85	1.80	1.75	1.70	1.67	1.64	1.60	1.57	1.53	1.49
28	2.89	2.50	2.29	2.16	2.60	2.00	1.94	1.90	1.87	1.84	1.79	1.74	1.69	1.66	1.63	1.59	1.56	1.32	1.48
29	2.89	2.50	2.28	2.15	2.06	1.99	1.93	1.89	1.86	1.83	1.78	1.73	1.68	1.65	1.62	1.58	1.55	1.51	1.47
30	2.88	2.49	2.28	2.14	2.05	1.98	1.93	1.88	1.85	1.82	1.77	1.72	1.67	1.64	1.61	1.57	1.54	1.50	1.46
40	2.84	2.41	2.23	2.04	2.00	1.93	1.87	1.83	1.79	1.76	1.71	1.66	1.61	1.57	1.54	1.51	1.47	1.42	1.38
60	2.79	2.39	2.18	1.99	1.95	1.87	1.82	1.77	1.74	1.71	1.66	1.60	1.54	1.51	1.48	1.44	1.40	1.35	1.29
120	2.75	2.35	2.13	1.94	1.90	1.82	1.77	1.72	1.68	1.65	1.60	1.55	1.48	1.45	1.41	1.37	1.32	1.26	1.19
∞	2.71	2.30	2.08	1.94	1.85	1.77	1.72	1.67	1.63	1.60	1.55	1.49	1.42	1.38	1.34	1.30	1.24	1.17	1.00

续表

$\alpha = 0.05$

n_1 \ n_2	1	2	3	4	5	6	7	8	9	10	12	15	20	24	30	40	60	120	∞
1	161.40	190.5	215.7	224.6	230.2	234.0	236.8	238.9	240.5	241.9	243.9	245.9	248.0	249.1	250.1	251.1	252.2	253.3	254.3
2	18.51	19.00	19.16	19.25	19.30	19.33	19.35	19.37	19.38	19.40	19.41	19.43	19.45	19.45	19.46	19.47	19.48	19.49	19.50
3	10.13	9.55	9.28	9.12	9.90	8.94	8.89	8.85	8.81	8.79	8.74	8.70	8.66	8.64	8.62	8.59	8.57	8.55	8.53
4	7.71	6.94	6.59	6.39	6.26	6.16	6.09	6.04	6.00	5.96	5.91	5.86	5.80	5.77	5.75	5.72	5.69	5.66	5.63
5	6.61	5.79	5.41	5.19	5.05	4.95	4.88	4.82	4.77	4.74	4.68	4.62	4.56	4.53	4.50	4.46	4.43	4.40	4.36
6	5.99	5.14	4.76	4.53	4.39	4.28	4.21	4.15	4.10	4.06	4.00	3.94	3.87	3.84	3.81	3.77	3.74	3.70	3.67
7	5.59	4.74	4.35	4.12	3.97	3.87	3.79	3.73	3.68	3.64	3.57	3.51	3.44	3.41	3.38	3.34	3.30	3.27	3.23
8	5.32	4.46	4.07	3.84	3.69	3.58	3.50	3.44	3.69	3.35	3.28	3.22	3.15	3.12	3.08	3.04	3.01	2.97	2.93
9	5.12	4.26	3.86	3.63	3.48	3.37	3.29	3.23	3.18	3.14	3.07	3.01	2.94	2.90	2.86	2.83	2.79	2.75	2.71
10	4.96	4.10	3.71	3.48	3.33	3.22	3.14	3.07	3.02	2.98	2.91	2.85	2.77	2.74	2.70	2.66	2.62	2.58	2.54
11	4.84	3.98	3.59	3.36	3.20	3.09	3.01	2.95	2.90	2.85	2.79	2.72	2.65	2.61	2.57	2.53	2.49	2.45	2.40
12	4.75	3.89	3.49	3.26	3.11	3.00	2.91	2.85	2.80	2.75	2.69	2.62	2.54	2.51	2.47	2.43	2.38	2.34	2.30
13	4.67	3.81	3.41	3.18	3.03	2.92	2.83	2.77	2.71	2.67	2.60	2.53	2.46	2.42	2.38	2.34	2.30	2.25	2.21
14	4.60	3.74	3.34	3.11	2.96	2.85	2.76	2.70	2.65	2.60	2.53	2.46	2.39	2.35	2.31	2.27	2.22	2.18	2.13
15	4.54	3.68	3.29	3.06	2.90	2.79	2.71	2.64	2.59	2.54	2.48	2.40	2.33	2.29	2.25	2.20	2.16	2.11	2.07
16	4.49	3.63	3.24	3.01	2.85	2.74	2.66	2.59	2.54	2.49	2.42	2.35	2.28	2.24	2.19	2.15	2.11	2.06	2.01
17	4.45	3.59	3.20	2.96	2.81	2.70	2.61	2.55	2.49	2.45	2.38	2.31	2.23	2.19	2.15	2.10	2.06	2.01	1.96
18	4.41	3.55	3.16	2.93	2.77	2.66	2.58	2.51	2.46	2.41	2.34	2.27	2.19	2.15	2.11	2.06	2.02	1.97	1.92
19	4.38	3.52	3.13	2.90	2.74	2.63	2.54	2.48	2.42	2.38	2.31	2.23	2.16	2.11	2.07	2.03	1.98	1.93	1.88
20	4.35	3.49	3.10	2.87	2.71	2.60	2.51	2.45	2.39	2.35	2.28	2.20	2.12	2.08	2.04	1.99	1.95	1.90	1.84
21	4.32	3.47	3.07	2.84	2.68	2.57	2.49	2.42	2.37	2.32	2.25	2.18	2.10	2.05	2.01	1.96	1.92	1.87	1.81
22	4.30	3.44	3.05	2.82	2.66	2.55	2.46	2.40	2.34	2.30	2.23	2.15	2.07	2.03	1.98	1.94	1.89	1.84	1.78
23	4.28	3.42	3.03	2.80	2.64	2.53	2.44	2.37	2.32	2.27	2.20	2.13	2.05	2.01	1.96	1.91	1.86	1.81	1.76
24	4.26	3.40	3.01	2.78	2.62	2.51	2.42	2.36	2.30	2.25	2.18	2.11	2.03	1.98	1.94	1.89	1.84	1.79	1.73
25	4.24	3.39	2.99	2.76	2.60	2.49	2.40	2.34	2.28	2.24	2.16	2.09	2.01	1.96	1.92	1.87	1.82	1.77	1.71
26	4.23	3.37	2.98	2.74	2.59	2.47	2.39	2.32	2.27	2.22	2.15	1.07	1.99	1.95	1.90	1.85	1.80	1.75	1.69
27	4.21	3.35	2.96	2.73	2.57	2.46	2.37	2.31	2.25	2.20	2.13	1.06	1.97	1.93	1.88	1.84	1.79	1.73	1.67
28	4.20	3.34	2.95	2.71	2.56	2.45	2.36	2.29	2.24	2.19	2.12	1.04	1.96	1.91	1.87	1.82	1.77	1.71	1.65
29	4.18	3.33	2.93	2.70	2.55	2.43	2.35	2.28	2.22	2.18	2.10	1.03	1.94	1.90	1.85	1.81	1.75	1.70	1.64
30	4.17	3.32	2.92	2.69	2.53	2.42	2.33	2.27	2.21	2.16	2.09	2.01	1.93	1.89	1.84	1.79	1.74	1.68	1.62
40	4.08	3.23	2.84	2.61	2.45	2.34	2.25	2.18	2.12	2.08	2.00	1.92	1.84	1.79	1.74	1.69	1.64	1.58	1.51
60	4.00	3.15	2.76	2.53	2.37	2.25	2.17	2.10	2.04	1.99	1.92	1.84	1.75	1.70	1.65	1.59	1.53	1.47	1.39
120	3.92	3.07	2.68	2.45	2.29	2.17	2.09	2.02	1.96	1.91	1.83	1.75	1.66	1.61	1.55	1.50	1.43	1.35	1.25
∞	3.84	3.00	2.60	2.37	2.21	2.10	2.01	1.94	1.88	1.83	1.75	1.67	1.57	1.52	1.46	1.39	1.32	1.22	1.00

续表

$\alpha = 0.025$

n_1 \ n_2	1	2	3	4	5	6	7	8	9	10	12	15	20	24	30	40	60	120	∞
1	647.8	799.5	864.2	899.6	921.8	937.1	948.2	956.7	903.3	968.6	976.7	984.9	993.1	997.2	1001	1006	1010	1014	1018
2	38.51	39.00	39.17	39.25	139.30	39.33	39.36	39.37	39.39	39.40	39.41	39.43	39.45	39.46	39.46	39.47	39.48	39.49	39.50
3	17.44	16.04	15.44	15.10	14.88	14.73	14.62	14.54	14.47	14.42	14.34	14.25	14.17	14.12	14.08	14.04	13.99	13.95	13.90
4	12.22	10.65	9.98	9.60	9.36	9.20	9.07	8.98	8.90	8.84	8.75	8.66	8.56	8.51	8.46	8.41	8.36.	8.31	8.26
5	10.01	8.43	7.76	7.39	7.15	6.98	6.85	6.76	6.68	6.62	6.52	6.43	6.33	6.28	6.23	6.18	6.12	6.07	6.02
6	8.81	7.26	6.60	6.23	5.99	5.82	5.70	5.60	5.52	5.46	5.37	5.27	5.17	5.12	5.07	5.01	4.96	4.90	4.85
7	8.07	6.54	5.89	5.52	5.29	5.12	4.99	4.90	4.82	4.76	4.67	4.57	4.47	4.42	4.36	4.31	4.25	4.20	4.14
8	7.57	6.06	5.42	5.05	4.82	4.65	4.53	4.43	4.36	4.30	4.20	4.10	4.00	3.95	3.89	3.84	3.78	3.73	3.67
9	7.21	5.71	5.08	4.72	4.48	4.32	4.20	4.10	4.03	3.96	3.87	3.77	3.67	3.61	3.56	3.51	3.45	3.39	3.33
10	6.94	5.46	4.83	4.47	4.24	4.07	3.95	3.85	3.78	3.72	3.62	3.52	3.42	3.37	3.31	3.26	3.20	3.14	3.08
11	6.72	5.26	4.63	4.28	4.04	3.88	3.76	3.66	3.59	3.53	3.43	3.33	3.23	3.17	3.12	3.06	3.00	2.94	2.88
12	6.55	5.10	4.47	4.12	3.89	3.73	3.61	3.51	3.44	3.37	3.28	3.18	3.07	3.02	2.96	2.91	2.85	2.79	2.72
13	6.41	4.97	4.35	4.00	3.77	3.60	3.48	3.39	3.31	3.25	3.15	3.05	2.95	2.89	2.84	2.78	2.72	2.66	2.60
14	6.30	4.86	4.24	3.89	3.66	3.50	3.38	3.29	3.21	3.15	3.05	2.95	2.84	2.79	2.73	2.67	2.61	2.55	2.49
15	6.20	4.77	4.15	3.80	3.58	3.41	3.29	3.20	3.12	3.06	2.96	2.86	2.76	2.70	2.64	2.59	2.52	2.46	2.40
16	6.12	4.69	4.08	3.73	3.50	3.34	3.22	3.12	3.05	2.99	2.89	2.79	2.68	2.63	2.57	2.51	2.45	2.38	2.32
17	6.04	4.62	4.01	3.66	3.44	3.28	3.16	3.06	2.98	2.92	2.82	2.72	2.62	2.56	2.50	2.44	2.38	2.32	2.25
18	5.98	4.56	3.95	3.61	3.38	3.22	3.10	3.01	2.93	2.87	2.77	2.67	2.56	2.50	2.44	2.38	2.32	2.26	2.19
19	5.92	4.51	3.90	3.56	3.33	3.17	3.05	2.96	2.88	2.82	2.72	2.62	2.51	2.45	2.39	2.33	2.27	2.20	2.13
20	5.87	4.46	3.86	3.51	3.29	3.13	3.01	2.91	2.84	2.77	2.68	2.57	2.46	2.41	2.35	2.29	2.22	2.16	2.09
21	5.83	4.42	3.82	3.48	3.25	3.09	2.97	2.87	2.80	2.73	2.64	2.53	2.42	2.37	2.31	2.25	2.18	2.11	2.04
22	5.79	4.38	3.78	3.44	3.22	3.05	2.93	2.84	2.76	2.70	2.60	2.50	2.39	2.33	2.27	2.21	2.14	2.08	2.00
23	5.75	4.35	3.75	3.41	3.18	3.02	2.90	2.81	2.73	2.67	2.57	2.47	2.36	2.30	2.24	2.18	2.11	2.04	1.97
24	5.72	4.32	3.72	3.38	3.15	2.99	2.87	2.78	2.70	2.64	2.54	2.44	2.33	2.27	2.21	2.15	2.08	2.01	1.94
25	5.69	4.29	3.69	3.35	3.13	2.97	2.85	2.75	2.68	2.61	2.51	2.41	2.30	2.24	2.18	2.12	2.05	1.98	1.91
26	5.66	4.27	3.67	3.33	3.10	2.94	2.82	2.73	2.65	2.59	2.49	2.39	2.28	2.22	2.16	2.09	2.03	1.95	1.88
27	5.63	4.24	3.65	3.31	3.08	2.92	2.80	2.71	2.63	2.57	2.47	2.36	2.25	2.19	2.13	2.07	2.00	1.93	1.85
28	5.61	4.22	3.63	3.29	3.06	2.90	2.78	2.69	2.61	2.55	2.45	2.34	2.23	2.17	2.11	2.05	1.98	1.91	1.83
29	5.59	4.20	3.61	3.27	3.04	2.88	2.76	2.67	2.59	2.53	2.43	2.32	2.21	2.15	2.09	2.03	1.96	1.89	1.81
30	5.57	4.18	3.59	3.25	3.03	2.87	2.75	2.65	2.57	2.51	2.41	2.31	2.20	2.14	2.07	2.01	1.94	1.87	1.79
40	5.42	4.05	3.46	3.13	2.90	2.74	2.62	2.53	2.45	2.39	2.29	2.18	2.07	2.01	1.94	1.88	1.80	1.72	1.64
60	5.29	3.93	3.34	3.01	2.79	2.63	2.51	2.41	2.33	2.27	2.17	2.06	1.94	1.88	1.82	1.74	1.67	1.58	1.48
120	5.15	3.80	3.23	2.89	2.67	2.52	2.39	2.30	2.22	2.16	2.05	1.94	1.82	1.76	1.69	1.61	1.53	1.43	1.31
∞	5.02	3.69	3.12	2.79	2.57	2.41	2.29	2.19	2.11	2.05	1.94	1.83	1.71	1.64	1.57	1.48	1.39	1.27	1.00

续表

$\alpha = 0.01$

n_1 \ n_2	1	2	3	4	5	6	7	8	9	10	12	15	20	24	30	40	60	120	∞
1	4052	4999.5	5403	5625	5764	5859	5928	5982	6062	6056	6106	6157	6209	6235	6261	6287	6313	6339	6366
2	98.50	99.00	99.17	99.25	99.30	99.33	99.36	99.37	99.39	99.40	99.42	99.43	99.45	99.46	99.47	99.47	99.48	99.49	99.50
3	34.12	30.82	29.46	28.71	28.24	27.91	27.67	27.49	27.35	27.23	27.05	26.87	26.69	26.60	26.50	26.41	26.32	26.22	26.13
4	21.20	18.00	16.69	15.98	15.52	15.21	14.98	14.80	14.66	14.55	14.37	14.20	14.02	13.93	13.84	13.75	13.65	13.56	13.46
5	16.26	13.27	12.06	11.39	10.97	10.67	10.46	10.29	10.16	10.05	9.89	9.72	9.55	9.47	9.38	9.29	9.20	9.11	9.02
6	13.75	10.92	9.78	9.15	8.75	8.47	8.26	8.10	7.98	7.87	7.72	7.56	7.40	7.31	7.23	7.14	7.06	6.97	6.88
7	12.25	9.55	8.45	7.85	7.46	7.19	6.99	6.84	6.72	6.62	6.47	6.31	6.16	6.07	5.99	5.91	5.82	5.74	5.65
8	11.26	8.65	7.59	7.01	6.63	6.37	6.18	6.03	5.91	5.81	5.67	5.52	5.36	5.28	5.20	5.12	5.03	4.95	4.86
9	10.56	8.02	6.99	6.42	6.06	5.80	5.61	5.47	5.35	5.26	5.11	4.96	4.81	4.73	4.65	4.57	4.48	4.40	4.31
10	10.04	7.56	6.55	5.99	5.64	5.39	5.20	5.06	4.94	4.85	4.71	4.56	4.41	4.33	4.25	4.17	4.08	4.00	3.91
11	9.65	7.21	6.22	5.67	5.32	5.07	4.89	4.74	4.63	4.54	4.40	4.25	4.10	4.02	3.94	3.86	3.78	3.69	3.60
12	9.33	6.93	5.95	5.41	5.06	4.82	4.64	4.50	4.39	4.30	4.16	4.01	3.86	3.78	3.70	3.62	3.54	3.45	3.36
13	9.07	6.70	5.74	5.21	4.86	4.62	4.44	4.30	4.19	4.10	3.96	3.82	3.66	3.59	3.51	3.43	3.34	3.25	3.17
14	8.86	6.51	5.56	5.04	4.69	4.46	4.28	4.14	4.03	3.94	3.80	3.66	3.51	3.43	3.35	3.27	3.18	3.09	3.00
15	8.68	6.36	5.42	4.89	4.56	4.32	4.14	4.00	3.89	3.80	3.67	3.52	3.37	3.29	3.21	3.13	3.05	2.96	2.87
16	8.53	6.23	5.29	4.77	4.44	4.20	4.03	3.89	3.78	3.69	3.55	3.41	3.26	3.18	3.10	3.02	2.93	2.84	2.75
17	8.40	6.11	5.18	4.67	4.34	4.10	3.93	3.79	3.68	3.59	3.46	3.31	3.16	3.08	3.00	2.92	2.83	2.75	2.65
18	8.29	6.01	5.09	4.58	4.25	4.01	3.84	3.71	3.60	3.51	3.37	3.23	3.08	3.00	2.92	2.84	2.75	2.66	2.57
19	8.18	5.93	5.01	4.50	4.17	3.94	3.77	3.63	3.52	3.43	3.30	3.15	3.00	2.92	2.84	2.76	2.67	2.58	2.49
20	8.10	5.85	4.94	4.43	4.10	3.87	3.70	3.56	3.46	3.37	3.23	3.09	2.94	2.86	2.78	2.69	2.61	2.52	2.42
21	8.02	5.78	4.87	4.37	4.04	3.81	3.64	3.51	3.40	3.31	3.17	3.03	2.88	2.80	2.72	2.64	2.55	2.46	2.36
22	7.95	5.72	4.82	4.31	3.99	3.76	3.59	3.45	3.35	3.26	3.12	2.98	2.83	2.75	2.67	2.58	2.50	2.40	2.31
23	7.88	5.66	4.76	4.26	3.94	3.71	3.54	3.41	3.30	3.21	3.07	2.93	2.78	2.70	2.62	2.54	2.45	2.35	2.26
24	7.82	5.61	4.72	4.22	3.90	3.67	3.50	3.36	3.26	3.17	3.03	2.89	2.74	2.66	2.58	2.49	2.40	2.31	2.21
25	7.77	5.57	4.68	4.18	3.85	3.63	3.46	3.32	3.22	3.13	2.99	2.85	2.70	2.62	2.54	2.45	2.36	2.27	2.17
26	7.72	5.53	4.64	4.14	3.82	3.59	3.42	3.29	3.18	3.09	2.96	2.81	2.66	2.58	2.50	2.42	2.33	2.23	2.13
27	7.68	5.49	4.60	4.11	3.78	3.56	3.39	3.26	3.15	3.06	2.93	2.78	2.63	2.55	2.47	2.38	2.29	2.20	2.10
28	7.64	5.45	4.57	4.07	3.75	3.53	3.36	3.23	3.12	3.03	2.90	2.75	2.60	2.52	2.44	2.35	2.26	2.17	2.06
29	7.60	5.42	4.54	4.04	3.73	3.50	3.33	3.20	3.09	3.00	2.87	2.73	2.57	2.49	2.41	2.33	2.23	2.14	2.03
30	7.56	5.39	4.51	4.02	3.70	3.47	3.30	3.17	3.07	2.98	2.84	2.70	2.55	2.47	2.39	2.30	2.21	2.11	2.01
40	7.31	5.18	4.31	3.83	3.51	3.29	3.12	2.99	2.89	2.80	2.66	2.52	2.37	2.29	2.20	2.11	2.02	1.92	1.80
60	7.08	4.98	4.13	3.65	3.34	3.12	2.95	2.82	2.72	2.63	2.50	2.35	2.20	2.12	2.03	1.94	1.84	1.73	1.60
120	6.85	4.79	3.95	3.48	3.17	2.96	2.79	2.66	2.56	2.47	2.34	2.19	2.03	1.95	1.86	1.76	1.66	1.53	1.38
∞	6.63	4.61	3.78	31.32	3.02	2.80	2.64	2.51	2.41	2.32	2.18	2.04	1.88	1.79	1.70	1.59	1.47	1.32	1.00

续表

$\alpha = 0.005$

n_2 \ n_1	1	2	3	4	5	6	7	8	9	10	12	15	20	24	30	40	60	120	∞
1	16211	20000	21615	22500	23056	23437	23715	23925	24091	24224	24426	24630	24836	24940	25044	25148	25253	25359	25465
2	198.5	199.0	199.2	199.2	199.3	199.3	199.4	199.4	199.4	199.4	199.4	199.4	199.4	199.5	199.5	199.5	199.5	199.5	199.5
3	55.55	49.80	47.47	46.19	45.39	44.84	44.43	44.13	43.88	43.69	43.39	43.08	42.78	42.62	42.47	42.31	42.15	41.99	41.83
4	31.33	26.28	24.26	23.15	22.46	21.97	21.62	21.35	21.14	20.97	20.70	20.44	20.17	20.03	19.89	19.75	19.61	19.47	19.32
5	22.78	18.31	16.53	15.56	14.94	14.51	14.20	13.96	13.77	13.62	13.38	13.15	12.90	12.78	12.66	12.53	12.40	12.27	12.14
6	18.63	14.54	12.92	12.03	11.46	11.07	10.79	10.57	10.39	10.25	10.03	9.81	9.59	9.47	9.36	9.24	9.42	9.00	8.88
7	16.24	12.40	10.88	10.05	9.52	9.16	8.89	8.68	8.51	8.38	8.18	7.97	7.75	7.65	7.53	7.42	7.31	7.19	7.08
8	14.69	11.04	9.60	8.81	8.30	7.95	7.69	7.50	7.34	7.21	7.01	6.81	6.61	6.50	6.40	6.29	6.18	6.06	5.95
9	13.61	10.11	8.72	7.96	7.47	7.13	6.88	6.69	6.54	6.42	6.23	6.03	5.83	5.73	5.62	5.52	5.41	5.30	5.19
10	12.83	9.43	8.08	7.34	6.87	6.54	6.30	6.12	5.97	5.85	5.66	5.47	5.27	5.17	5.07	4.97	4.86	4.75	4.64
11	12.23	8.91	7.60	6.88	6.42	6.10	5.86	5.68	5.54	5.42	5.24	5.05	4.86	4.76	4.65	4.55	4.44	4.34	4.23
12	11.75	8.51	7.23	6.52	6.07	5.76	5.52	5.35	5.20	5.09	4.91	4.72	4.53	4.43	4.33	4.23	4.12	4.01	3.90
13	11.37	8.19	6.93	6.23	5.79	5.48	5.25	5.08	4.94	4.82	4.64	4.46	4.27	4.17	4.07	3.97	3.87	3.76	3.65
14	11.06	7.92	6.68	6.00	5.86	5.26	5.03	4.86	4.72	4.60	4.43	4.25	4.06	3.96	3.86	3.76	3.66	3.55	3.44
15	10.80	7.70	6.48	5.80	5.37	5.07	4.85	4.67	4.54	4.42	4.25	4.07	3.88	3.79	3.69	3.58	3.48	3.37	3.26
16	10.58	7.51	6.30	5.64	5.21	4.91	4.56	4.52	4.38	4.27	4.10	3.92	3.73	3.64	3.54	3.44	3.33	3.22	3.11
17	10.38	7.35	6.16	5.50	5.07	4.78	4.96	4.39	4.25	4.14	3.97	3.79	3.61	3.51	3.41	3.31	3.21	3.10	2.98
18	10.22	7.21	6.03	5.37	4.96	4.66	4.44	4.28	4.14	4.03	3.86	3.68	3.50	3.40	3.30	3.20	3.10	2.99	2.87
19	10.07	7.09	5.92	5.27	4.85	4.56	4.34	4.18	4.04	3.93	3.76	3.59	3.40	3.31	3.21	3.11	3.00	2.89	2.78
20	9.94	6.99	5.82	5.17	4.76	4.47	4.26	4.09	3.96	3.85	3.68	3.50	3.32	3.22	3.12	3.02	2.92	2.81	2.69
21	9.83	6.89	5.73	5.09	4.68	4.39	4.18	4.01	3.88	3.77	3.60	3.43	3.24	3.15	3.05	2.95	2.84	2.73	2.61
22	9.73	6.81	5.65	5.02	4.61	4.32	4.11	3.94	3.81	3.70	3.54	3.36	3.18	3.08	2.98	2.88	2.77	2.66	2.55
23	9.63	6.73	5.58	4.95	4.54	4.26	4.05	3.88	3.75	3.64	3.47	3.30	3.12	3.02	2.92	2.82	2.71	2.60	2.48
24	9.55	6.66	5.52	4.89	4.49	4.20	3.99	3.83	3.69	3.59	3.42	3.25	3.06	2.97	2.87	2.77	2.66	2.55	2.43
25	9.48	6.60	5.46	4.84	4.43	4.15	3.94	3.78	3.64	3.54	3.37	3.20	3.01	2.92	2.82	2.72	2.61	2.50	2.38
26	9.41	6.54	5.41	4.79	4.38	4.10	3.89	3.73	3.60	3.49	3.33	3.15	2.97	2.87	2.77	2.67	2.56	2.45	2.33
27	9.34	6.49	5.36	4.74	4.34	4.06	3.85	3.69	3.56	3.45	3.28	3.11	2.93	2.83	2.73	2.63	2.52	2.41	2.29
28	9.28	6.44	5.32	4.70	4.30	4.02	3.81	3.65	3.52	3.41	3.25	3.07	2.89	2.79	2.69	2.59	2.48	2.37	2.25
29	9.23	6.40	5.28	4.66	4.28	3.98	3.77	3.61	3.48	3.38	3.21	3.04	2.86	2.76	2.66	2.56	2.45	2.33	2.21
30	9.18	6.35	5.24	4.62	4.23	3.95	3.74	3.58	3.45	3.34	3.18	3.01	2.82	2.73	2.63	2.52	2.42	2.30	2.18
40	8.83	6.07	4.98	4.37	3.99	3.71	3.51	3.35	3.22	3.12	2.95	2.78	2.60	2.50	2.40	2.30	2.18	2.06	1.93
60	8.49	5.79	4.73	4.14	3.76	3.49	3.29	3.13	3.01	2.90	2.74	2.57	2.39	2.29	2.19	2.08	1.96	1.83	1.69
120	8.18	5.54	4.50	3.92	3.55	3.28	3.09	2.93	2.81	2.75	2.54	2.37	2.19	2.09	1.98	1.87	1.75	1.61	1.43
∞	7.88	5.30	4.28	3.72	3.35	3.09	2.90	2.74	2.62	2.52	2.36	2.19	2.00	1.90	1.79	1.67	1.53	1.36	1.00

参 考 文 献

[1] 戴维·R.安德森等.商务与经济统计.第10版.张建华等译.北京:机械工业出版社,2010.
[2] 保罗·纽博尔德等.商务与经济统计.第6版.庄新田等译.北京:机械工业出版社,2008.
[3] 袁卫等.统计学.北京:高等教育出版社,2000.
[4] 李潭等.简明统计实务.济南:山东人民出版社,2010.
[5] 邓红等.统计学基础.北京:北京理工大学出版社,2009.
[6] 苏志鹏等.商业统计学.北京:清华大学出版社,2009.
[7] 曹印革.统计学原理与实务.北京:电子工业出版社,2009.
[8] 贾俊平.统计学.北京:中国人民大学出版社,2000.
[9] 孙允午.统计学.上海:上海财经大学出版社,2009.
[10] 杨缅昆,方国松.统计学概论.北京:清华大学出版社,2009.
[11] 陈荣秋等.生产与运作管理.北京:高等教育出版社,2005.